ちくま新書

立憲的改憲

——憲法をリベラルに考える7つの対論

山尾志桜里
Yamao Shiori

1346

はじめに――「憲法」をめぐる7つの小旅行

山尾志桜里

権力をしばる「立憲的改憲」。

このコンセプトを掲げて、改めて憲法議論に向き合ったとき、その閉塞感を再確認しました。そもそも、憲法議論といえば、「護憲派」「改憲派」に二分され、「護憲派」からは不安の声、「改憲派」からはとまどいの声。

野党や市民の側が権力をしばるための憲法改正を提起することは、理屈の上でも他国の例をみても極めて合理的で自然なはずなのに、日本では少数派。

権力者の側から、自らへの制約を解き放とうとする改憲案ばかりが提示され、権力を制約し統制する具体的提案は息をひそめる社会の空気。

そこでまずは、必ずしも「立憲的改憲」に賛成でなくてもいい。むしろ、「憲法」あるいは「憲法改正」に対する異なる立場の専門家に、批判的見地も含めて「立憲的改憲」を吟味してもらいたい、と考えました。

異なる意見の論者と対話を重ねることで、本質的な共通点を見出したい。さらには、相違点や問題点の指摘を受けて、この「立憲的改憲」のコンセプトを、多くの人々と分かち合える説得力のあるものへとブラッシュアップしたい。

私の専門的知見の不十分さや、検討の未熟さも、全部浮き彫りにする覚悟と引き換えに、「立憲的改憲」の質が高まるなら本望だ。そして、その過程を読者の皆さんと共有して、この国の憲法議論の風通しが少しでもよくなると嬉しい。

こんな思いで、この本の企画が始まりました。あらゆる議論を排除せず、しかしいかなる議論をも盲信せず、他者の視座から見える風景に敬意を払い、楽しみ、驚き、吸収しながら、自らの取捨選択で自らの風景に立体的な厚みを増していく。そんな本にしたいと思いました。

幸い、それぞれ第一線で論陣を張る多彩な専門家が、私のこの無謀な挑戦に肩を貸してくれました。意気投合の瞬間も、緊迫したやりとりも、それぞれの先生の深い知見の一端に触れたときのため息も、そのまま本にしました。

この7つの対論を通じて、唯一なかったもの。それは、冒頭に記したあの閉塞感です。

閉塞感のない自由な空気は、立場を異にする全ての話者が、相互の寛容を前提とした各人の自律した態度、すなわち「リベラル」な態度で対論に向き合って下さったからこそだと思います。リベラルとは何か特定の立場ではなく、物事を考えるときの構え、態度、姿勢です。このリベラルに考える構えさえ共有できれば、憲法議論の閉塞感を吹き飛ばし、豊かな議論のスタートラインに立つことができる。その確信を込めて、副題に「憲法をリベラルに考える」とつけました。

ページをめくれば、知的刺激にあふれた「憲法」をめぐる7つの小旅行が始まります。旅行前にガイドブックを読み込むのが好きな方のために、それぞれの旅先でのエピソードを少しだけ記し、「はじめに」とします。

＊　＊　＊

阪田《さかた》雅裕《まさひろ》先生は、初対面であったにもかかわらず、対談を通じて惜しみないアドバイスを下さいました。当日対談中、私の九条私案メモの検討をお願いしたところ、その場で丁寧に分析し必要な指摘を下さったこと、感謝の念に堪えません。

安保法制の一線を守る阪田先生の九条私案と、個別的自衛権の一線を守る私の九条私案とは、「自衛隊はこれまで通り変わらない」とする安倍晋三総理による改憲提案を誠実に実践する文案を示すことで、その安倍加憲案の不誠実さを可視化する点において共通します。ただ、「これまで」を「いつまで」と設定するかについては、私は政治家としての政策的立場から二〇一五年安保法制成立前に遡り、阪田先生は政策的にニュートラルな提案として現時点においた、という違いがあるのも、また興味深いことでした。

井上武史《いのうえたけし》先生からは、かねてより、フランスの憲法改正の具体を通じ、改憲の作法について示唆を頂いていました。「憲法改正」とは、憲法典に限らない様々な法規範を通じた統治機構のリバランスである。この井上先生の視点をぜひ多くの人に知ってもらいたいと思い対談をお願いしました。

対談を通じて明らかなように、井上先生と私は必ずしも集団的自衛権の是非や安倍加憲の評価をめぐって一致しているわけではありません。むしろ、異なる部分が多々あります。

しかし井上先生も私も、「憲法改正」議論を通じて立憲主義をよりよく機能させる挑戦には価値があると信じている。この共通項があれば、個々の政策課題における見解の相違はむしろ議論を豊かにすることを、対談を通じて実感することができました。

逆に、個々の政策課題については共通項が多いのに、「憲法改正」の是非について亀裂が生じるという場面も少なからずあります。この亀裂を埋める知恵を下さったのが中島岳志《なかじまたけし》先生でした。

「統制的理念がなければ、構成的理念は成り立たない」というカントの言葉を引いて、絶対平和という九条の統制的理念（崇高な目標）を手放してはいけない、その目標に近づくための構成的理念（暫定的な政策手段）として自衛権は個別的自衛権に限定することを憲法で宣言することには意味がある、と説いてくださいました。

ともすれば、「九条信奉はお花畑」「改憲は戦争への道」など粗雑な物言いも飛び交う言論空間のなかで（そして、私自身も「分かりやすさ」と「粗雑さ」の紙一重の綱渡りにしばしば失敗するなかで）、中島先生の憲法議論からは、その包容力を学びました。


「絶対平和」という崇高な目標に向けて歩を進めるにしても、当面とるべき外交安保政策の軸は現実味のあるものでなければいけません。国際紛争の現場を踏まえてとりうる日本の選択肢を、飾り気なし誇張なしに語ってくださったのが伊勢崎賢治《いせざきけんじ》先生です。

集団安全保障への日本の関与を非軍事に限定する選択は国際社会から理解を得られるのか、この問いに対する極めて現実的な解は、伊勢崎先生だからこそ説得力を持つものだと思います。また、憲法裁判所のくだりでは「憲法裁判所のある韓国でも米韓地位協定の不平等を乗り越えられていない点をどう考えるか」と鋭い指摘をいただきました。

九条論を法理論に終わらせず、外交安保論と交差させ、憲法論＝主権論として完結させる道筋を見出す対談となりました。

曽我部真裕《そがべまさひろ》先生から頂いた最大のプレゼントは、「改憲論というのは常に立憲的でないといけない。むしろ、「立憲的改憲」という言葉が特異に、新鮮に響かないような状況になることが改憲の本来あるべき姿。わざわざ立憲的と断らなくてもいいような状況が望ましい」という言葉でした。また、私は「保育園落ちた」の国会質問以来、「政治家じゃないけど政治を動かす」市民や有識者の声を、いかに統治機構に取り入れることができるか、その制度設計を考えてきました。この点についても先生から、国会において人々の多様な意見を反映するための施策、あるいはさらに具体的に裁判において市民団体など広く当事者以外の声を吸収する「アミカスキュリエ」の紹介など様々なヒントを頂きました。

ともすれば、憲法論が九条論に収斂《しゅうれん》し憲法議論が改憲議論に直結しがちな言論空間において(私も含め自戒を込めて)、民主主義の厚みを増すための統治機構改革から解きほぐし、むしろ「急がば回れ」、段階的解決手法こそ合理的な場合があることを説いてくださいました。

井上達夫《いのうえたつお》先生との対談では、憲法を通じて国家権力を統制する国民の力を信じるか、というテーマに迫りました。立憲主義に拠って立つなら、憲法による戦力統制が不可欠であり、したがって「戦力不保持」の建前から卒業する必要がある。私が、最終的に、九条二項と「自衛権」の関係を整理すべきだと確信することができたのは、井上先生の論によるところ大です。建前論からの卒業は、実質的議論の大前提であり、日本国民にはその議論を受けとめるだけの知性があるという立場に私も立ちます。

実は、井上先生の最善策は山尾案とは異なります。対談でもおっしゃっていたとおり、井上最善案は、安全保障政策の基本方針については憲法で凍結するべきではなく、ただし手続き的な戦力統制規範は憲法に規定すべしという「九条削除論」です。この点、「専守防衛」を本質的要請として明記すべきという私とは異なるわけです。それでも、この専守防衛明記論が、井上「次善の策」として位置づけられ、知性と勇気のバックアップをいただいていることは、「立憲的改憲」の大きな力になると感じます。

そして、駒村圭吾《こまむらけいご》先生。すべての対談の中で、時間も原稿も最長となりました。「立憲的改憲を批判的に吟味してください」という依頼に快くお応えいただいたわけですが、恐れを知らないお願いだったと、三時間を超える対談を終えた今なお緊張感が蘇ります。

現代において憲法改正に取り組むこと自体が、政治の権力基盤強化ツールになってはいないか、と問いかけがありました。改めて対談を読み返すと、この指摘は、安倍政権だけに向けられたものではなく、立憲民主党を含むすべての政党と私を含むすべての政治家に対して向けられた指摘であると受け止めています。

駒村先生から「立憲的改憲」に向けられた鋭い複数の矢は、「公」のために「無私」の立場で憲法議論に向き合っているか、その覚悟と準備と真摯さを吟味する矢でもありました。

そのテストに合格したかどうかいずれ尋ねてみたいのですが、そのタイミングはさらに研鑽を積んだ後へと今しばらく先送りしたいと思います。

＊　＊　＊

立憲的改憲——憲法をリベラルに考える7つの対論【目次】

【編著者紹介】
山尾志桜里（やまお・しおり）
一九七四年生まれ。衆議院議員。東京大学法学部卒業後、司法試験に合格、東京地検、千葉地検、名古屋地検岡崎支部にて検察官として任官。二〇〇七年に退官後、当時の民主党にて政治活動に入る。二〇〇九年、二〇一四年、二〇一七年の衆議院議員総選挙にて当選（愛知七区）。現在は立憲民主党に所属、三期目を務める。党憲法審査会事務局長、衆議院憲法審査会委員。

序章「立憲的改憲」とは

山尾志桜里

1 「憲法」は機能しているか

私にとって、憲法とは「誰もが自分ひとりでは生きられない世の中で、誰もが自分らしく生きていくために、「社会」（＝世の中）の統治機構と「個人」（＝自分らしく生きる一人ひとり）の人権保障を定めた規範」だと考えています。

人権保障のためには統治機構が必要であり、統治機構を動かすためには一定の国家権力が必要です。しかし、国家権力が暴走して人権を脅かすという本末転倒の事態は往々にして起こることから、人権享有主体である国民が国家権力を統制する規範を持つ。これが憲法の本質的役割なのだろうと思っています。

そして残念ながら現在、憲法がこの本質的役割である権力統制を通じた人権保障機能を果たせていないというのが、私の認識です。

第二次安倍晋三政権のもと、憲法六九条や七条が予定していないと解釈されてきた大義なき衆議院解散が頻発しています。憲法五三条の要件を明確に充たした臨時国会召集要求が無視されています。憲法一四条で法の下の平等をうたいながら、ＬＧＢＴ差別解消法も成立せず、同性婚も認められず、性的マイノリティの人権保障が機能していません。

そして何より、憲法九条があるにもかかわらず、専守防衛を逸脱し集団的自衛権の一部を認める安保法制は成立してしまいました。

そうです。憲法九条は安保法制を止めることができなかった。憲法の本質的役割は権力統制にあるにもかかわらず、最も権力が先鋭化する「自衛権」という実力を現状の憲法九条で統制することができなかった。

ならば、憲法の統制力を強化する憲法改正を本気で検討すべきではないか。これが「立憲的改憲」の問題意識のスタートラインです。

2　日本国憲法は「安倍政権」を予定していなかった

†自衛隊についての政府解釈

第二次安倍政権以外のすべての政権は、自民党政権であれ、自社さ政権であれ、民主党政権であれ、憲法九条について以下の解釈を貫いてきました。

・自衛のための必要最小限度の実力組織である自衛隊は、第九条第二項が保持を禁じる「戦力」に当たらず、同条項に違反する存在ではない。

・このような自衛隊には、わが国に対する武力攻撃が発生した場合にこれを排除するための必要最小限度の実力の行使すなわち個別的自衛権を行使する場合を除き、武力の行使は許されない。

この二点が、国会議論の積み重ねの中で揺らぎを安定させながら、確立し、定着し、少なくともその結論において国民の概ねの納得を得てきた基本的骨格であったといえるでしょう。

しかし、翻って、憲法九条一項二項の明文規定は以下のとおりです。

【日本国憲法　第九条】

一項　日本国民は、正義と秩序を基調とする国際平和を誠実に希求し、国権の発動たる戦争と、武力による威嚇又は武力の行使は、国際紛争を解決する手段としては、永久にこれを放棄する。
二項　前項の目的を達するため、陸海空軍その他の戦力は、これを保持しない。国の交戦権は、これを認めない。

どこにも、「個別的自衛権を行使する場合を除き、武力の行使が許されない」と書いてありません。

それでも、第二次安倍政権をのぞく全ての歴代政権が、憲法九条において許される武力行使は個別的自衛権までであり、憲法を改正しない限り、一部であれ集団的自衛権を認めることはできないと一貫して解釈してきたのです。

すなわち、明文で書かれていない行間を解釈で埋めつつ、「国会等における論議の積み重ねを経て確立され定着しているような解釈については、政府がこれを基本的に変更することは困難であるということでございます」（平成七年一一月二七日参議院宗教特委、大出《おおで》峻郎《たかお》内閣法制局長官）と、まさに不文律によって権力は自らを抑制してきたわけです。

†不文律を次々と踏み倒す政権の登場

しかし、第二次安倍政権は、異質な政治権力です。「書いていなくても守るべき価値がある」という保守的良心を持たず、不文律によって自らを抑制することができない政権なのです。

だからこそ、憲法の核心である九条、その核心である個別的自衛権という制約を躊躇なく踏み込えたのでしょう。そして、この謙抑《けんよく》性の欠落は、九条の解釈だけにとどまりません。

憲法五三条の臨時国会召集規定には具体的な期間制限が置かれていないことを逆手にとって、二〇一七年秋、完璧に要件を充たした野党の国会召集要求を九八日間放置しました。放置した挙げ句、憲法六九条や七条には衆議院解散権をその目的において制約する明文規定がないことを奇貨として、国会召集と同時に「北朝鮮からのミサイルの脅威」を理由とする大義なき解散を実行したのも安倍政権でした。

こういった現実を直視したとき、現行憲法は、憲法の趣旨という不文律によって自己を抑制することが全くできない政権の出現に対して、予想外に脆弱《ぜいじゃく》であったと言わざるを得ません。言い換えるなら、現行憲法は「安倍政権」ほどに非立憲的な政権を予定していなかったということです。

†非立憲には立憲で立ち向かうしかない

それでは、憲法を論ずる際に、憲法で統制する対象としてどんな国家権力を想定するのが適切なのでしょうか。

憲法を深く理解し、その理解を解釈や不文律の中で尊重できる謙抑的な成熟した国家権力を想定すればよいのでしょうか。それとも、憲法の理解が浅薄で解釈や不文律という歴史の積み重ねを軽視し、謙抑性に欠ける未熟な国家権力でしょうか。

第二次安倍政権を経験してしまった今、残念ながら後者のような非立憲的で知的に未熟な政権をも想定して憲法を議論せざるを得ないのだと私は思います。さらに、安倍政権に対してもフェアであるために、第二次安倍政権より前の政権が本当に憲法の趣旨を理解し尊重してきたと言えるのか振り返る必要もあるでしょう。

憲法九条について「わが国に対する武力攻撃が発生した場合にこれを排除するための必要最小限度の実力の行使すなわち個別的自衛権を行使する場合を除き、武力の行使が許されない」という解釈を建前上採用しながらも、小泉純一郎政権ではイラク戦争における自衛隊機による米兵輸送に踏み切り、野田佳彦政権では交戦主体と言わざるを得ない南スーダンのＰＫＯ部隊に自衛隊を派遣しました。

憲法九条の権力統制力は、少なくとも小泉政権時から徐々に脆弱化し、第二次安倍政権において個別的自衛権という歯止めをも失ったことをもって限界を迎えたと言わざるを得ません。

今こそ憲法の趣旨を守るため、九条をはじめとする憲法の権力統制力を強化する具体的手法を検討すべきだと考える所以です。

3　統制力強化のための両輪とは

†憲法の不文律を明文化し、憲法裁判所で担保する

安倍政権であろうとなかろうと、権力による自己抑制に多大な期待を寄せるべきではなく、むしろすべての権力は暴走しうるという立場に立つ。その覚悟を決めた上で、私の提案は二つです。

一つ目は、憲法違反をさせないために、大切な不文律は明文化しようという提案です。

二つ目は、憲法違反を放置しないために、憲法裁判所をつくろうという提案です。

(1)憲法違反をさせないため、大切な不文律は明文化しよう

ケネス・盛《もり》・マッケルウェイン准教授（東京大学社会科学研究所）の論文によれば、単語数で世界の憲法を比較した場合、日本国憲法の単語数は四九八八ワードであり、二万一千ワードの平均値の約四分の一と圧倒的に短い憲法であることが分かります。私たちの憲法は極めて規律密度が低い憲法である、ということです。

規律密度の低さゆえの余白を、憲法の趣旨の範囲内において解釈で適切に補い、国民の間に定着した解釈は尊重するという不文律が機能していた時代もありました。

憲法九条でいえば、まさに「個別的自衛権を行使する場合を除き、武力の行使は許されない」という解釈は同条の趣旨の核心部分であり、国民の間に定着した解釈であったはずです。

この不文律かつ核心的解釈を自律的に尊重できない政治権力を統制するためには、不文律を明文に落とし込む必要があるのではないでしょうか。すなわち、憲法九条に「わが国に対する武力攻撃が発生した場合にこれを排除するための必要最小限度の実力の行使すなわち個別的自衛権を行使する場合を除き、武力の行使は許されない」という内容を明文で書き込むという提案です。

もちろん、その書きぶりにはいくつかの課題があります。

①「必要最小限度の実力（の行使）」と「戦力」「交戦権」の関係を条文上いかに整理するのか。

②「個別的自衛権」という言葉を用いるべきか。

③「自衛権」の統制という作用面だけでなく、「自衛隊」あるいは「実力組織」という組織面も憲法に記載すべきか。

④さらには、「自衛権」の内容面の統制のみならず、国会をはじめとする手続き的統制を

いかに記載すべきか。

⑤ 本質的に目指す理想としての非戦主義をいかに取り込むか。

こうした課題について、各専門家に正面から問いかけていく各章のセッションを楽しんでください。今回の対論相手の方々には、可能な限り、法的許容性とともに外交安保政策としての妥当性まで伺っています。

すべての対話を終えたあと、これらの課題に現時点での自分なりの解を出し、条文案として提起してみたいと考えています。

二〇一五年の安保法制国会においては法的許容性と政策的必要性の議論が交錯し、とりわけ後者の議論は深まりませんでした。当時の議論において野党の側が、安倍政権のあからさまな対米追随外交とは異なる外交・安保政策の選択肢を示すことができれば、より力強く「安保法制」反対を国民に訴求することができたのではないかと思います。

私自身は、個別的自衛権を深化させて自主防衛を強化する一方、集団的自衛権は行使せず、米国をはじめとする外国の戦争には追随せず、そして、国際紛争においては軍事的プレゼンスを持たない国だからこそできる平和構築の分野で、他国に代替不能な国際貢献をお家芸とする道を追求すべきだと考えています。

一方で、集団安全保障において非軍事的プレゼンスを貫くことが、国際社会において説得力を持ちうるのか、現実的選択肢となりうるのかについては、相当深い吟味が必要だとも思っています。こういった厳しい問いも対論者に率直にぶつけ、語り合っています。

もちろん、大切な不文律の中には、解散権の制限や臨時国会召集の合理的日数も含まれ、明文化を検討すべき事柄として議論しています。

(2) 憲法違反を放置しないため、憲法裁判所を創設しよう

「安倍政権をも統制するための憲法の明文化」というコンセプトで「立憲的改憲」を語るとき、いわゆる「護憲派」の一部からは「どうせ安倍総理は守らないから、安倍政権での改憲には反対」という声が聞こえてきます。

「安倍政権は信用できない」→「どんなに憲法を厳しく変えても安倍政権は守らない」→「だから安倍政権を変えるしかない」というロジックは、心情的には理解できても、「立憲主義」とは矛盾することになります。「立憲主義」とは、「憲法」というツールを使い、非立憲的な権力をこそ国民の力で統制することへのあくなき挑戦とその継続を要求するものだからです。「非立憲的な権力は、憲法でも縛れない」と言いたくなっても、そこはぐっとこらえるのが立憲主義です。立憲主義を標榜するのであれば、「非立憲的な権力をも縛る憲法の試み」と「非立憲的な権力を交替させる運動」を両立させようではないか。これが私の考えです。

そこで「非立憲的な権力をも縛る憲法の試み」として、憲法の大切な部分の明文化と並んで提案するのが「憲法裁判所」です。

たしかに、「明文に反した憲法違反をお得意とする政権」に対して、明文化だけでは対抗できないという懸念は分かります。ならば、政権の違憲的ふるまいに対して、裁判所が中立的専門的立場から「違憲か合憲か」を判定し、違憲であればそれを是正させる権能を強化することを検討しようではないか、これが「憲法裁判所」構想です。

現状を見てみましょう。刑法に違反すれば懲役刑を受ける、民法に違反すれば強制執行を受ける、しかし「憲法」に違反してもサンクション（制裁）はほとんどありません。そもそも、裁判所は憲法判断に消極的で、違憲判断にはさらに消極的です。

たとえば、二〇一七年の臨時国会不召集について、私の当選同期である高井崇志《たかいたかし》議員が原告となり国家賠償請求訴訟を起こしました。「国会召集が合理的な期間を大幅に超過したことにより、国会議員としての責務を全うできず、国民の信頼を失った」ことに対する損害賠償を請求するものです。内閣の違憲的振る舞いについて、憲法判断を求めるため、具体的事件性を必須とする現行制度のなかで、苦渋の手法に打ってでた勇気ある決断だと思います。

しかし本来であれば、内閣の提案する「法案」や内閣の「行動」について一定の違憲の疑いがある場合、具体的事件に発展する前に、裁判でその「法案」や「行動」そのものの「合憲」

「違憲」を判断させるしくみを内在させるべきではないのでしょうか。

このような制度があれば、憲法適合性について鈍感な内閣であっても、違憲の疑義がある法案は違憲判決を受け施行できないかもしれない、違憲の解散や国会不召集は違憲判決を受け相当の政治的混乱とダメージを受けるかもしれない、という具体的リスクを計算し、その憲法違反を抑止する効果もあるでしょう。また、結果として国会と裁判所の役割分担が進み、国会はむしろ政策的妥当性を深く問う場となるのではないでしょうか。

憲法裁判所は、内閣の「法案」や「行動」の政策的妥当性を判断するわけではありません。「その法案を通すためには、あるいは、その行動を起こすためには、憲法を改正する必要があるのか否か」を判断させるものですから、三権のバランスを崩したり、司法の権限を強めすぎたりするものとは思いません。

もちろん、「憲法裁判所」裁判官の人事が、内閣から実質的に独立していることが肝要です。第二次安倍政権においては、事実上政治任用はしないという不文律を壊して政治任用された内閣法制局長官が、歴代長官による一貫した解釈を覆して、改憲なしの集団的自衛権行使への道を開いたのです。「憲法裁判所」が、内閣のために「合憲」のハンコを押す機関とならないよう、人事には実質的な独立性が担保されている必要があります。

たとえば、裁判官の選任においては衆議院・参議院・司法がそれぞれ同数ずつを推薦し、テレビやインターネットやラジオなどできる限り公開性が担保された諮問の場を義務づけ、候補者の政治信条・哲学・知見などについて国民的吟味を受けた上で、国会の特別多数による同意人事とする。選任されたのちは、一定の任期を保障した上で再任不可とし、国民審査の対象からも外す。つまり、内閣からの独立を貫きつつ一定の民意の基盤を要する選任手続きを採り、一度選任されてからは「立憲主義」の担い手となるべく民意からも距離をおく。

もちろん制度設計は複数あることを承知していますが、国際的にみても採用している国が極めて多い「憲法裁判所」構想について、拒絶せずに検討すべきときが来ているのではないでしょうか。

第二次世界大戦の敗戦国であるドイツとイタリアにおいて、行き過ぎた民主主義が独裁をもたらした苦い経験が重く受けとめられ、立憲主義の担い手としての「憲法裁判所」制度が社会に根付いていることは参考にすべきです。私たち日本の社会にも、ポピュリズムを背景にした多数決至上主義が国家の専横を許した過去があり、そしてその過去が現在に蘇ろうとしている危惧があります。

「数の力」を背景にした国家権力を「憲法」で律しようとする哲学を制度化し、社会に定着させることが他国で可能なのであれば、日本では不可能と決めつける理由はどこにあるのでしょうか。

4　主権の確立、そのための日米地位協定の正常化

ここまで、国民が国家権力を縛るツールとしての憲法の統制力を高める方策について考えてきました。

憲法違反をさせないため、大切な不文律は明文化すること。

憲法違反を放置しないため、憲法裁判所を置くこと。

ここで、最後に一呼吸です。国民が国家権力の憲法違反を厳しくチェックできたとしても、その国家権力が他国の言いなりになっている分野があるとしたら、その分野においては国民のチェックが利かないことになってしまいます。

もし、その分野が国家権力の最も先鋭化する安全保障分野であれば、いかに憲法九条を含めて「国民ルート」で権力を統制しても、他国の要請という「別ルート」でその統制は実効性を失ってしまいます。

この「別ルート」について、多くの政治家が課題を感じているにもかかわらず、言及を避けています。「自主憲法制定」を党是とする政党が、安全保障政策に関する自主性を少しずつでも再捕捉するための厳しい努力をするどころか、むしろ自ら自主性をかなぐり捨てるような安

易な振る舞いを重ねています。「沖縄の声」に耳を傾けようと寄り添うはずの政党も、施策の前後はともかくとして、基地問題の解決は少なくとも短期的には自主防衛強化に結び付かざるをえないことに、目をつぶっているように見えます。

国防について主権を確立することは、避けて通れない時代の課題です。

この課題に本気で向き合うことに「立憲的改憲」の本質の一つがあり、だからこそ日米地位協定の正常化と「立憲的改憲」はセットであるべきと考えています。

5 いざ、7人との対論へ

ここまでが、対論に踏み出す前の私の課題認識であり、「立憲的改憲」の出発地点です。

この「立憲的改憲」が、7人の論客との真剣勝負を経て、どこまでの奥行きと広がりを得ることができるか、これもまた本書の醍醐味であると思います。

それでは、7つの対論へと、いよいよ足を踏み出しましょう。

第１章

自民党改憲案の急所

阪田雅裕×山尾志桜里

【対談者紹介】

阪田雅裕（さかた・まさひろ）

一九四三年生まれ。弁護士。東京大学法学部卒業後、大蔵省入省。内閣法制局参事官（第一部）、大蔵省大臣官房審議官などを経て、二〇〇四年八月から二〇〇六年九月まで内閣法制局長官を務める。著書に『政府の憲法解釈』（有斐閣）ほか。

†「自衛隊」を書くだけの改憲案？

山尾志桜里　まずは安倍加憲案なるものの問題点を先生からお伺いしたいと思います。今年の三月二二日に自民党の憲法改正推進本部及びその執行部が有力と考える案がまとまりました（次頁の図）。

先日の『中央公論』で、この加憲案を前提に高村正彦《こうむらまさひこ》さんがお話をされています（同誌二〇一八年五月号「自衛隊合憲・違憲の〝神学論争〟にピリオドを打つ」高村正彦／聞き手・井上武史）。「今ある自衛隊を合憲化し、はっきりさせる。そこで合憲・違憲論争にピリオドを打つ」「自衛隊を憲法に明記する以上は、最低限、内閣と国会との関係が分かるように憲法の中で規定する」「これに尽きます」「それ以上でも以下でもありません」とかなり明確におっしゃっている。

この点、私には、疑念があるんです。高村さんは、三つのことしかしないと言っている。自衛隊を明記する。内閣との関係を書き、国会との関係を書き、これに尽きると説明しています。でも実は、この説明の前提となっている条文案をよく見ると、「必要な自衛の措置」という砂川判決以来のキーワードが使われています。

つまり、「組織」を書くだけ、そして内閣、国会との関係を記述するだけと言いながら、実は憲法上許される自衛権の範囲、すなわち「作用」を導くためのキーワードをこの憲法の中に

日本国憲法　第九条
一項　日本国民は、正義と秩序を基調とする国際平和を誠実に希求し、国権の発動たる戦争と、武力による威嚇又は武力の行使は、国際紛争を解決する手段としては、永久にこれを放棄する。
二項　前項の目的を達するため、陸海空軍その他の戦力は、これを保持しない。国の交戦権は、これを認めない。

自民党　憲法改正案（条文イメージ［たたき台素案］2018年３月）
第九条の二
一項　前条の規定は、我が国の平和と独立を守り、国及び国民の安全を保つために必要な自衛の措置をとることを妨げず、そのための実力組織として、法律の定めるところにより、内閣の首長たる内閣総理大臣を最高の指揮監督者とする自衛隊を保持する。
二項　自衛隊の行動は、法律の定めるところにより、国会の承認その他の統制に服する。
（第九条全体を維持した上で、その次に追加）

埋め込もうとしているのではないか。これが私の疑念です。
もし、この「必要な自衛の措置」という文言の解釈を目いっぱい広げるのならば、他国防衛目的の集団的自衛権は認めないとしても、かなりフルスペック（無制限）に近いような集団的自衛権までをも許容するキーワードとして今後作用し得るのではないか。その点はどのように整理して考えたらいいのでしょうか。

阪田雅裕　おっしゃるとおりだと思います。自民党改憲案では自衛隊は自衛の措置のための実力組織なんですよね。どこに侵略目的で軍隊を持っていますという国がありますか、ということです。今では国際法上、侵略戦争は許されませんから、どの国の軍隊もすべて自衛のためのものです。そして文字通り集団的自衛権は自衛のためなので、国連憲章、つまり国際法で行使することが認められている。自民党案にいう「必要な自衛の措置」を取るための実力組織たる自衛隊が、集団的自衛権の行使については制約されると読むのは、いま山尾さんがおっしゃったように難しいのではないでしょうか。

†じつは無制限の集団的自衛権まで許容している

山尾　とすると、他国防衛の集団的自衛権までも許容し得る文言だということですか。

阪田　フルスペックの集団的自衛権が許容されるでしょう。すなわち、国際法上違法とされない自衛権の行使ができる、ということです。軍隊は、多くの国で国防軍、自衛軍と呼ばれていて、侵略軍などと自称している国はありません。どの国でも自国の平和と独立を守る、国民の安全を守るために軍隊を持っていて、その軍隊は何ができるかというと、もちろん個別的自衛権は行使できる。それだけでなく、友好国が攻撃を受けたときにその国と一緒に戦うこと、つまり集団的自衛権の行使も国際法上認められている。それは、反対に自国が武力攻撃されたときに、その友好国に助けてもらえることになるので、自国を守る、つまり自衛の措置の一環ということなのでしょう。

自衛に含まれるかどうかという点に多少議論があるとすれば、集団安全保障措置といわれる国連決議に基づく多国籍軍参加です。そこまでやるとなるとこの文言では足りないかもしれませんが、少なくとも集団的自衛権に関する限りはすべて、十分にフルスペックで認められる表現だと思います。

九条の読み方について、これまでもずっと政府の解釈が間違っているという主張がありました。いわゆる芦田《あしだ》修正説といわれるものです。九条は集団的自衛権の行使も含めて自衛戦争を禁止しているのではない、違法な戦争、つまり侵略戦争のみを禁止した規定であると解すべきとする主張です。先の安保法制懇（安全保障の法的基盤の再構築に関する懇談会）の報告書（二〇一四年五月一五日提出）もまさに、政府の解釈をこのように変更してフルスペックの集団的自衛権の行使を認めるべきだということでした。今回の自民党改憲案は九条一、二項の解釈をそのように改めることを意味すると思います。

自民党での議論の過程で、青山繁晴《あおやましげはる》さんたちから、自衛隊ではなくて自衛権を書こうという意見がありましたね。これらの人々の狙いは、政府が一貫して採ってきた、そして何とか安倍内閣も変更しなかった戦力不保持の考え方、つまり九条は専守防衛を定めたものという解釈が間違っていることをはっきりさせましょう、ということだったと思いますが、この自民党改憲案は、こうした青山さんたちの考えと軌を一にするものです。

ですから、これは結局、石破茂《いしばしげる》さんたちが主張されている現在の二項を削除するというのと同じこと。石破さんの方がうんと率直ですし、法文としてもはるかに分かりやすいのですが。二項を残す自民党改憲案は、その方が国民の抵抗感が少ないんじゃないか、といういわば情に訴えるやり方だと思います。

この最終的なとりまとめの段階まで、話の前提は今の自衛隊を書くということだった。今の自衛隊は何ができるのかをきちんと整理した上で、どのような自衛隊のあり方が望ましいのかを議論するのが政治の役割であるはずです。けれども報道を見る限り、自民党の改憲本部では書きぶりをどうするかという技術的な議論が中心で、自衛隊をどういうものとして位置付けるべきかという中身の議論が聞こえてこなかったのは残念です。

山尾　そうか。私は厳しくチェックをしたつもりでしたが、それでも優し過ぎる読み方だったんですね。この「必要な自衛の措置」というキーワードは、集団安全保障は措《お》いておくとしても、国際法上認められている個別的自衛権はもちろん、集団的自衛権に関してもおよそフルスペックで許容する枠組みを憲法の中に埋め込むものとして機能する、そう考えた方がいいわけですね。

阪田　国際標準に沿った、いわゆる普通の国になりますということですね。今の自衛隊法では集団的自衛権の発動場面を存立危機事態に限っていますが、自民党改憲案のような九条になれば、これをさらに広げるのは容易なことです。

山尾　安倍加憲案と石破提案というのは、本質的には憲法でフルスペックの集団的自衛権を認める点で同じ。その時々でどこまで認めるかは法律事項になるということを石破さんは正直に言い、安倍加憲案はオブラートに包む。

阪田　安倍総理の真意は不明ですが、少なくとも自民党の加憲案と石破案とでは、中身に違いはありません。

山尾　安倍加憲案では、九条二項は変えないから歯止めがかかるはずですよ、というオブラートに包んだ形で提案しつつ本当は歯止めは外れる。石破案は二項削除論ですから、歯止めを外すことに正直ですね。

†今までの政府解釈と思い切りズレている

阪田　九条の政府解釈は一ミリも変えないのだという総理の言葉を文字通りに受け止めれば、今回の改憲案はそれに対して忠実ではないと言わざるを得ません。おっしゃるように改憲案自体が欺瞞《ぎまん》だということになります。もし本当に政府解釈を一ミリも変えるつもりがないのであれば、その意図と今回の改憲提案はズレています。

山尾　安倍総理が「これは自身の意図とは違うから、しっかり統制をかけるまともな案に訂正する」となる余地はあるのかどうか。私は安倍総理は確信犯だと思うので、訂正は到底期待できません。
先に挙げた『中央公論』(二〇一八年五月号)で高村さんは、砂川判決を根拠にして二〇一五年に安保法制を認めた無理筋のロジックを、今回も語っています。

このロジックを前提に、憲法に「必要な自衛の措置」というキーワードを書き込むと何が起きるか。安倍加憲案におけるこの「必要な自衛の措置」というキーワードは、ブラックボックスみたいな形で使われる危険があると考えます。つまり、その時々の安全保障環境、たとえば北朝鮮のミサイル危機、あるいはアメリカと中東の緊張関係、こういった状況をこのブラックボックスにインプットすると、「必要な自衛の措置」というキーワードを通り抜けて、アウトプットとしてその時々に許される自衛権の範囲が変幻自在に変わっていきます。歯止めや基準なく何でも導き出せる、という意味でも「必要な自衛の措置」という言葉はブラックボックスです。

阪田 そうですね。自衛権の行使に憲法上の制限はなくなります。政策的に必要な自衛権であれば限りなくアウトプットが出てくるというイメージですね。

山尾 そもそもかなり融通無碍《ゆうずうむげ》に「必要な自衛の措置」というキーワードを使う政権が、いわゆる自衛権の作用を画する概念として、「必要な自衛の措置」を憲法に入れ込んでいけば、自衛権の範囲に制約はなくなり、一層統制が利かなくなる。相当ゆゆしき事態だと、この案に強い危機感を持っています。

†残された九条二項との矛盾

阪田　自民党改憲案に対しては、そのまま維持する現行九条二項の「戦力」不保持、「交戦権」否認の規定と、明記する自衛隊との関係をどう説明するのですかと問いたい。

高村さんが根拠とされる砂川事件最高裁判決は、米軍を駐留させることは自衛の措置として憲法に違反しないと言っているだけで、我が国が集団的自衛権を行使できるかどうかという問題はまったく念頭になかったと思います。戦力不保持の規定をどう理解するかについても砂川判決は触れていません。

政府はこの規定を、安保法制前までは、集団的自衛権などに基づいて海外で武力を行使できる普通の国の軍隊のようなものは持てないという意味だと説明してきましたし、安保法制後も、集団的自衛権の行使が存立危機事態に限定される点で、自衛隊は通常の軍隊つまり二項が保持を禁じている「戦力」とは異なるとしています。

ですから「必要があれば海外での武力行使もできるのだ」と読み取れる改憲案が提起されるのであれば、そのとき二項の戦力は何を意味するのかということを、山尾さんたちには問うていただきたい。

山尾　ただ、自民党のいわゆる憲法族の方の発言や安倍総理の発言、それを受けた高村さんの発言を聞くと、九条二項を置いているからこそ、この安倍加憲をしても許される範囲は現行安保法制までにとどまるのだ、と。そういう発信を意図していると思います。

前出の『中央公論』誌のインタビューでも、聴き手の井上武史先生は高村さんに、今後安倍加憲案のもとで現在の安保法制のラインを越える可能性があるのではないか、と尋ねている。大変重要な問いかけです。それに対し高村さんは、「安倍総裁は二項がある以上ここが限度だと言い切っています」とだけ言及し、回答を避けています。

阪田　けれども、自衛のための実力組織としての自衛隊を新設条文に書くわけですからね。二項と新設条文がどのように違うのか違わないのかという説明をしないと、二項があるから今まで通りの制限がかかるというだけでは説明になっていません。

新設条文にあるのは、もちろん自衛を目的とするものですが、実力組織を設ける、軍隊を持つということ。じゃあ、二項で保持が禁じられている「戦力」とは何を意味するのか。二項があるから自衛隊の任務や活動範囲が限られるというのは、同じ憲法の中で二項と矛盾する三項や九条の二があっても、常に二項が優先するということですから、法論理として変です。どんな規定を付け加えても現在の九条の解釈が変わらないという主張は、政治論ではあっても法律論としては成り立たないと思います。

山尾　そこに気づいている高村さんは自分を主語にせずに「安倍総裁は」とおっしゃっているのかな。

阪田　安倍政権ではそういう理解をし、今の存立危機事態以上に広げることはしないということでしょうか。

山尾　安保法制のときの議論の教訓を踏まえて問うていかなくてはいけないのは、法的にはできるが政策選択としてこれ以上やらないのか、それとも法的な限界としてできないのか、ということ。そこを明確にしていただかないといけません。

†平和主義の死文化

阪田　今の九条の下で安保法制ができたわけですから、それに比べればこの自民党案なるものの下でフルスペックの集団的自衛権の行使を認めるなんていうのはまったく問題がないと。

山尾　もうお茶の子さいさいという案になるわけですよね。二項を残すから安心してください、二項を残すから現行安保法制が限度です、と安倍総理がこの先どのように理屈を組み立てようとしているのか。おそらくその知恵づけをしているのは内閣法制局ではないですか？

阪田　いや、法制局は憲法改正にはまったくタッチしていないはずです。

山尾　タッチしないものですか。

阪田　はい。これはもう国会の、文字通り専権事項ですから。議院法制局はご相談にあずかる場面があるかと思いますが、内閣法制局は政府の組織ですから、政府が改憲の原案を提出するというのでない限り関与することはありません。

山尾　じゃあ横畠裕介《よこばたけゆうすけ》長官であろうとも。

阪田　横畠長官もまったく関係ない。前回の安保法制は内閣が国会に提出する法案、いわゆる閣法でしたから。

山尾　今の内閣法制局も則《のり》は絶対に踏み越えない。

阪田　これはもうまったく考えられません。

山尾　そうすると与党の政治家あるいは議院法制局などが、この二項があるから踏み越えないというロジックをどういうふうに組んでくるのかですね。

阪田　それは与党の責任です。今の案では、たぶん論理としては組み立てられないと思います。一種のごまかしですから。二項があるから大丈夫という、何となくそういうムードをつくるという以外に方法がないのでしょう。

山尾　二項と戦力の関係で、もし仮に自民党の提案が現実的にそのまま通って、発議されて、国民投票で可決されてしまったときに、二項の戦力不保持の規範性というものはどうなるのでしょう。

阪田　侵略する戦争のための軍備はしないという意味でしかなくなりますね。九条一項はもともと不戦条約や国連憲章と同じで正しい戦争までを禁じていない、二項はそのことの念押しの規定でしかないという読み方をするしかありません。いわゆる芦田修正説ですね。

憲法は九八条二項で国際法を遵守することを求めていますから、九条を待つまでもなく国際法に違反する戦争は許されません。ですから、この芦田修正説に従えば、そもそも九条全体が念のための規定であって格別の規範性を持たないということになります。

山尾　それはよく言われている二項が死文化する……。

阪田　そうです。だから、日本国憲法の基本原理の一つとして平和主義を挙げるのはやめてくださいということになる。これを平和主義というと、イタリアもスペインも、世界中の憲法がみんな平和主義になってしまいます。

山尾　自民党はそういう説明はしていないけれど、この文言が通るのであれば実体は平和主義の看板を下ろすことになる。それは大きな声で言いたいところですね。

†よみがえる芦田修正

阪田　安倍内閣がそうするとは限りませんが、憲法上は国際法で許される集団的自衛権が全部行使できることになります。この文言だと、政府が自衛のために必要だと判断するかどうかがすべてです。

もしこの憲法改正が行われた後に仮に石破内閣が誕生すれば、石破さんはもともと政府のこれまでの九条の読み方はおかしいと主張されていましたから、この改正は石破さんのかねての主張を裏付けることになります。石破さんがおっしゃっている二項削除とほぼ同じ効果が得られる改憲になるということ。ですから改憲案としては、石破さんの方がはるかに正直です。

山尾 組織を書くだけと言いながら、作用を解き放つということは言わないというのが、まさにこの自民党案だということですね。

しかし、作用を解き放つ加憲案を通した後に従来政府が採用してきた九条二項の（作用を制約する）解釈との整合性をとることは難しいとすると、考えられるのは、解釈を変更し芦田修正説を取るという閣議決定をする、ことになるでしょうか。

阪田 そうですね。加憲によってより明確になったということですね。

山尾 つまり、安保法制懇が二〇一四年に提示した芦田修正論を、安倍総理は一度つぶしてみせたわけですが（二〇一四年七月一日閣議決定）、この憲法改正で芦田修正をよみがえらせようとしている。

阪田 そういうことになりますね。

山尾 二〇一四年からこの道筋を企図していたかどうかは分かりませんが、もしかしたらそこまで先々の青写真を描いている政権かもしれないと、いま話を聞いていて思いました。

阪田　安倍総理も、もともと石破さんとお考えが違うわけではなかったですから。

山尾　安倍さんや高村さんは石破案がフルスペックを認めてしまうという点をかなり攻撃していますが、自分たちも実はその立場だということを言っていかなきゃいけないわけですね。

阪田　この書き方ではそれができる余地は十分あるということです。だからこそ自民党は、異論があったとはいえ、これでいいかというところでまとまった。

山尾　青山さんも石破さんもまとまりそうです。

阪田　私がこの考えを述べた論文が載っている『世界』(二〇一八年一月号、論題「憲法九条改正の論点――自衛隊の明記は可能か」)を細田博之さんにもお送りしたので、十分分かっておられるはずなのに、なおこの改憲案ですから。まったく気がつかないということではなくて、意識してこのような書きぶりにされたのではと。

山尾　確信犯ということですよね。石破案のように正直に説明せず、二項があるから歯止めがかかるという詭弁《きべん》を用いている点で、非常に危険なプラン。

阪田　高村さんは弁護士でもあり非常に論理的な方ですから、これで自衛隊の歯止めがかかるんだと自分の言葉で説明することは……。

山尾　『中央公論』のインタビューを読めば、さすがに自分の口では言えないんだ、言いたくないんだと分かりますね。

†山尾案で改憲したら、安保法制を再改正するか

山尾　九条二項の抑止力は、特に二〇一五年の安保法制において集団的自衛権まで許容した時点で残念ながらその効力を失ったのではないかと思っています。いわゆる護憲派といわれる方たちも、その現実を直視しないと、九条二項の存在そのものが抑止力なのだということを安倍総理に逆手に取られる、あるいは情に訴える九条二項として悪用される。

そうした悪用を許さないためにも、憲法の価値を守り九条二項の専守防衛の本質を守るための改憲を提示すべきではないか。私自身は今、立憲的改憲という考え方で、自衛権を明文で個別的自衛権に限る九条論というものを世に問いたいと思っています。

その前にまず阪田先生がご提案されている九条論の中身と狙いを改めてお伺いできますか。

阪田　今の九条は二項がどうというよりも一項、二項全体としてなぜ自衛隊が合憲なのかが非常に分かりにくい。そして一部の人には、この九条の下でさえ自衛隊が合憲なのだから、それに比べれば集団的自衛権の行使を認めることなど大したことではないという発想さえある。

自衛隊を明記することは、それを加憲的改憲と言うかどうかは別として、第一にこうした分かりにくさを解消する意味で、第二に自衛隊に許される武力行使の範囲を明確にし、その軍事

行動に歯止めをかけるという点で意味があると思っています。山尾さんの案は安保法制前の自衛隊を書くということだと思いますが。

山尾　そうです。安保法制以前の制限された個別的自衛権の範囲ですね。

阪田　それだと、戦力を持たないことと並べて簡単に書けることだと思います。一種の加憲ですが、要するに戦力は持たないけれども自衛隊はいいのだ。なぜいいかというと、武力攻撃があったときにそれを排除するための実力組織、すなわち専守防衛だからということを書くわけですね。そうすればなぜ自衛隊が合憲か、憲法一三条などを引いて縷々《るる》説明しなくても九条を読むだけで簡単に分かるでしょうと。

ただ、政治の現実としては安保法制ができてしまって、その範囲内に収まりそうもない状況です。山尾さんの案がもし通って憲法改正が行われれば、安保法制を再改正する必要が出てきますからね。

山尾　仮にこういった改憲が実現した場合は、当然現行安保法制は一部無効になる。

阪田　存立危機事態に関する限りは憲法違反がはっきりしますね。

山尾　そうです。立法府ではそれを取り下げて改正をする。

阪田　是正する、再改正をする義務を負うことになりますね。ですが政治の現実としては、特に日米関係は非常に重要ですから、本当にやれるのだろうか。要するに相手が期待してしまったこと、一回やりますと言ったものを、いや実はもうやりませんということが可能なのか。

山尾　国際秩序にこの日本のアナウンスそのものが組み込まれ始めているという現状。とりわけ対米関係についてのご指摘ですね。

阪田　日米関係を損なわずに元に戻すということが本当にできるのかと思うのです。今の限定的な集団的自衛権は実際にはほとんど発動場面が考えられないので、どうやってそこまでにとどめておくかがこれからの課題だと思っています。いくらでも範囲を広げられる自民党の改憲案はその意味でも論外です。

†「何ができる自衛隊」を認めるのか

阪田　安倍総理がおっしゃっていることを文章にするとすれば、存立危機事態そのものを憲法の中に書き込むほかはないと考えています。自衛隊法や武力攻撃事態法にあるワーディングをそのまま使って作ったのが私案です（次頁の図）。少し面倒ですが、このように自衛隊法にある存立危機事態をそのまま書き込む。そうしない限り歯止めにならないし、今の自衛隊を書き写すことにもならないと思っています。

山尾　我が国に対する武力攻撃でないにもかかわらず、外国への武力攻撃をもって我が国の武力行使の契機とするという現行の安保法制の下の自衛権までいわゆる戦力ではないという体《てい》を

第九条改正　阪田私案

三項　前項の規定は、自衛のための必要最小限度の実力組織の保持を妨げるものではない。

四項　前項の実力組織は、外国からの武力攻撃を受けたときにこれを排除するために必要な最小限度の実力を行使することを任務とする。

五項　第三項の実力組織は、前項に規定する場合のほか、我が国と密接な関係にある他国に対する武力攻撃が発生し、これにより我が国の存立が脅かされ、国民の生命・自由及び幸福追求の権利が根底から覆される明白な危険がある場合に限り、その事態の速やかな終結を図るための必要最小限度の実力を行使することができる。

（前出の「日本国憲法　第九条」一項、二項の後に、上記を加える）

とるのは、難しい選択ではありませんでしたか。

阪田　要するに二項を残すということですよね。二項を残す以上は、戦力は保持できないというのが大前提。自衛隊は軍隊と同じような実力組織ですが、保持できる。これをどう表すか。持てないものと持てるものの差が何かということをはっきりさせないと、両方の規定を一緒に置いておくことはできないわけです。

その差がどこにあるか。つまり、自衛隊が他国の軍隊のようにはやれないことは何か。安倍政権でもギリギリ維持することとされている従来の政府の九条の解釈によれば、それはいわゆるフルスペックの集団的自衛権の行使、それから厳密にいうと多国籍軍参加、これらが許されないのだということを明確にしないと法規範として意味がないということです。

自衛の措置としての武力行使のための政府解釈より

旧三要件（下記「新三要件」より前の解釈）
・我が国に対する急迫不正の侵害がある
・これを排除するために他の適当な手段がないこと
・必要最小限度の実力行使にとどまるべきこと

新三要件（2014年7月1日、第二次安倍内閣による閣議決定）
・我が国に対する武力攻撃が発生したこと、又は我が国と密接な関係にある他国に対する武力攻撃が発生し、これにより我が国の存立が脅かされ、国民の生命、自由及び幸福追求の権利が根底から覆される明白な危険があること
・これを排除し、我が国の存立を全うし、国民を守るために他に適当な手段がないこと
・必要最小限度の実力行使にとどまるべきこと

山尾　旧三要件であれ新三要件であれ（上図）、憲法上明文で範囲を限定するという選択を採ったときに、その許容される自衛権が戦力でないと説明するのか、あるいはその部分に限って戦力ではあるけれども、それ以外の戦力を一切認めないと説明するのか、立法技術として前者と後者の二つの道があり得ると思うのです。

私は後者の方法、すなわち、制限された個別的自衛権の範囲で、これは戦力であり交戦権であるということを憲法上認めた上で、これを越える部分は禁止するというように二項を整理した方がいいのではないかと考えています。その分岐点に立ったときに、どういう要素を考慮すべきでしょうか。

阪田　それは純粋に立法技術的な話ではないでしょうか。理論的にこうすべきでないということ

とはなく、どちらがより分かりやすいのかということに尽きると思います。

山尾　少しほっとしました。

阪田　戦力を持たないと言いながら一定の実力組織は持てると書いたり、交戦権がないのに可能な戦闘行為を書いたりするのは非常に難しい作業であることは間違いないと思います。山尾さんがおっしゃるように二項も含めて整理をする方が筋はいいと思いますね。

山尾　阪田先生がいま提示している私案では、二項を含めて整理をする案は採られておらず、前者の「戦力ではない」と説明するほうの案ですが。

阪田　二項を含めて全部書き直すと何か話がまったく違うような気がするじゃないですか。自民党が加憲だ加憲だと言っているので、それならばとお示ししているのが私案です。もう一回書き直せというなら同じことを表すのにいくらでも方法はあると思いますよ。書き方というのはサブで、政治にはどんな自衛隊、何ができる自衛隊を日本国の実力組織として認めるのかを決めてもらうことが重要なのです。

山尾　そこが本質だと。

阪田　それさえ決まれば書き方はどうにでもなるということです。

山尾　なるほど。その本質の部分とは、政策選択の部分ですよね。

阪田　はい、そうです。

†安保法制が「事実としてある」ところから考える

山尾　私が立憲民主党内でもどかしいのは、本質部分の議論に進まないための一つの方策というか方便として、二〇一五年安保法制の立憲主義違反を是正しない限り議論に乗れないというロジックを使うことです。立憲主義違反を憲法で上書きすることになる改憲を批判することと、外交・安全保障の政策議論、そしてそれをいかに憲法に反映させるのかという議論は両立できるはずなのに。

阪田　私ももどかしいです。今の野党が二つ、三つに分かれたままという状況は全然よくないと思います。しっかり議論をして、コンセンサスができない話ではないと思います。

山尾　今の憲法をそのままに、いわゆる違憲の疑いのある安保法制と憲法がそのまま両立している状況よりは、それを改善する議論が必要です。

阪田　その違憲の法律と憲法が両立しているというのは皆さんのお立場ですが、世の中では、少なくとも政権側にとってみれば、まったく矛盾なく併存しているということです。

山尾　物の見方の違いだということですね。

阪田　いったん施行された法律は、公定力といいますが、裁判所で無効と判断されない限りは合憲、適法なものとして作用し続けます。安保法制も例外ではありません。訴訟はたくさん起こされていますが、今の段階で安保法制の合憲・違憲を裁判所が判断するとは考えられないわけです。

ですから、違憲だ、元に戻せと言ったって、それはいわば言いっぱなしでしかありません。やっぱり事実として安保法制が存在するという前提で話をしないと実のある議論にはならない。野党が政権を取れば元に戻せるかもしれませんが、実際に政権の座に就いたときには日米関係への配慮も必要になりますから、そう容易なことではないようにも思います。ですからこれ以上広げない。字義どおりに運用すれば、ほとんど発動場面が想定できない限定的な集団的自衛権のままで塩漬けにするのだという道を歩まれた方が、より現実的ではないかとも思います。総選挙も経ましたからね。

†山尾案を元内閣法制局長官が診る

山尾　先ほど戦力との関係をどう整理するのかというのは立法技術の問題であるとおっしゃいました。この際ぜひ聞いてみたいのですが、私自身は個別的自衛権を限度として自衛権の行使という作用を画するために、武力行使の旧三要件を書き込むことを考えています。具体的には現時点での条文案をお見せした方が早いと思うんですけど、一項、二項はそのままにして、三項という形で個別的自衛権……。

阪田　ほとんど私の案と同じですよね。

山尾　はい。違うのは四項のところ、そして五項のところ、……。

阪田　これも丁寧ではありますね。

山尾　それはその限りにおいて交戦権の行使であり、その限りにおいて戦力ということを整理するようなものを立法技術としては考えています。

阪田　一点だけ申し上げると、政府はずっと、個別的自衛権もフルスペックで行使できるとは言っていないんです。山尾案はそういう意味で従来の政府解釈よりも多少広がっている。私の案では個別的自衛権とは言わず、単に武力攻撃を排除するための必要最小限度の実力行使ができると言っているので、国際法で個別的自衛権の行使として認められることが全部できるわけではない。

山尾　いわゆる均衡性で足りるとせずに必要最小限度性を要求するという、憲法九条のもと制限された日本独自の個別的自衛権ですね。

阪田　国際法上は個別的自衛権に含まれるものですが。

山尾　範囲を国際法上の個別的自衛権よりもさらに限定してきたということですね。

阪田　そうです。私の案では、まさに武力攻撃を排除するための必要最小限度の実力行使ができるというふうに書いてあって、個別的自衛権という言葉は使っていないのです。政策的にはそれをもう少し広げてもいい、つまり、敵の領土、領海でもどんどん入っていって、占領したり占領行政を布《し》いたりしないと日本の防衛が十分にできないという判断ももちろんあると思いますが、そこは注意された方がいい。

山尾　なるほど。私が「個別的自衛権」という言葉をあえて現段階の憲法条文案に入れているのは、いま指摘されたように個別的自衛権の許容範囲を広げる意図ではなく、個別的自衛権という言葉を使った方が国民により分かりやすい選択肢たり得るかなということなのですが。

阪田　分かりやすいことは確かですが、多少広がるのだということは意識しておく必要があります。

山尾　個別的自衛権という言葉を使うのであれば、自衛権の名のもとにどのような武力行使ができるのか、さらにそれをきちっと要件や定義で画する必要があるということですね。

阪田　武力攻撃を排除するための必要最小限度の実力行使。まさに旧三要件ですね。これを忠実に書く方が広がりはない。いま安保法制ができましたけれども、武力攻撃を排除するために武力行使をする場面では、その考えは変わらないということになっています。

山尾　なるほど。分かりやすくするための個別的自衛権というワードが国際法上の個別的自衛権と解釈されることによって、拡大解釈の余地をつくっているというご指摘ですね。

阪田　といいますか、必要最小限度というのは国際法でも求められる要件です。比例原則というか、過剰防衛はできないというのが慣習法ですが国際法の決まりでもあります。憲法で許される必要最小限度の武力行使の範囲は、これよりもさらに狭い。このことは集団的自衛権の行使ができないということなどと並んで、政府が九条の解釈として一貫して述べてきています。個別的自衛権なら何でもいいということになると、もっぱら攻撃的にしか用いられない兵器も保持が可能になる。そこもやっぱりこうした解釈に基づいて抑制されてきました。

山尾　なるほど。この場でお伺いしてよかったです。

†改憲は九条の〝神通力〟を無力化する？

山尾　個別的自衛権とだけ書くと、現在の解釈より広がってしまうというお話がありました。ここでさらに伺いたいのですが、日本が旧三要件で限定してきた個別的自衛権の解釈の集積体として海外の領土、領空、領海に入らないであるとか、占領行政はしないというコアな部分がありました。これを明記していく必要はないのでしょうか。憲法改正の条文の中に、例えば地理的な制限を明記していくかどうかという点です。

阪田　それはつまり必要最小限度の実力行使という部分の補足になる。憲法なので、そこまで書くと細かすぎて、ほかの規定とのバランス上どうかという感じがあります。また、「自衛というのはこういうものです」ということとは違って、必要最小限度は相手方の武力攻撃の態様によっても変わるいわば量的な概念ですから、定性的に書き表すことが難しい面もあります。そこまで書くのであれば、抽象的で難解な二項も書き換えた方が均衡はとれるのではないでしょうか。

山尾　立法技術からすると、二項との整理についてもゼロベースで考えた方がよりすっきりするのではないかというお話も出ました。

そうは言っても、九条二項に「平和主義」の象徴的な意味とか神通力みたいなものを読み込みこれを重視する方々からは、九条二項を変えた瞬間にアジアの日本に対する軍国主義の懸念が再燃するんじゃないかという危惧の声も聞こえてきます。阪田先生はどう捉えてらっしゃいますか。

阪田　やはり論理だけではいかない部分があると思います。特に国民投票もありますから、憲法を改正するには印象の問題も大事です。戦力不保持という文言を残したままで書く方が通りやすいのか、同じ内容であってもその文言をなくすといったいどういう反応になるか、考えざるを得ないと思います。

山尾　先ほどご覧いただいたとおり、私が検討している条文案では九条一項二項はそのままに、三項以下で許容される個別的自衛権の限界を画した上で、この限度内の自衛権については交戦権であり戦力であることを認める。つまり交戦権否認と戦力不保持を、許容される個別的自衛権の範囲において一部解除し、その範囲を超える交戦権や戦力は許されないとする形式をとっています。二項との関係を整理するという実質がとれるギリギリの範囲で、法形式を工夫したつもりです。立法技術としてはまどろっこしいことになるのですが。

阪田　多少分かりにくいところがあっても、法律ではよくある話です。こういうふうに書いた方がすっきりするけれど、関係者に配慮して多少分かりにくくてもより刺激的でない書き方にしましょうとか（笑）。印象というのはすごく大事です。皆がそんなに論理的に考えて一票を投ずるわけではないので、重要な要素だと思います。

†九条改憲の国民投票で、安保法制イエスかノーかを問う戦術

山尾　憲法九条は、最初は自衛隊のような重武装集団を想定していなかったわけですよね。それなのに自衛隊ができて、個別的自衛権が許容されて、集団的自衛権の一部まで可能になって、さらに仮に安倍加憲が通れば、九条一項二項は変わらないにもかかわらずフルスペックの集団的自衛権までいける、という話も出ました。今の九条自体の規範としての問題についてはどのように捉えていますか。

阪田　やっぱり自衛隊が合憲だということがすごく分かりにくいということです。話せばなるほどと言ってもらえても、憲法の条文の中から読み取ることは、普通の人には難しい。

山尾　阪田先生がもし安保法制前に総理大臣だったとしたら、この「分かりにくい」という問題を解決するためにどのような改憲を発議されますか。

阪田　そうですね。安保法制前に改憲の機会があったのであれば、戦力不保持の規定を残したままで専守防衛の自衛隊が戦力とは違うということをはっきり書けたと思いますが、政治の場でそういう機会はまったくありませんでした。

山尾　阪田先生の私案は、「一項、二項を残しながら現行の安保法制以上には進まない」と言う安倍総理の考えを憲法に書き込むなら、ここまで書き込まないと書き込んだことになりませんよというご提示だということですね。

阪田　安倍総理や自民党に対して、ここまで赤裸々に書き込んでも発議しますか、できますかという牽制をしたつもりですが、意外なことにいわゆる護憲派の方々から改憲を支持するのかというご批判をたくさんいただきました。私はこのような改憲をすることが望ましいと考えているわけではなく、もし今の自衛隊をそのまま憲法に規定するというのならこういう書き方をするしかありませんよと言っているだけなのですが。

この私案は、安保法制を国民投票にかけるというのと同じことです。それは枝野幸男さんたちも否定されるところではないはずです。まさに国民の意見を聞いて決めるべき事柄ですし、もしもこれが国民に是認されることになれば、それを謙虚に受け止めるべきでしょう。どちらにしても憲法と法律の不整合つまり立憲主義違反という状態は解消されるのですから、自民党案ではだめですが、ぜひこれ（阪田私案）で国民投票をやりましょうと言ってもらいたい。

山尾　本来は自民党から阪田さんのような提案を出してもらい、私たちは私たちで旧三要件をベースにした案を……。

阪田　旧三要件だとちょっとへこむから、今の与党は乗れないと思いますが。

山尾　それはそうですが、私たちの政策選択として集団的自衛権の一部容認ということにはならないので。

阪田　ですが、野党では改憲の発議ができません。これ（阪田私案）でやってみて、だめだったらおっしゃるように元に戻せる。安倍総理が幸い一ミリも動かさないとおっしゃっているわけですから、今の限定的な集団的自衛権を入れた改憲案で、一度国民投票をやってみましょうというのに乗られてもいいんじゃないですか。

山尾　政治家なので自分自身の政策選択と違うものを実験的にやってみましょうというのは難しいかも分かりませんが。

阪田　いや、これは否定されるに違いないから乗ってみようというご判断で。この案で過半数の賛成を得るのは難しいと思いますよ。

†反対だけの改憲論議では戦えない

山尾　私たちは反対だけど、でもあなた（安倍総理）の立場で改憲案を出すならこれですよねと。それはその通りだろうと思います。いわゆる憲法の議論を安保政策の議論としてもう一度国民の間で再燃させるということが大事だと思うのです。

阪田　おっしゃる通りだと思います。安保法制は違憲だ違憲だと言っていても何がどうなるんだという膠着《こうちゃく》状態ですよね。本当に法律が憲法に合っていないのなら合わせなきゃいけない。順序の問題はさておき、それはどちらの方向で合わせてもいいはずです。この内容での改憲に国民の支持が得られたならば安保法制を容認するし、否決されれば安保法制を元に戻すという前提でやれば、枝野さんらがいう立憲主義違反の状態は解消されるはずです。

山尾　だから立憲主義を理由にした発議反対というのはあり得ないなとは思います。

阪田　政治は国民との関係もあるから難しい面があるとは思いますが、ぜひそこは立憲民主党もあまりかたくなに考えずに。

山尾　安倍総理に阪田先生の提案のような、あなたの立場で出すならそういうものを出せということを私は言うべきだと思いますが、私たちとしては私たちの政策選択を憲法に反映させるならばこういう憲法だと世の中に示していきたい。

ただ、残念ながら憲法改正の国民投票というのはテーマごとの二択、三択ではなくて、一つの選択について賛成か反対かという問い方です。今の政治状況であれば当然与党提案のものが一択として載るわけですが、国民投票に載らなくとも社会に問うことはできる。そのときに多くの国民が考えているだろう専守防衛を貫徹するという改憲もある、と。

自主防衛は強化をした方がいいんじゃないか、集団的自衛権はこのご時世にむしろ抑制した方がいいんじゃないか、集団安全保障についてはもう少し時間をかけて考えなきゃいけない——これがいわゆる国民の良識のだいたい中央にある感覚だと思います。その良識的な感覚を憲法に反映させるとこうなるよというのを立憲民主党が見せるべきだと思って、私はこの立憲的改憲を提示しています。

阪田　全面的に賛成ですが、残念ながら山尾さんたちには発議をするだけの勢力が少なくとも今はないわけですから、それはいわば犬の遠吠えでしかない。現に発議できるのは、たまたまかもしれませんが三分の二の多数を持っている連立与党だということも確かです。

今の自衛隊を変えずに発議するのならこうなるのではないか、という発信をもう少ししていただきたいなと私は思います。ただ変えることに反対だというのではなく、ごまかして変えるのはダメだと。もし総理がおっしゃるようにするというならこうでしょうと。それなら我々もどうしても発議してはいかんとは言いませんよ、というところぐらいまでは譲られてもいいのかなと思います。

†逃げない、ごまかさない。正しい改憲論議とは

山尾　ただ安倍加憲に反対するだけでなく、その問題点とそれ以外の選択肢を可視化することはできないか。世の中には安倍加憲案しかほとんど見えていない中で立憲主義違反だと言ってみても、よりいい提案とはどのような提案なのかが国民には見えません。

だから、例えば立憲民主党なりが論点整理というような形で、国民の皆さんに政策選択をしていただきたいと提起する。フルスペックの集団的自衛権を選ぶなら石破案になります。今の安保法制がぎりぎりだよねとおっしゃるなら阪田先生が提示されている案になります。そして専守防衛にもう一回戻ろうと考えるなら私たちの案になります。このように提示すれば、国民の選択に資すると思うんですよね。

阪田　自民党が石破さんのような改憲案を提案されるのなら分かりやすい。要するにごまかしはいけないということ。読む人によってまちまちで玉虫色であるというのは、これまでの九条の下で自衛隊が合憲か違憲という論争をもう一つ別のレベルで引き起こすだけの結果しかもたらしません。ですから、二つ、三つあってもいいですが、それぞれ何を意味しているかということがはっきり分かるようなものを並べて選択してもらうということでなければいけないと思

います。

山尾　もちろん制度上は数の力を持っている方が原案提出をして発議の力を持てるわけですが、新聞やテレビの世論調査などで選択肢の一つに立憲的改憲も入っていれば、安倍加憲案つまり自衛隊明記案の支持率というのは落ちてくると思う。これはごまかしですよ、フルスペックを許容するものですよということが提示され発信されれば、国民投票で否決されるリスクを伴うわけですから発議のブレーキにもなり得る。野党の我々ができることはそういうことなのかなという気がしています。

阪田　改正に賛成ですか反対ですかみたいな世論調査は、本当にナンセンスだと思います。どのように変えるのかということが大事ですから。

山尾　おっしゃる通りだと思います。護憲、自衛隊明記の安倍加憲案、二項削除の石破案と並べて示されていると、まるで自衛隊明記の安倍加憲案が中庸、中道かのように見えてしまう。石破案と安倍加憲案は憲法でフルスペックの集団的自衛権まで許容する点で政策的には同じで、むしろ正直に筋を通しているのが石破案です。メディアが国民に提示する際には、もっと丁寧に正確を期してほしいと思います。

†改憲しても自衛隊の合憲・違憲論争にピリオドは打てない？

阪田　憲法に自衛隊を明記するわけですから、どう書いても自衛隊が違憲かどうかという論争がなくなることは確かです。しかし、自衛隊は合憲だということははっきりしても、どういう自衛隊が合憲なのかが分からないと意味がないわけですよね。

山尾　合憲、違憲の論争は、安倍加憲案的な今の自民党案では、全然終わらないのではと私は思いますが。

阪田　自衛隊の活動内容については終わらないです。だけど、自衛隊の存在そのものについては終わりますよね。

山尾　二項をそのままにしても、三項などに自衛隊という言葉を書けば、どういう自衛隊であるかどうかは別として、自衛隊という組織の存在の合憲性がはっきりするということですか。

阪田　自衛隊という言葉に意味があるのではなく、実力組織を持てると書けば、それで実力組織たる自衛隊は存在そのものとしては憲法に書かれているということですよね。

山尾　存在そのものとしての合憲性というものと、活動や装備がその時代で規定される実体としての自衛隊の合憲性というものを、二次元で捉えるべきなのでしょうか。私は一次元で捉えるべきで、しかもそれは後者なのではないかと思いますが、どうでしょうか。

阪田　自衛のための必要な措置を講ずる実力組織であるという部分は書かれているわけですから その自衛の範囲が何かというのはもちろんありますが、それを別にして軍事力を持つこと自体は合憲であることがはっきりする。

しかしおっしゃるように、その軍事力とこれを行使できる場面とを切り離して考えることができない、一体不可分だということであれば、相変わらずこの自衛隊は合憲だ、こんなことまでやる自衛隊は違憲だといった論争がずっと続くことになります。

山尾　ピリオドは打たれない、やはりそうですよね。

†内閣法制局は「法の番人」か?

山尾　少し話題を展開しますが、安倍政権は内閣法制局の長官人事にかなり直接的に手を下したのではないかと報じられている中で、内閣法制局が閣法に対する事前の憲法の番人なんだという信頼が揺らいでいるように思います。

元長官である阪田先生に、その点についてお聞きしたい。内閣法制局の中立性に対する国民の信頼を築いたり、改善したり、回復したりするために何ができるのかということについてどうお考えでしょうか。

阪田　外側からは見えにくいかもしれませんが、内閣法制局はあくまでも内閣の組織です。法律事務所に喩《たと》えると内閣が唯一のクライアントなのです。民間の弁護士のようにクライアントの選り好みはできません。

山尾　唯一最大のクライアントが内閣だということですよね。

阪田　弁護士さんたちはクライアントの要望をかなえるためにいろいろと好き勝手な主張をされ、論理を展開されます（笑）。

山尾　先生も今、民間の事務所で弁護士先生をなさっている（笑）。

阪田　内閣法制局も、憲法との関係が問題になるような施策については、どうすれば内閣の意向を憲法の枠内で実現できるだろうかと考えるのが仕事です。裁判所のようにこれは合憲でマル、これは違憲でバツというので話が済めば簡単ですが、なかなかそうはいかない。

長官の人事の問題は私には分かりませんが、亡くなられた小松一郎さんだけではなく、当時の横畠内閣法制次長以下法制局のスタッフの人たちが一生懸命知恵を出した、その結果が今の安保法制だったのではないでしょうか。それがいいとは申しませんが、彼らが頑張ってここまでに押しとどめたという評価もできます。

ですから私は、新しい解釈の論理というよりは立法事実としてそんな重大な解釈の変更をしなければならないほどの安全保障環境変化があるのか、これがテロの防止にどのように資するのかといった点を中心に取り上げてきました。

誰が長官であろうと内閣法制局は裁判所のような中立的な組織ではありませんから、フルスペックの集団的自衛権をやりたいという安保法制懇や内閣と向き合って、論理を武器にぎりぎりの抵抗をしたのだろうと思っています。

山尾　今のお話を伺うと、内閣法制局の中立性について、私は少し厳格にすぎる期待をしていたのかもしれません。内閣法制局は内閣の一組織である以上、裁判所とは違う。内閣が考える国益のための政策選択を、現行憲法の中でどれだけ実現できるかということを精一杯考える組織だということですね。その上でこれ以上は憲法の枠内では無理ですよとか、輪ゴムを精一杯伸ばしてもここまでですよとか、そのぎりぎりの判断を時の内閣にお示しをすることが職責なんですね。

阪田　少なくとも安倍内閣まではまさにそういうことで、越えられない一線というのが集団的自衛権の行使であり、海外での武力行使なのですよ、それに至らないように法的枠組みを工夫しましょう、ということでした。

山尾　それ以上、輪ゴムは伸びませんとおっしゃってきたわけですね。

阪田　そうです。その中で何ができるか。ものすごく批判は受けましたが、アフガニスタンがあり、イラクもあり、周辺事態法があるという世界でした。後方地域とか非戦闘地域とか、そんなのは屁理屈だと言われました。そこは割り切りでしたが、とにかく海外での武力行使はしない、できないのだというのが大前提としてありました。それが崩れてしまったというのは有史以来といいますか、少なくとも内閣法制局の戦後の歴史の中では初めてのことで、とても残念ではあります。

山尾　今までの九条解釈もその時々に相当ぎりぎりのところで野党にも国民にも批判を受けながらやってきたと思います。小泉純一郎元首相の答弁などは相当批判され、独特のいい加減さの中で乗り切った面がありますが、「国民の皆さん分かってください」「これでも憲法の枠内で説明しようとして見せています」という最後の謙虚さというか、苦しさがあった。それと今の安倍政権との性格の違いをすごく感じます。

阪田　おっしゃる通りですね。

†憲法裁判所構想の利点と弱点

山尾　もう一つ話を進めて、憲法裁判所論について阪田先生がどんなお考えを持っていらっしゃるのかぜひお聞きしたい。

先ほどのお話では、少なくとも内閣法制局は事前の裁判所のような憲法の番人とは少し違うということでした。そうであれば、一定の違憲の疑いがある閣法（内閣が提出する法案）については、その成立前あるいは施行前に、内閣から独立した立場で憲法適合性を判断する仕組みがあった方がよいのではないか。内閣法制局とは別に、憲法裁判所を検討すべきではないかと私は考えています。しかし、専門性の高い人ほど憲法裁判所については消極的な意見を多くお持ちです。むしろ法律の専門家でない方に賛成論が多い。阪田先生はいかがお考えですか。

阪田　民主主義なるものにどれだけ信頼を置くのかということだろうかと思います。日本の裁判所は、国会が国権の最高機関であるということ、我々は民意を反映してないのだということをすごく謙虚に受け止めて、今まで憲法判断に踏み込むことを極力避けてきたのではないでしょうか。憲法解釈に争いがある場合にどれを選択するかは、やはり民意に委《ゆだ》ねるべきだということです。憲法裁判所はいわば、内閣法制局が引っ越すようなものです。引っ越したらクライアントからは自由になるかもしれませんが、民意は反映されません。

山尾　内閣法制局が外に出て、最大のクライアントである内閣から自由になる、距離を置いて判断できるようになる、というのは意義があるように思います。

阪田　でも、官僚集団であることに変わりはない。官僚集団に、国政の最高機関が是としたものを「これはだめだ」というような権能を与えていいのでしょうか。民主主義というもの、あるいは国会の権能や判断というものをどう考えるのかという問題です。

山尾　立憲民主党は民主主義の上に立憲を置いていることに意味がある。多数決でも奪えない価値を重視する政党です。だからこそ、立憲民主党として憲法裁判所を提案できればと思っています。いずれにしても、憲法裁判所には、政策選択の是非を聞くわけではなく、その政策を取るとするならば、憲法改正の必要があるか否かを問うわけです。これが民主主義に反するとは思わないのですが。

阪田　内閣法制局はその点については、ぎりぎりいっぱいの機能は果たしてきたと思います。私は法制局に二〇年近く在籍しましたが、第一部の参事官のときに直面したのは、中曽根康弘内閣の靖国神社公式参拝の問題でした。それまで政府が違憲の疑いを否定できないとしてきた公式参拝を戦後六〇年の節目に総理がどうしても実現したいというので、どういう仕組みが考えられるか、靖国懇という総理の私的諮問機関の事務局の立場で必死に考えました。轟々《ごうごう》たる非難を受けましたが、立憲主義に反すること、裁判所で憲法違反だと言われるようなことをしないというのは、内閣法制局にとっての一丁目一番地です。人権に関わる法案の審査はもとよりですが、特に九条については、裁判所の判断が示されることが少なかっただけに内閣法制局の役割が大きかったと思っています。

†権力と人事

山尾　この国の三権分立が今抱えている歪《ゆが》みを直すという意味では、統治の面において憲法の機能をどうやって高めるのか、そこが今の時代の核心なのではないかと思います。

阪田　憲法裁判所をつくらなくても、本当は多数党や政権から自由であるはずの裁判所がもう少し踏み込んで法的な判断をしてもいいのではないかと思います。

山尾　今の最高裁判所は一五人の裁判官の方がいらっしゃいますが、もうすでに一一人が第二次安倍政権の任命になっていて、もし安倍総理が自民党総裁に三選され、一定の任期を過ごされるのであれば、一五人全員が安倍政権の下での任命裁判官になる事態にもなる。

阪田　人事という意味では憲法裁判所でも同じです。国会の関与を考えていますか？

山尾　はい。例えば一五名ならば、衆院から五名、参院から五名、場合によって裁判所から五名というような形で、特別多数を必要とする国会同意人事にする。アメリカの上院にあるような公開の諮問を受ける手続きも入れて、選ぶ場面では民意を汲む。しかし、一度選ばれた後は再任を認めず国民審査からも外して民意から距離を置くという制度をイメージしています。

阪田　一つのお考えだとは思いますが、憲法裁判所ができれば、やはり国会の権威が多少低下する。違憲と判断されるような法案、法律をどうして可決したのだという声も出るでしょうし、政治的にも混乱が生じるおそれがあります。

山尾　立憲主義と民主主義のバランスをどこに置くかという問題ですね。新しい制度をもし採用するとすれば、その制度自体を国民が育てていく、何十年かかけて定着させていく意識が必要ですね。

あわせて、先ほど指摘した最高裁判所の人事の問題は喫緊《きっきん》の課題だと思います。憲法は政権交代がない状態を前提としていなかったと思います。

阪田　憲法裁判所をつくるとしても憲法改正を要するわけです。憲法裁判所に代えて、人事も含めた最高裁のありようを変える方が早道なのかもしれません。

山尾　最高裁人事を内閣の指名・任命から独立させるとすれば、いずれにしても憲法改正事項になりますね。

†憲法裁判所の裁判官、誰がやる?

山尾　憲法裁判所の議論について、内閣法制局が移転するようなものだというお話がありました。官僚集団ということだと、そうなるのかもしれません。

世界を見てみると、例えばフランスはほとんど政治家が憲法院を構成している。ドイツ、イタリアは学者ばかり。むしろ、憲法裁判所の裁判官の個性、構成を分散させる方が、判断を客観化できるのではないかという気もします。もちろん職業裁判官を入れるという考え方もあるでしょう。どういう人たちが判断するのがより憲法裁判所の性格としていいと思われますか。ずばり直感的に(笑)。

阪田　答えになるかどうか分かりませんが。私は内閣法制局を辞めて一〇年ちょっと、法律事務所でお世話になっています。四五〇人ぐらい弁護士がいる事務所で、もっぱら事務所内の法律相談のようなことをしています。皆さん実務に精通した優秀な方々ですが、そこでの議論と比べても、内閣法制局での議論は、社会的な公正や正義といった視点を含め広い視野からの精緻なものだったと改めて感じます。

それは法制局に限ったことではありません。私は大蔵省にもいましたが、やはり行政に携わっている人たちの議論のレベルは高いと思います。彼らは自分たちの責任で法律を執行していますから、現場の状況を熟知している上に組織としての情報収集力や個々人の鍛えられ方が半端ではない。学者の人たちとも時々話す機会がありますが、実務をやっていませんし情報が集まりませんから往々にして浮世離れした観念論になりがちです。政治家の方も、山尾さんなんかは例外的ですが、論理で勝負しようという人は多くない（笑）。

山尾　多くはないですね（笑）。

阪田　法治とか憲法判断となると、それなりの論理が必要になってきます。だから政治家、誰ということではないですが、たとえば与党の実力者といった先生方をイメージすると、お任せするのはどうかなという感じもします。

学者と裁判官というのは似たところがありますから、行政官の人、あるいは企業でもそういうリーガルマインドのある方、世俗に通じている方が入っているといいなとは思います。でも分かり過ぎてもいけないところがあるので（笑）。内閣法制局が内閣というくびきを外されてそこに移るというならもう少し判断の自由度が広がるかもしれませんが、行政の第一線から遠ざかる結果として、現実を見ない、宙に浮いたような議論しかできなくなる可能性もあります。

山尾　議論のレベルの能力差は、どういうところに起因するでしょうか。

阪田　ずっと立法に関わってきているというのが大きいと思います。それに現場を見てきている。

法律を紙の上で読むだけではなくて、まさに生の事象と向き合ってどのように適用するか、改正が必要かどうか、どのような改正がベストか、その場合の副作用はどうか、そういったことについて日常的に上司や同僚らと議論している。リーガルマインドといいますか、社会で起きている問題を法的に解決するための思考回路が日々整備されていくわけです。

†最高裁判所よ、もっと踏み込め！

山尾　憲法裁判所に関連して、現状の裁判所がもっと口を出す形での憲法判断を下していってもいいのではないかというお話が先ほど出ました。現状そうなっていない中で、どうすれば裁判所の動機づけになるでしょうか。

阪田　それは最高裁のお考え一つだと思いますよ。最高裁がもうちょっと踏み込もうと思えば踏み込めるはずです。統治行為論なんて言ってないで。

山尾　一つあり得るのは法律で客観訴訟、つまり、事件や具体的な権利侵害がなくても憲法上の権限等について争うことができる訴訟類型のオプションを増やすということ。それは国会でできる仕事の一つですよね。

阪田　一票の格差などはまさにそうですね。公職選挙法があるからできているので、法律で決めれば、かなり広がる余地はあります。

†必然性のない安保法制、ムード論の改憲でいいのか？

山尾　ちょっと脇道にそれますが、二〇年間内閣法制局という職場におられた立場から、日本が諸外国と同じく侵略戦争でなければ戦争ができる「普通の国」になることについて阪田先生はどう思われますか。この自民党案はそういう憲法改正だと思うのです。

阪田　そうならなければならない必然性が私にはよく分からないので、それがいいとは思いません。安保法制のときもそうでしたが、なぜそれが必要不可欠なのか。自衛隊も同じです。九条を普通に読んで、あのような実力組織が合憲だという答えが簡単に出てくるとは思いませんが、東西冷戦の渦中で西側陣営の最前線にあった当時の日本が非武装政策、ましてや中立政策をとることは非現実的だった。専守防衛の実力部隊の保持を不可避とする十分な立法事実があったのだと思います。
それに対して、冷戦が終わって戦争の形が変わりつつある中で、アメリカの戦争に一層積極的に関与しないと日本の安全を守れなくなったのはなぜか。安保法制のときの国会の議論をずっと聞いていても、ただ安全保障環境が変わったの一点張りで、大量破壊兵器や弾道ミサイルの開発あるいは国際テロの脅威とこの集団的自衛権の行使とにどんな関係があるのかがまったく説明されませんでした。

山尾 あのときは、必要性と許容性の議論がすごくすれ違っていましたよね。私は法律家としては、安保法制は違憲でありそもそも憲法を変えない以上許容性がないという点に重点を置いていましたが、必要性の方が全然論証されていないという点に阪田先生が疑問を持たれているのは興味深いです。

阪田 北朝鮮があるだろう、中国が尖閣《せんかく》を占領する、といったムード論なんです。万一そのようなことがあれば、それこそ自衛隊の出番です。我が国は守れる。それ以上にやる必要が分からない。米国がすごい圧力をかけています、これをやらなきゃ日米安保条約を破棄すると言っていますというのなら分かりますが、そんな話もなかった。アメリカは安保法制を歓迎はしているのでしょうが、当時はオバマ政権ですからそんなプレッシャーが米国側からあったとは思えません。

†それでも粛々と進行する安倍改憲スケジュール

山尾　安倍加憲に反対する人々のなかでは、政治情勢に引っかけて「これでもう改憲は無理」と希望的観測の声がしばしば広がるのですが、私は、安倍政権は改憲に向けて粛々《しゅくしゅく》と歩を進めてくると思います。森友・加計問題があり、公文書改竄《かいざん》があり、日報の隠蔽があり、それでもなお支持率は下がっていない。安倍総理からすれば当初のタイムスケジュールがずれ始めていることは確かかと思いますが。

阪田　現状でもまだ脈がありますか。

山尾　安倍加憲などなくなった方がよいのですが、油断しない方がいいと思います。いま予算委員会の集中審議をやっていますが、安倍総理はこの難局を乗り越えられると思っている。世の中、森友・加計問題といわゆる退陣問題というのはクールに分けているよと。

昔はこれだけのことがあったら政権は退陣という社会的な共通の認識、感覚があったと思いますが、安倍政権はその感覚というのを麻痺させた、よくも悪くも壊した。そしてその恩恵を自分自身が受けている。

阪田　忘れやすいと言えば忘れやすい世論ですからね。安保法制のときも、本当にあっという間に支持率が戻ってしまった。森友・加計問題だって去年の今ごろと選挙のときは全然違って、今回も耐えていればせいぜい半年かなというぐらいの感覚でしょうか。

山尾　そうなるかどうかは別として、そういう感覚ではいると思います。

阪田　お辞めにならなければ、次の政治的な目標というのは。

山尾　改憲しかない。

阪田　改憲しかないから、おっしゃるように、まだ脈があるのですかね。

山尾　否決されるというリスクをとってでも改憲に打って出る可能性がある。これが最後の自分のレガシーだと思えば。

阪田　私はさすがに今回の一連の騒動で、もうそんなエネルギーは残ってないだろうと思っていましたが。

山尾　三月二日に朝日新聞の一面で森友問題が報道されて、三月二二日、まさに燃え盛っているときに、自民党改憲推進本部の全体会合でその改憲案を出している。あんなになっていても粛々と出すものは出していますよね。

阪田　これを引っ込めるというと、じり貧ということですか、逆に言えば。掲げ続けないと前には進めないというところはありますよね。

山尾　安倍総理からすれば、この改憲をエネルギーに変えるという感覚じゃないでしょうか。それに、改憲スピードが落ちているかどうかはじっくり見極めた方がよくて、例えば自民党大会のときに条文案が出せなかったと報道されていますが、ずいぶん前にテレビ討論で柴山昌彦さんと話したときに、そもそも条文案は出さないとおっしゃっていました。そうあってほしいという物の見方をすると、ちょっと危ないかなと思うところはあります。

阪田　公明党がどうされるかというのは非常に気になりますね。

山尾　公明党は国民投票の機会保障を拡大する改正を先にするべきだというスタンスを打ち出してきましたね。

阪田　国民投票法の改正をまずやろうというところで、とりあえず憲法審査会は動くようですけれども。

山尾　改憲スケジュールを遅らせたいという公明党の意思を表に出しやすくなっているのかもしれないですね。

阪田　公明党は、安倍自民党よりは立憲民主党とのほうが波長が合うはずですけどね。

山尾　そのはずなんですが、そうなっていませんね。

阪田　いつか大きな変革のときが来ると信じています。二、三年では無理かもしれませんが、山尾さんはお若いですから、長い目で日本の未来のために頑張っていただきたい。

山尾　頑張ります。今日本当に丁寧に教えていただいたこと、必ず生かしたいと思います。

（対談日　二〇一八年四月一一日）

第２章

その改憲に理念はあるのか

井上武史×山尾志桜里

【対談者紹介】

井上武史（いのうえ・たけし）

一九七七年大阪府生まれ。九州大学大学院法学研究院准教授。京都大学法学部卒業後、同大学大学院法学研究科博士後期課程修了。京都大学博士（法学）。憲法学を専攻。京都大学助教、岡山大学准教授、パリ第一大学客員研究員を経て現職。共著書に『一歩先への憲法入門』（有斐閣）ほか。

†権力を縛るための改憲

山尾志桜里　井上先生とはぜひ三つのテーマで話をさせてください。一つ目は二〇〇八年に行われたフランスの憲法改正。二つ目が安倍総理の九条改憲案。そして三つ目が憲法裁判所です。
　私が立憲的改憲を提起するようになったきっかけの一つが、井上先生から伺ったフランスにおける憲法改正のあり方でした。憲法改正のイメージが一変しました。大統領による発議であったにもかかわらず内閣の権限を統制する一方、国会の権限を強化し、あるいは市民の権利保障を豊かにする方向の改憲案でした。権力を持つ側からそうした狙いの改憲案が出てくることに驚きがあった。日本の改憲論議の参考にできないかと思いました。

井上武史　フランスで行われた二〇〇八年の憲法改正は、一九五八年の制定からちょうど五〇年の節目に行われました。憲法の条文は全部で八九カ条あるのですが、その半分ほどが改正される文字通りの大改正でした。行政権の統制と議会の強化、市民の権利拡充という三つのテーマが掲げられ、サルコジ大統領（当時）の選挙の公約だったということもあって実現しました。
　改憲の主たる狙いは、「統治機構の現代化と均衡の回復」です。既存の統治機構の現代化、つまり新しい統治技術を導入するということです。また制定から長く運用されていると、権力間のバランスに変化が出てきて対処が必要になる。そこに焦点がありました。

特にフランス憲法には特徴があり、もともと憲法制定を主導したド・ゴールに合わせて、大統領や政府の権限が非常に強かった。その意味で他国の憲法とはずいぶん異なっていた。それを徐々に大統領と政府の権限を弱め、議会の権限を強めていこうというのが大きな流れとしてあり、その一環として改正されました。

山尾　日本で憲法改正というと、国家の側が提起する国民にとって危険なもの、というイメージが先に立ちます。私はそれ自体を変えたいと思っていますが、フランスでは市民の側に改憲に対するアレルギーのようなものはないのでしょうか。ないとしたらその理由の一つは、フランスにおいては一九五八年の憲法制定時、ド・ゴールという強いリーダーの下で行政の権限を広く認めるところからの出発だったことでしょうか。

その後、二四回もの憲法改正を通じて、行政の権限強化ではなく、むしろその権限のバランスを統制していく過程を辿ったことが、「改憲」自体へのアレルギーを抑制したのではないかと思います。だとすると、制定時の憲法こそが統制がとれていて、それを変えることは「権力を肥大化させる」改悪である、という日本人の多くが抱いているこれまでのイメージとは逆ですね。

†実現すべき理念は、民意はあるのか?

井上　日本の話に置き換えると、参議院の地位や権限というのはまさに同じ構図だと思います。近年まで参議院はそれほど国政に重要な影響を与える存在ではなかった。しかし二〇〇〇年代になり、例えば「ねじれ国会」という現象が見られたことで、参議院の権限が実は非常に強いことが意識されていった。参議院選挙の結果が政局に影響したり、ときには首相の交代をもたらすことさえあった。憲法の規定では内閣の存立は衆議院の信任に基づいているので、理屈としてはおかしいのですが、そうした現象が見られた。

フランスの憲法改正では、強すぎる行政の権限を減らしましょうという議論が行われました。日本の憲法論議でも権力間のバランスを図るという観点があってもいいと思います。現に参議院の強い権限の根拠である再議決要件を定めた五九条二項について、衆院の「三分の二以上」を「過半数」に引き下げようという提案がありますが、それには改憲が必要です。

山尾　フランスの改憲で注目すべきなのは、憲法改正自体が目的なのではなくて、政策実現が目的だったという点です。国の統治機構のバランスを取り戻すためのいくつかの大きなテーマを設定し、さらに個別の課題に細分化した上で解決手段を項目として提起し、それを実現するための条文案を作っていくという思考の順序があった。

達成したい目的があり解決するためのツールとして憲法がある。この作法は日本には紹介されてこなかったし、提唱もされてこなかった。

日本の改憲議論は、「九条を変えるべきか否か」など、条文の文言を変えるかどうかばかりに議論が集中して、目指す社会像や統治のあり方など政策課題の議論は二の次です。まず実現すべき課題を設定し、その課題を達成するために憲法を変える必要があるか否かを議論するのが本来であるはずなのに。

井上 フランスの二〇〇八年の憲法改正は、国会議員の審議とともに専門家による議論があった。この二つが両輪になっています。国会議員は民意に支えられて議論する一方で、専門家や実務家は、専門的知識に基づいて制度の合理性を担保する。大統領が改憲をすると言い、すぐ条文を国会議員や政府に作らせたりするのではなく、まず法学者や実務家、元政治家で構成するバラデュール委員会（正式な名称は「第五共和政における統治機構の現代化と均衡回復について検討し提案を行う委員会」）という有識者会議を設置して、その人たちが具体的な論点と問題点を検討し、具体的な条文案まで提案しました。

†民主的正統性と専門的合理性

山尾 論点の大きな方向性は、大統領が提案するのでしょうか。

井上 そうです。大統領はバラデュール委員会のミッションとして、議会と政府との均衡回復や行政権の統制を挙げています。委員会は約三カ月の検討を経て報告書を大統領に提出しました。報告書には論点の分析と検討に加えて七七の改革案が具体的に示された。それを受けて政府の側が条文案を作成し、国会に提出するというプロセスです。

山尾　与党が国会議員による文案を何十も集めるところから始まる日本での運びとはまったく違いますね。日本では、公的な形で実務家や専門家の方が登場するのは原案が国会に提出された後、憲法審査会で参考人として発言する機会があるかどうかです。どうして最初の段階から専門家や実務家の意見が入るルートを取り入れないのか疑問です。

井上　民主的な正統性と専門的（技術的）な合理性という二つの柱を基にして議論しなければ、できあがった改憲案はいいものにならない。

また、日本では「憲法改正」というと普通「日本国憲法の改正」しか視野に入りません。憲法条文だけを変えようとする。フランスの場合は、統治機構の制度改革を一体として捉えています。統治機構のルールは憲法にも法律にも書かれているからです。改憲議論はその全てを対象にする。バラデュール委員会でも七七の提案をしていますが、必ずしもすべてが憲法典の改正ではなく、議院規則や法律の改正についても書いてある。目的が、憲法典を変えることではなく、政策を実現することにあるからです。それがフランスの改憲の特徴です。

山尾　日本でも最近問題となりましたが、与党と野党の質疑時間の配分についてもこのバラデュール委員会の提案に入っていたと聞きました。

井上　政府への質問の際に野党会派にも与党と同じだけの質問の時間を与えるということが提案されていました。これは憲法事項ではないため、報告書では議院規則で対処するように書かれていた。結局、議院規則が改正されて改革は実現しました。

山尾「憲法は憲法典だけにあらず」という考え方が象徴的に現れていますね。フランスでは市民の側にも憲法に対するそうした認識があるのでしょうか。日本では憲法と市民がものすごく遠い感じがしますが。

井上　フランスも一般市民の憲法に対する関心はそれほど高くないと思います。むしろ政治家が社会や市民の要求を汲みとり、それを政策で実現していくという側面が強い。

山尾　そうだとすると、選挙のたびに政党や候補者が憲法改正を掲げて戦うというのはどのようなインセンティブが働いているのですか。

井上　市民の要求を政治家が公約で掲げ、候補者は「私の方が市民の要求に近い」と言って選挙を戦っている。特に最近は、大統領選挙のたびに憲法改革や統治機構改革が必ず出されますが、それは市民の要求を反映しているのだと思います。

例えば「国会議員は本当に市民を代表しているのか、つまり特定の政治家階級に限られているのではないか」という問題意識があるために、新しい風を吹き込もうとする動きが出てくる。具体的には、多くの市民が議員になることができるように多選を制限すること、多様な民意を反映するために比例代表制を取り入れることなどが提案されています。

†理念設定から骨太の政策論へ

山尾　二〇一五年オランド政権のときに国民議会（下院）から出された一七の提言は、あくまで憲法改革による統治機構改革の提案だったのか、必ずしも憲法改革に限定されない幅広い提案だったのか、どちらなのでしょうか。

井上　必ずしも改憲ありきではありません。「民主制を再構築する」という報告書のタイトルを見れば分かるようにまず大きな理念が設定される。そのうえで、国民と議員との結びつきを回復するには？　国民を中心とした統治制度とは？　などの個別のテーマを設定し、必要な制度改革は何かと考える。それから憲法、法律、規則の全体を見渡して、それぞれで個別テーマの中身を実現していく。改革を実現するにはどのルールを変えなければならないのかを個々に突き止めていく感じです。

山尾　この一七の提言を見ると、日本で言ういわゆる「国会改革」「政治改革」「選挙改革」に相当するものが多く含まれていると感じました。国会議員の任期を連続三期までとする四選禁止や、国民投票の対象拡大による直接民主制の強化策、議員定数の削減の問題、あるいは憲法裁判所としての機能を充実させるための裁判所改革も含まれている。本当に骨太な統治機構改革で、一個一個の政策が、市民が求めるものに応じた形の改革になっている印象を受けました。

井上　まず憲法改正ありきではなく、どうしたら民主制がよくなるか、どうしたら権利保障がより一層充実するか、という中身の議論が先に出てくるのです。そのためには憲法のここを変えて、政策を実現しましょうという観点が非常に強い。

フランスでこれだけ改革の提言が出るのは、実は国民の側にすごく不満があるからです。政治家に対する不信があるために、議会が常に「こういうことをやります」と頑張っていることを示し国民を引き付けなければならない。四選禁止や、議員定数の削減は、国会議員の身分にかかわる非常に重要な改革ですが、あえて言及することで、国民の不信に応えているのです。

山尾　現在のマクロン政権でもこのオランド政権時の提言の多くが引き継がれています。根強い国民の要望があるからでしょうか。

井上　そうです。マクロン政権は、議員定数について三〇パーセントの削減を掲げている。公選職の任期を連続三期に限定することも含まれています。

†日本にはない発想

山尾　どうしたらそうした提案が出てくるのでしょう。日本では、政権政党が定数削減や多選制限など国会議員の身分に関する野心的な提案を出してくることはほとんど考えられないですよね。

井上　マクロン大統領はいま四〇歳（一九七七年生まれ）、下院の議長も四〇歳代と若い。それでも多選はよくないからと改革を掲げています。日本の議長はいわゆる「上がりポスト」でおよそ七〇歳の人がなりますね。状況が全然違う。

山尾　議員は五〇歳代で政治家人生を終えるということをイメージしながら出馬することになる。それだけドラスティックな身分改革であるにもかかわらず、「四選禁止」が憲法改正のテーマとして継続的に挙がっているわけですね。

井上　野党が多数を占める上院では、当然抵抗もあります。今後どういう論議になるか分かりませんが、大統領は国民投票までやる覚悟で交渉しようとしています。

山尾　大統領提案の憲法改正を行うには国民投票か両院合同会議かの二つのルートがあり、後者の場合は五分の三以上の賛同が必要になると伺っています。どちらのルートを選ぶかは大統領に選択権があるのですか。

井上　国会議員が改憲を提案した場合は、必ず国民投票をしなければなりません。大統領が改憲提案するときも基本は国民投票ですが、選択的に両院合同会議による採決でもできる。この場合、全国会議員の五分の三以上の賛成で改憲は成立します。ベルサイユ宮殿内の議場を使って、上院議員と下院議員が一堂に会して議論します。そのためにわざわざパリから出掛けていく。憲法改正は通常の議案とは違う特別なもの、ということです。
上院での反対が多いと両院合同会議で可決されない可能性があるので「それなら国民に聞いてみる」と、マクロン大統領は言っている。上院議員に対するブラフですね。民意に近いのはどちらなのかと。

山尾 両院合同会議では党議拘束はありますか。

井上 党議拘束はないことはないのですが、規律がそれほど厳しくないので造反しても厳しいおとがめがあるわけではありません。二〇〇八年の憲法改正は両院合同会議で行われましたが、最後は本当に一票差で可決された。これは野党の有力議員が造反したから実現したと言われています。

†「パッケージで改憲する」とはどういうことか

山尾 日本の憲法改正では、関連事項ごとに個別に賛否を問う形になります。国会における国会議員の採決でも、国民投票でもそうです。フランスではこれと異なり複数の提案につき一括で是非を問う仕組みですか。

井上 そうです。二〇〇八年の改正は憲法の半分を変える大改正でしたが、投票は一括で行われました。議会や裁判所に関する条文など幅広く含まれる改正案でしたが全部合わせて「承認しますか」「しませんか」という形で行われました。

山尾　権力の均衡を見直すという大きなテーマの下で、内閣を統制し国会を強化し国民の人権保障を豊かにする憲法改正を行う場合、個別の提案が有機的に関連し合って権力をバランスするわけです。ですから理屈としては、一括でその提案の是非を問う手段も筋が通っているとは思います。日本でそうした構想を考えていくとき、個別条項の賛否ではなくパッケージとして是非を問うことを検討すべきでしょうか。

井上　憲法はそもそも諸権力をバランスさせているものなので、ある国家機関の権限を増やすと別の国家機関の権限が減少する。つまり、どこかをへこますとどこかが出るという関係にある。相互に関連する条文をばらばらに問えば、均衡がとれなくなるのは当たり前です。全体でバランスを回復させようとするなら憲法改正はパッケージで考えられるべきであり、事項が違うからといって別々に賛否を問うと、別々の結果が出たときにむしろ均衡を失する可能性もある。方法は一考の余地があると思います。

山尾　そうすると今、とにかく九条に自衛隊だけ書いてみようという考え方は、フランスで行われている憲法改正とは全く違ったものだと感じます。

井上　そうですね。ただ日本では憲法が改正されたことがないので分からないことが多い。具体的な案が出てきたときに、これは別々でやっていいのかという議論が出てくるかもしれない。

†安倍、自民の改憲案に理念はあるのか

山尾　例えば自民党から出てくる改憲提案の四項目。教育無償、合区、緊急事態条項に自衛隊明記ですが、それぞれ関連性がない。目指す社会像も、統治の哲学も、現代における人権保障の課題設定もない。井上先生は自民党の提案をどう見ていますか。

井上　自民党の改憲四項目は、まず全体を貫く大きな構想がない。四項目はそれぞれ理念も構想も全然違う。何を実現しようとしているのかという議論も欠けていて、全体としての狙いが分かりませんね。

山尾　例えば「教育無償」を取り上げるのであれば、社会保障財源をどこに求め、どの分野に、どの世代に投資をしていくのかという大きなテーマの中で語られるべきことだと思います。「合区の解消」も本来は地方と都市の市民の声をいかに政治が吸収していくのか、衆議院と参議院の役割分担をどうやって再構成するか、「全国民の代表」の核心を模索する極めて重い議論です。「緊急事態条項」についても、緊急時の政府の権限に対して事前に十全な民主的統制をかけるために憲法典でなすべきことはあるかという緻密な議論が必要不可欠です。

しかし、三項目とも本質的な議論は脇におかれ、国民の目に映るのは「改正」するための落としどころを探る自民党内の政局調整あるいは公明党を含めた与党間政局調整の動きばかり、

というのが現状です。
ましてや自衛隊明記案に至っては、掲げる目的があまりに幼稚です。安倍晋三総理は「自衛官に誇りを与える」と言っていますが、自衛隊が憲法に書き込まれる前に考えるべきことがある。国民自身が外交安全保障を自分事として捉え、国民自身が自衛権統制の本質的主体となることによって、自衛隊は「お国の自衛隊」ではなく「国民の自衛隊」となり、結果として国民の厚い信頼に支えられた自衛隊としての誇りが生まれるのだと、私は思います。いずれにしても、四項目を包括する骨太の憲法理念は見いだしがたい。

井上　例えば教育無償化を憲法に書くということは、その政策の優先順位を上げることであり、しかも財政を伴う改憲になるので、ほかの社会保障や医療といった財源が必ず影響を受ける。でも、なぜそれらを差し置いて教育を優先すべきなのか、そうした議論が見えてきませんよね。
あるいは「高等教育」についてどう考えるのかという論点もある。これはアメリカとヨーロッパでは考え方が異なります。アメリカでは高等教育は受益者負担という考え方が浸透していて、私立大学の学費は高い。ヨーロッパでは高等教育は社会の発展や将来の民主主義に役立つという観点で無償にしている国が少なくない。では日本はどういう方針でいくのか。教育観にかかわる大きなテーマですが、そうした議論はまったくなされていません。

山尾　私は保育のことに取り組んできたので、財源の配分は気になります。待機児童解消をはじめとする良質な就学前教育保障と合わせて、高等教育の無償化は段階的に実行すべきだと思っています。憲法による将来世代の利益保障という切り口で、財源の確保と配分を議論することは有意義です。しかしいま「教育無償化」を改憲事項に掲げている方々からは、財源問題や世代間格差の厳しい課題に切り込む覚悟が感じられない。むしろ、「教育無償」という柔らかな看板を掲げて、あわよくば改憲を実現しようという邪《よこしま》さを感じます。

井上　将来の国や民主主義を担う人への投資という観点でアプローチするのが適切だと思います。その意味では、環境保護や財政健全化などと同じく「将来世代への責任」という大きなテーマのもとで議論するのがよいのではないでしょうか。

†議論の順序が倒錯している

井上　自民党の四項目の中で大きな構想につながり得るのは合区解消の問題です。参議院という第二院にどういう人を集めて、何を決めさせるのか。我々の民主主義の在り方をデザインする非常に重要な問題です。しかし現在の議論を見る限り、単に定数の問題に矮小化《わいしょうか》されている。国民的議論にふさわしいテーマなのに議論を狭めていると感じます。

緊急事態については、二〇〇八年にフランスでも問題になりました。二〇一五年にはパリ同時多発テロが起きて、緊急事態条項を憲法に書こうという話になりました。どのタイミングでも一貫して「政府の統制」という観点から議論がされています。つまり非常事態時に政府の行動が「超法規的」になってはいけない、という抑制の議論です。法的な根拠をあらかじめ与えることで、非常時における権力の発動と統制のルールを定めておこうという発想、つまり非常時でも立憲主義を守るという観点から出発していて、日本で語られている議論と全く方向が異なります。

山尾　合区について、例えば衆院選で国民は個人としての一票を投じる。そして参議院では地域代表や職能代表の考え方で一票を投じる。あるいは愛知県民としての一票、女性としての一票、子を持つ母親としての一票、農業者としての一票、といった具合に何か属するグループの一人として一票を投じる、こうした仕組みはどうでしょうか。実現は難しいかもしれませんが、考えるきっかけとして。

井上　第一院（衆議院）で国民としての一票があるのであれば、第二院（参議院）はどのような意思を代表させるのか、ということですね。民主主義の根幹に関わる重要な問題です。

参議院は地方の声を反映すべきだと言われていますが、それは当然のことなのでしょうか。日本が抱えている問題は国と地方の問題だけではない。「世代」や「性別」などさまざまな観点がある。特に日本は年金をはじめとする社会保障分野で世代間の格差という問題もあります。人口が減少し年代別構成比も変わり、選挙をやると高齢者の意見しか反映されないという「シルバー民主主義」が深刻な問題となっている。

例えば参議院は、経済学者が提案しているような若年層、壮年層、老年層というふうに分けて選挙区を構成するというやり方もあると思う。参議院に届けるべき声は何も地方の声だけではないはずです。

山尾 つまり二院制の本質に迫るような議論をすべきであって、条文案にある「一都道府県で一人選出するようにしよう」などという些末《さまつ》な決着をゴールとするような話ではないということですね。

井上 鉛筆をなめて、いきなり条文をいじることから考えるのはどうかと思います。

山尾 緊急事態条項も結局「緊急事態条項を入れたい」という狙いが先走っていて、国会議員の任期延長と政府による私権制限が併記されるなど、迷走していますよね。手続きとその実態と、どちらを盛り込むべきなのか。そもそもの出発点が分からない。

井上 重要な法律の制定ではまず法制審議会で専門的な検討が行われ、法改正の方向を示した要綱が採択される。そこが定まってから条文に落とし込んでいくのが本来あるべき手順です。二〇一七年に約一二〇年ぶりに行われた民法大改正もそうでした。国家の基本法である憲法ではなぜそうなっていかないのか、理解に苦しみます。

†安倍政権の「条文ありき」ロジック

山尾　共謀罪の法案審議のときも「条文案が出ていないので議論できません」という答弁が繰り返されました。議論を避ける弁解としてこのロジックが使われていたわけです。今回の憲法改正も同じです。

私が今年二月に国会で安倍総理に質問したときもそうでした。「二項を維持したままでは違憲論はなくならない」という話をしたら「条文がまだできていない」「条文はこれから出ますので」と答え、同じ論理で最後まで議論を避けました（二〇一八年二月二二日衆議院予算委員会答弁）。残念なことにこの条文ありきのロジックは安倍政権からメディア、そして国民にまで浸透してしまっている。

本来はまず目指す社会像があり、解決したい問題があり、その解決策として最後に憲法の条文を変える必要があるのかどうかという順番で考えるべきです。ごくごく普通の思考の順番なのに理解されていません。

井上　その通りだと思います。条文を掲げる前に改革の理念を明確にする必要があります。

†「違憲の疑い」ほんとうに払拭できるのか

山尾　安倍総理の「二項をそのままにして、自衛隊を明記する」という案についてはどうお考えですか。

井上　この九条改憲には大きな構想があるわけではなく「違憲の疑いを払拭《ふっしょく》する」という、どちらかといえば不備を補う提案だと考えられます。安倍総理が言うように、そこで命を懸けている人がいる組織を「憲法違反」という非難から救出する必要はあると感じます。そこで、今まで解釈で積み上げられてきたことを明文で書くことによって区切りを付けようということなのでしょう。先ほどフランスの例で紹介したような憲法改正とは性質が異なります。

改憲自体の必要性は認められるとしても、問題になるのが具体的な条文です。自民党の議論では「九条二項の削除」か「九条二項の維持」かで問題となった。どちらを採るかよりも、具体的に何を実現しようとするのかが最も重要な点です。二項削除の目的は現在九条でかけられている自衛隊に対する一切の制約を取り払うことです。つまり自衛隊を普通の軍隊にする。日本の歴史的、社会的な文脈からしてそれが可能かどうかという点は考慮すべきですが、諸外国の多くは軍隊を持っていますので、二項削除の提案自体がおかしいとは思いません。

しかし「軍隊を保有する」という案には国民の理解が得られそうにない、ということで二項を維持する案が出てきた。二項を残しつつ、自衛隊に対する違憲の疑いだけを晴らしたい、つまり自衛隊を合憲化するというものです。

この目的を達するためには二つの手段があり得る。一つは自衛隊を明記する、つまり自衛隊という三文字を書くやり方です。もう一つは、政府見解で認められている「必要最小限度の実力組織」と書く方法です。私は後者が適切だと思っています。なぜか。自衛隊について「自衛のための必要最小限度の実力組織」とする解釈は、これまで政府が、自衛隊が合憲であることを説明するために国会答弁などで繰り返し示してきたものであり、憲法九条の意味として現に通用しているからです。その通用している意味をそのまま明文化するのが、現状を変えずに違憲性を払拭《ふっしょく》する最も無理の少ないやり方だと思います。

山尾　「違憲の疑義を払拭できるのか」という点については大いに疑問があります。「自衛隊」と書こうが、「必要最小限度の実力組織」と書こうが、二項の「戦力不保持」の規定をそのままにしている以上は、違憲の疑いはそのまま維持されるだけでなくむしろ憲法上の論点は増えるのではないか、という疑問です。

すなわち二項のようないわゆる作用の統制規範と、書き加えられようとしている組織の根拠規範とがぶつかり合って、憲法学者も政府も議員もどう解釈するのか判然としない。相当多様な解釈が出てくるのではないか。「後法は前法を廃する」として二項が死文化するという論も成り立ちうる一方、作用の統制規範と組織の根拠規範とは次元が異なるのであって必ずしも後法優先に直結する矛盾とは言い切れないという論もありえます。いずれにしても、憲法上の疑義を払拭すると言っておきながら、むしろ論点は拡大し、複雑化し、混迷することが想像されます。

†「現状を書く」ことの意味

井上 完全な条文を作るのは難しい。だからこそ、どういう構想を実現したいのかがまず重要で、それを明確にしたうえで条文については議論して詰めればいい。法は完全ではないので、どう書いても解釈の余地は少なからず残るものです。いま二項で禁止されているのは「戦力の保持」なので、最も無理のない方法を考えるとすれば「自衛のための必要最小限度の実力組織なら（戦力に当たらない）」という但し書きを現在通用している範囲で書き込めば法的には問題はないと思います。

山尾 それは現状でも自衛隊に違憲の疑義はないという前提に立っているわけですね。

井上 そうです。今の状態を書くということです。現に確立している条文の意味を「明文化」することと、つまり裏で通用しているルールを表に書くということですね。この「明文化」という手法は昨年の民法改正でも用いられており、立法技術としては一般的なものです。

山尾　今も憲法上の疑義はないし、明記してもその状態が続く、ということですね。

井上　現状を明文化するというのであれば、そういうことです。

山尾さんの指摘した「前法と後法」の問題ですが、後法は前法がありながら作るので、齟齬《そご》がある場合は後法が優先する。

しかも国民投票を経て加えられる条文ですので民主的なランクも格段に高い。例えば最高裁判所が後に憲法解釈するとき、新しく入れたものと前のものとに齟齬がある場合にどちらを優先するかと言えば、後法が確実に適用されるでしょう。それが主権者の意思を明確に示したものであればなおさら優先するということです。

山尾　安倍総理は「自衛官に誇りを持たせたい」と言っています。自衛官に誇りを持たせることは憲法の本質的機能とはまったく異なる。これまで話してきたとおり本来の憲法改正とは、何か政策課題があってそれを解決するため必要であればやる、というものです。その結果として付随的に誇りをもたらすのであればそれは幸せなことです。

しかし仮に「二項をそのままにして自衛隊とだけ書くのだ」という提案について賛否を問われても、いったい自分は何を問われているのか、国民は分からないと思うんですね。場合によっては政権側の意図的な誘導により、自衛隊の存在や自衛官への一般的信頼を賛成か反対かで示すことを求められているように誤解する傾向も現れてくるでしょう。このような誤解に基づく賛成票で「憲法改正」が実現されるとしたら大問題です。

†立憲主義的視点からの九条の問題点

井上　私は、安倍総理が自衛隊を預かる最高指揮決定権者として「違憲かもしれないがいざという時は命を懸けてくれ、とは言えない」というのはそれなりに尊重すべきだと思っています。政治的な側面からの考え方としてあり得るという意味です。

憲法研究者という立場からも、立憲主義の考え方からして明文化したほうがいいと思っています。九条は複雑な解釈を経ないと条文の本当の意味に辿り着かない。これでは憲法によって権力を統制する役割を憲法が果たしてないことになる。そうであれば、解釈の幅を狭めるために議論が収束している部分については明文化することで、解釈の余地を減らすことができます。

今の解釈の問題を放置しておくと、仮に共産党が政権を取ったとしたら「自衛隊は違憲だ」という解釈になる可能性も出てきます。いま違憲と言っている人たちが政権に就いたときにも、違憲と言えないように手当てしておこうというのは、一つの政策としてはあり得ると私は思います。

ここで強調しておきたいのは立憲主義です。憲法の条文とその意味が乖離《かいり》しすぎている状態は立憲主義的ではない。憲法によって権力を統制できていないからです。

山尾　しかし違憲の立場に立つ大半の方々は、憲法典に「自衛隊」や「必要最小限度の実力組織」と書いてないから違憲だ、と言っているのではなく、むしろ九条二項という条文と自衛隊の実質が齟齬していることを問題にしているのではないでしょうか。

違憲の疑義を払拭したり、解釈の余地を減らし、国民が読み取れる憲法にした上で、国民意思で自衛権を統制できるようにすべきであるし、そうであるなら九条二項との関係を整理しようという考え方のほうが、目的を達成できると思います。

私は安全保障政策論について自民党の石破茂氏とはまったく考えを異にしますが、少なくとも違憲の疑義を払拭し解釈の余地を減らして、国民が自ら読み取れる憲法にするという観点からは、九条二項を削除するいわゆる「石破案」のほうが筋は通っていると感じますね。

井上　確かにそれが一番筋は通っています。二項を残しながら現状を固定化すると、現状の矛盾は残る。自衛隊の組織が合憲となるだけで、本当は軍隊なのではないか、九条二項の「戦力」に当たるのではないかという問題は残り続けるわけです。そうした問題を一挙に解決するか、段階的に解決するか、という政治論になります。

重要なのは条文化されるときの文言です。出てきた案文が「現状の自衛隊」と同じかどうか。いま出ている条文案では「自衛隊を保持する」（自民党「条文イメージ〔たたき台素案〕」第九条の二）と書くことになっている。どうしても「自衛隊」と書き込みたいようですが、書き方がおかしい。

†明記するのであれば……

山尾 どうおかしいですか。

井上 憲法九条は自衛隊を禁止すると言っているのではなく、戦力の保持を禁止すると言っている。戦力に満たない実力組織のことを、法律で自衛隊と呼んでいるに過ぎないのです。

山尾 自衛隊という名称も、憲法を改正しなければ変えられなくなってしまう。

井上 そうです。「自衛隊」は固有名詞です。私は色々なところで述べていますが、固有名詞で現存する組織を憲法に書くのは不適切です。新しく憲法上の組織を創設することになる。その組織に何をやらせるのか、他の国家機関との関係を整理しなければいけない。組織名を憲法に書くことは「現状の自衛隊」を抜本的に変化させることになるのです。

政治家がどうしても「自衛隊」と憲法に書きたいのであれば、憲法全体で整合性をとれるような他の案も合わせて考えなければいけません。例えば憲法七二条に記されている「行政各部」として「自衛隊」を明確に位置付ける必要も出てくるでしょう。

山尾 九条以外に自衛権の統制を書くとなると、シビリアンコントロール（国会における文民統制）、指摘のあった内閣に関する七二条あるいは七三条、また裁判所による自衛権統制、そうしたことも問題となってきます。ほかにどのようなことが考えられるでしょうか。

井上　九条を削除して軍隊を持つのであればそれに伴う規定が必要になる。例えば内閣総理大臣の指揮監督権は当然書く必要が出てくる。

山尾　二項を削除するか否か、あるいは自衛隊が戦力の一部であることを認めるか否かという論点と、憲法における自衛権の手続的統制の要否の論点は、関係するが論理必然ではないように思うのですが。どちらの位置付けにしても、例えばシビリアンコントロールは書き込むべきだと思います。

井上　しかし現行法上では自衛隊は行政組織です。シビリアン（文民）に対するミリタリー（軍隊）は存在しないというのが憲法の建前です。ミリタリーでないのでシビリアンコントロールは必要ないという話になる。

自衛隊法七条に定められている最高指揮監督権は憲法七二条を具体化した規定と理解されているので、軍隊特有の規定ではない。しかし、自衛隊を軍隊にするときには、文民統制を憲法に書く必要が出てきます。つまり現状の行政組織のまま自衛隊を憲法に書いて固定するのであれば、シビリアンコントロールの規定を憲法に書く必要はない、と私は考えています。あくまで法の建前として、です。

九条二項を削除するのであれば、防衛出動の事態の認定に国会の承認が必要と定めることも検討する必要がある。ドイツでは事態の認定に原則国会承認が必要とされています。

あとは軍刑事裁判所（軍法会議）に関する規定です。最終的に最高裁判所に上訴できるのであれば、法律だけで設置することができます。しかし、例えば第一審で最終判断となるような制度であれば、憲法が禁止する特別裁判所（七六条二項）にあたるため、憲法改正をしなければ設置することはできません。

†九条は敗戦国の「武装解除規定」

山尾　井上先生から見て、現行九条の課題の本質はどこにあると考えますか。

井上　九条は敗戦国に対する武装解除規定ですので、占領期に占領目的を達成するために置かれた規定だと私は理解しています。それを独立後も七〇年余りにわたり維持してしまった。

なぜこの武装解除規定が外せないのか。ある人は「これが外れたら日本は軍国主義化する」と言うが、そうならないための民主主義はまだ成熟していないのか。九条はむしろ特定の政策や安全保障政策を憲法で固定してしまっている。この現状は健全ではないと考えます。

政治が議論すべきなのは、日本の安全をどのように確保するのか、何が最も適切で合理的な手段か、それに対し民主的な統制をどう及ぼすか、という話のはずです。九条二項のような武装解除規定は、独立国ならばない方がいい。現に多くの国にこうした規定はありません。同じく敗戦国のドイツは武力の行使の範囲を憲法（基本法）に書いていますが、9・11後のアフガニスタン戦争にも派兵し、NATOによるユーゴ空爆にも参加しています。ドイツは軍国主義化しているのでしょうか。なぜ日本だけが九条がなくなると「軍国主義化してしまう」と思うのか。

山尾　憲法改正＝九条改正という硬直的な議論から脱却すべきだと私も思います。国民意思に基づき自衛権の範囲をどこに画するのか、そしてその行使にあたってはいかに民主的手続としての統制を利かすのか、九条だけでなく統治機構全体の問題と捉えるべきです。

井上　いま議論されているのは「自衛隊」の合憲・違憲の問題ですが、九条を考えるときに、国際協調や国際貢献をどう考えるのかという視点が抜け落ちています。これも同時に考えておく必要があります。

昨今「集団安全保障措置」や、深刻な人権侵害が起こっている国に軍事力を介入させる「人道的干渉」が世界的に大きなテーマとなっています。しかし憲法九条は自衛権の行使の場合しか武力行使を認めていないため、日本はこれらの活動に関わることができない。それでいいのでしょうか。

山尾　この国の外交安全保障政策を国民の意思でどう選択するかという議論を実質的にスタートすべきですね。

個別的自衛権は強化し、集団的自衛権は行使しないということを貫いた上で、集団安全保障やPKOなどについては、軍事的プレゼンスを表面化させないからこそ可能な平和構築分野で国際貢献すべきだと私は考えています。それが国益の観点からも、国際社会共通の利益を最大化する観点からも、今の日本にはふさわしいという政策判断です。

まずはこの点を国会でしっかり議論する、草の根の国民対話をする、そして一定の合意がつくられた段階で憲法典にはどこまで書き込むべきか、というステップに進むべきだと考えています。

ただ自衛権の範囲をどこまで憲法典事項として固定化するのが適切なのかについては、かなり深い議論が必要ですね。

†「専守防衛」への願いと、国際的立場というジレンマ

井上　あらかじめ憲法で集団的自衛権行使という選択肢を塞《ふさ》いでおく方法と、憲法には書き込まず状況次第の政策判断によって行使しないという方法のどちらがいいか、という話だと思います。憲法で縛るのと縛らないのと、どちらが合理的か。

多くの国では憲法では自衛権を縛らずに、実際に行使する段階で判断できるようにしている。権利があるからといって必ずしも行使するわけではないし、行使しないという選択肢を採るこ

ともできる。憲法で縛らない方法が不合理だとは考えないわけです。それではなぜ日本だけが憲法上の縛りをあらかじめ設けて選択できないようにしておくのか。自衛権の範囲をあらかじめ制限しておくことがなぜ合理的なのかを考える必要があります。

もう一つは、日本は国連加盟国であり、日本が攻撃されたときには国連軍や同盟国である米軍が集団的自衛権を行使して守ってくれることになっている。この場面では日本は国際システムの恩恵を受ける。集団安全保障措置と集団的自衛権です。しかし日本はほかの重要な国が攻撃されたときには武力行使をしない。これはフェア（公正）な態度なのか。政策レベルの問題ですが、そうした疑問を私は感じます。

山尾　確かに他国は軍事的な行動を憲法では縛らない。そのことに国民が不合理さや疑念を感じる国はそう多くないということかもしれません。

しかし日本社会では、専守防衛を貫くという要請は国民の間で広く維持されているように思います。そして、戦後七〇年余にわたってその本質的要請は、法律ではなく憲法で担保してきたという歩みの重さがある。その意義を尊重し、専守防衛という本質的要請については憲法の明文で担保していくべきだと思います。もちろんこの提案は自衛隊にできることをポジティブリスト的に憲法に書き込むという考えとは全く異なります。

また現在の国際情勢にかんがみても、対米関係の正常化抜きに集団的自衛権の行使を可能にすることはかえってリスクを高めることにならないか、という強い懸念もあります。
さらに、軍事的プレゼンスを表面化させないからこそ、中立的な立場で職人技としての平和構築の汗をかくことができ、そのことは国際社会の役割分担として一定の説得力を持ち得るのではないかとも思うのです。

井上 日本がどういう国際貢献をするか。幅広く国民が議論する中で、軍事ではない貢献を重視することはとても大事なことだと思います。問題は日本の安全保障政策はそれでいいのかということ。安全保障問題は人権問題ではありません。多くの国民の安全にかかわる問題について憲法であらかじめ固定化するのが適切なのかという疑問があるわけです。
憲法で固定化しないとなれば、そうした事柄は個別に民主的に決める必要があります。それだけの厳しい判断に耐えられる代表者を国民がしっかり選べているか、というところに結局は力点が置かれる。諸外国ではそう考えられ、だから強い民主主義を作るという発想になっています。

†「強い民主主義を作る」憲法裁判所

山尾 「強い民主主義を作る」ということと関連して、憲法裁判所の話をしたいと思います。
私の考える立憲的改憲の中には憲法裁判所の創設という構想があります。

例えば安保法制は国会審議の当時、合憲か違憲かという「許容性の議論」と、政策的に正しいのか間違っているのかという「必要性の議論」が混同され、国民にも論点を明確に提示できませんでした。もしあのとき日本に憲法裁判所があったとして、どの段階で憲法裁判所が審査するのが最もいいバランスなのかということを考えてみました。

一番早い段階だと、国会審議中に並行して、あるいは審議をいったん止めて合憲違憲を判断してもらう。仮に安保法案が合憲という判断が出ればそれを踏まえて政策判断として正しいのかを国会で審議することになる。二番目はフランスの事前審査に似たタイミングですが、成立直後から施行までの間に国会での議論も材料にしながら憲法判断に焦点を絞って審査する。そして三番目は施行後の審査。

井上　二番目と三番目は、法律の施行される前後で時間的な間隔がなければ実質的にほとんど一緒だと思います。問題は国会の立法権との関係です。フランスで事前審査は法案に反対した野党が違憲にする目的で提起されることが多いです。いわば、野党の権利としての意味合いが強いですね。立法権との関係上、法案成立後の方がいいと思います。

山尾　法案段階においては国会が主役となって多面的に議論し、その議事録も含めて成立後に憲法裁判所が一定の判断をする方がいいのではないかと私も思います。ただ、成立後かつ施行後だと国際的な事実状態がスタートしてしまいますよね。その場合、その事実状態を覆すことによって法的安定性を害するかどうかも憲法裁判所の判断の一要素として影響してしまうでしょう。したがって成立後施行前のフラットな状態で憲法判断がなされることを可能にするのが適切だろうと考えています。

井上 日本の内閣提出法案の場合は閣議決定の前に実質的には内閣法制局が法案審査を行いますが、フランスでも政府の法律顧問であり最高行政裁判所でもあるコンセイユ・デタが閣議決定の前に合憲違憲の審査を行っている。それを経て一応の合憲性判断は担保されているというのが前提です。二〇一五年の安保法制の審議では、内閣法制局は所詮内閣の下部組織に過ぎないという事実が明らかになったために、中立・公正な憲法裁判所が必要なのでは、という論点が出てきたということですね。

山尾 二〇一三年に集団的自衛権合憲論を採る人に法制局長官が入れ替わるということが起きて、「本当に内閣法制局に合憲性チェックの主体を委ねていいのか」という論点が浮上しました。「内閣が提出する法案の合憲性判断は、内閣ではない組織に委ねた方がいいのではないか」という問題提起です。これまでは事実上、総理大臣は内閣法制局の人事に手を入れないという不文律があった。その不文律により事実上の中立性を担保してきたわけですが、不文律を破る政権が現れた以上、制度として中立性を担保できる仕組みを憲法に入れ込みたい。その一つが憲法裁判所だということです。

違憲審査のタイミングの問題は、熟議の上の多数決という民主主義を背景にする国会と、多数決でも侵し得ない価値を保障する立憲主義を背景にした裁判所との役割分担をどこで線引きしてバランスを取るのかという問題です。つまり民意に源泉を持つ国会が作った法律を裁判所が違憲とするなどけしからんという指摘にどう応えるか。しかし政策の是非を判断しているわけではなく、その政策を採るとしたら憲法改正が必要かどうかという判断を求めているだけですので、実は民意との直接衝突はないと思います。

†立憲主義を守る「転轍手」として

井上　憲法裁判所は規範の振り分けを判定する人、つまり「憲法で定めるべきことを法律で定めたから、あなたはやり方が間違っています」と判断することになる。こういうのを「転轍手《てんてつしゅ》の理論」と言います。

山尾　転轍手。

井上　線路のポイント操作です。右に行くのか、左に行くのか。それを判定しているだけで、政策の当否は判断していない。ただ「違憲審査と民主主義」という論点は、法律を無効とする権能を持つ以上、避けては通れない。

それにもかかわらず海外では違憲審査権を憲法裁判所に与え、裁判所が積極的に行使している国もある。ドイツは戦後だけで四〇〇件以上の違憲判決を出しています。フランスでも二〇〇八年の改正でできた事後審査制ですでに七〇〇件ほどの判決が出ていますが、このうち二割から二割五分くらいが違憲判決です。

山尾　韓国でも一九八七年の憲法改正によって憲法裁判所がスタートし、国民から一定の信頼を得ています。

井上　憲法裁判所は「多数者に対する自由の守護者」という姿勢を前面に出し、「人権を守った」という輝かしい判決によって信頼を高め、制度の定着をみています。憲法裁判所は今や現代型憲法の標準装備になりつつあるといっていい。立憲主義を貫徹しようとするのであればなおさらです。

現在の日本の最高裁判所は、制度上の制約で基本的には人権分野でしか憲法判断をすることができません。「人権」と「統治」という憲法全体の規範からすると、半面しか合憲性の統制が利いていないということになります。憲法裁判所を創設することで、例えばドイツのように解散権などの権限の問題も合憲性審査の対象にできる。憲法秩序の全体について合憲性を保つことができるため、多くの国は憲法裁判所を置いています。

山尾　人権の守り手であると同時に、統治の守り手でもあるということですね。

そこで判決の効力について考えたい。例えば臨時国会の召集について。憲法上の要件（五三条）である総議員の四分の一以上の要求が集まったのに召集をしなかったという場合です（二〇一七年九月の臨時国会要求）。内閣による違憲とも思える不作為があっても現行憲法にはその合憲性を判断する制度上の保障が弱い上、仮に違憲判断したとしてもそれを是正させる仕組みがない。

たとえば憲法裁判所が「召集をしない不作為は違憲です」と判断したとき、その判決にどのような効力を与えるのが適切でしょうか。「違憲です」で終わりか。召集を義務づけるか、あるいは判決をもって召集されたこととする「形成的な判決効」まで認めるか。いくつかの手法があると思います。ここも民主主義との綱引きで、国会と内閣と裁判所の役割分担の問題となりますよね。

井上　山尾さんの指摘には二つの論点が入っています。一つは、現行の憲法五三条は規範力が弱いということ。期限が具体的に書かれていないため解釈の余地があり、政治権力に委ねられる範囲が広い。もう一つは破られたときにそれを是正する仕組みがないという点です。後者がまさに憲法裁判所の論点です。

内閣の国会召集権は内閣と国会との関係に関わるので、権限の行使・不行使の合憲性について憲法裁判所が判断すべき事項になる。そのとき「違憲」の判断にどのような効果を与えるか。憲法にどう定めるかにもよりますが、期限を定めて国会の自動召集というやり方もあるのではないでしょうか。

山尾　例えば「何日以内に召集しなさい」という判決を出すのか、「何日後に（自動的に）召集される」という判決を出すのか。

井上　「何日以内に召集しなさい」と義務づけて、それでも召集しなければ自動召集という方法もあるでしょう。

山尾　そこは裁判所がぐっと出てくる感じですね。私は五三条に期間が明記されるという前提であれば恣意的な判断の余地はないので、憲法裁判所が執行力を強めても三権のバランスを崩すことにはならないと考えています。

†裁判官の中立性を担保するには

井上　憲法裁判所を巡っては、民主的に決まった法律を覆すことになるため、民主主義とは別の、組織的に高度な正統性が必要になるのではないか、という論点もあります。

海外の例では憲法裁判所の裁判官は選挙で選ばれた人ではなく法律の専門家がなるケースが多い。法曹資格者や裁判官経験者、ヨーロッパだと大学教授などが多い。ただそれだけでは国会の判断を覆すだけの民主的正統性を担保するのは難しいので、任命のときに議会の承認を必要とするなど多少の民主主義の要素も取り入れる。そうした制度の設計をしている国が多い。

日本の場合はいま違憲審査権が最高裁にあり、資格の点では問題がないと思う。ただ任命が内閣の専権と憲法に定められていて、議会の承認をまったく得ずに最高裁裁判官を内閣が自由に選べるのが今の制度です。中立性の観点から問題があると思います。恣意的に行使されているとは思いませんが、自由にやろうと思えば憲法上はできる。他国ではそうした余地がないように、議会の三分の二以上で承認する制度となっている国が少なくありません。

山尾　今のお話からは、不文律や慣習でうまくいっていた仕組みをもう一回見直した方がいいという重要な視点をいただきました。「単なる慣習なのだから従わなくてもいい」などと言い出す指導者が出てくることを想定しておいた方がいいと思います。内閣法制局長官の人事も、これまでは慣習として総理が直接手を付けることはなかったが、それを実行する政権が出てきた。

井上先生が指摘するように、憲法裁判所構想を吟味するときにはその裁判官は誰がなるのが適切なのか、どのように決すれば中立性を担保できるかという議論は避けられません。これは現状の最高裁判所裁判官の任命が内閣に一任されていることの問題ともつながりますよね。

井上　フランスでは大統領、上院議長、下院議長がそれぞれ三名ずつ憲法裁判所（憲法院）の裁判官を任命するのですが、二〇〇八年の憲法改正で大統領の任命については議会の承認を条件に入れました。

山尾　憲法裁判所の裁判官は、任命においては内閣から拘束されず民意の吟味を受けるべきだと思います。しかしいったん任命され裁判官として職務を遂行する際には、むしろ民意からも拘束されない自由の守り手になるべきだと思っています。具体的には内閣からの指名・任命ではなく、例えば衆議院から五名、参議院から五名、裁判所から五名などとリストを出し、その後、アメリカで行われているように公開の場で諮問・聴聞を行った上で国会の特別多数決で決する。そして決まった後はむしろ再選を認めず、国民審査からは外すことで民意から一定の距離を置くという形が適切なのではないかと考えています。

井上　納得できます。憲法裁判所の違憲審査権は法律を無効にする。これは消極的に立法権を行使していることになる。だから民主的な基盤がまったくないというのは問題ですので、任命の段階では民意を取り入れるという点が重要になる。しかし就任後は自由に判断できるようにしておく。任期を決めて、存分に権限を行使できるようにするということですね。

山尾　こうして考えると、いま検討した任命の手法は現在の最高裁裁判官の人事にも有効なのではないかと思えます。

井上　アメリカでは山尾さんが言ったように、上院の承認が必要です。日本でも最高裁判所の裁判官の任命について議会の承認は不可欠だと私は考えます。日銀総裁など他の重要な人事では国会承認を必要としているにもかかわらず、最高裁裁判官は内閣が自由に決められるのは不合理だと思います。
現状の最高裁裁判官のうち一四名は、安倍総理が任命した人です。その結果恣意的な判決が下されているとは思いませんが、やはり制度として国会を関与させるべきです。裁判官の任期もある程度の長さを確保することが重要です。六年、九年、一二年、いろいろ考えられますが現状はとても短い。

山尾 それは高齢になってから任命される人が多く、定年制があるから事実上短くなっているというだけの話で、制度的な哲学もなく残念ですよね。

†「改憲」のイメージを変える

山尾 いま私は本当に「改憲」に対するイメージを変えたいと思っています。多くの人がそれぞれ課題を持っている。例えばLGBTや同性婚の問題も、憲法を変えることで多様性を認め合える社会を作ることができるのではないか。野党や市民の側からの、権力を抑制し人権を保障する改憲があり得ると思うのです。
改憲議論は、究極的には国民と憲法の力を信じるかどうかにかかっている。信じることができればそこに可能性を見いだすことができるし、信じられないとしたらそれはもう立憲主義を放棄するに等しい。そこが分水嶺だと感じます。

井上　現行憲法はやはり七〇年前の人々の構想です。それに現在を生きる私たちも縛られているわけですが、七〇年前の人々が国のかたちを構想できたのであれば、後の世代の人々だって構想していいはずです。時代は変化し、その時代に応じて社会をよりよくしていこうと思うその気持ちは、七〇年前と同じではないでしょうか。

例えばフランスでは女性の社会進出が少なくて、もともと国会議員は一九九三年時点で一〇パーセントにも満たなかった。それはよくないということで一九九九年の憲法改正で「パリテ」という「男女同数原則」が入った。これは国会議員などを男女同数にする、「平等」ではなく「同数」に、平たく言えば「男女半々」にするという原則です。

すると二〇〇二年以降最初の選挙で、まず候補者に女性を飛躍的に増やさざるを得ないことになり、実際増えた。それに伴って当選者も徐々に増えていった（左図）。そして二〇一七年の下院選挙では女性の比率が約三九パーセントにまで増えたのです。男女が共同して参画しようという理念のもとにこのパリテ原則を入れたら、実社会もそうなっていった。一つの改憲が、結果として数値で出たという非常に象徴的な例だと思います。また、憲法に直接の規定はありませんが、今では政府の閣僚もきっちり男女同数で構成されます。

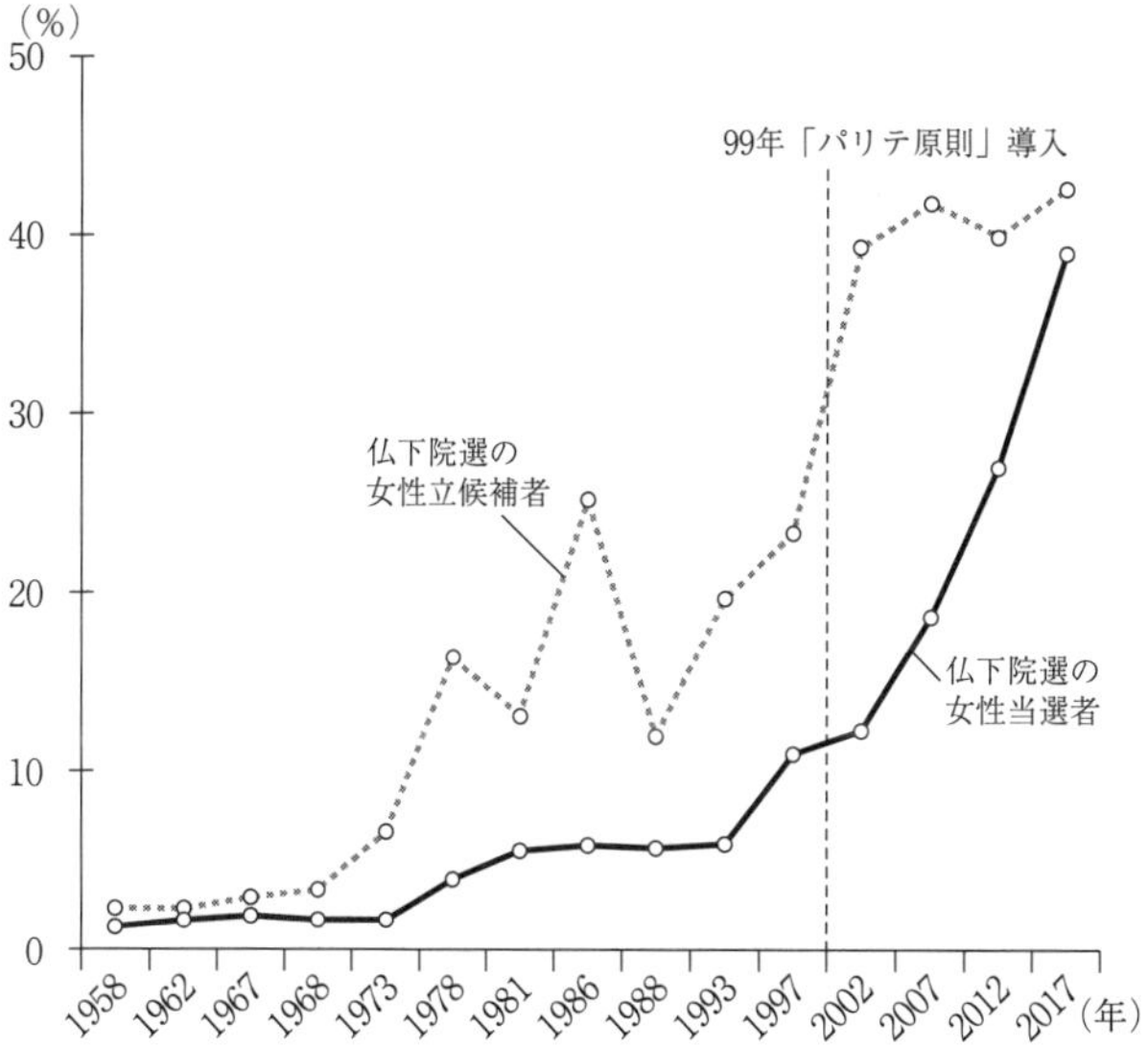

フランス下院における女性の候補者数（上）と当選者数（下）の推移

出典：仏『ル・モンド』紙（2017年６月19日）

・1999年憲法改正で「パリテ原則」を導入。

フランス憲法１条２項「法律は、選挙で選ばれる代表者的任務、選挙により就任する職務及び職業又は社会における責任ある地位への男女の平等な参画を促進する」

・法律によって公選職の候補者を原則男女同数とすることが求められた。

・2017年下院選の結果、女性議員は約39％に上昇。

†「憲法で社会を変える」という歩み

山尾　日本では、こうした議論が改憲の俎上《そじょう》に載るどころかなかなかそこまで話が進まない。「とにかく憲法に触れるな」というところで止まってしまう。改憲に対する一種のアレルギーなのでしょう。

井上　このパリテには前史があります。まず選挙のときに「クオータ制」というのをやった。割り当て制のことです。候補者を出す際に同性が七五パーセントを超えてはいけないと決めた。候補者は男性のほうが圧倒的に多いですから、つまり女性候補者を二五パーセント以上確保せよという意味です。それを法律で実施しようとした。しかしこれについてフランスの憲法裁判所は性別を理由とした差別だとして「違憲」と言った。だから憲法を改正して違憲の判決を乗り越えていった。パリテの実現にはそうした歩みがあったわけです。

山尾　日本の女性の国会議員はとても少ない。一九四六年から今に至るまでずっと九～一〇パーセントです。

井上　それは民主主義の歪《ゆが》みだと私は思います。社会の半分は女性です。いや人口は女性のほうが多いのにその実態が国会には反映されていない。もちろん選挙制度で女性が何か制限されているわけではありませんが、こうした不合理な現状を憲法の力を使って是正していくという発想はあっていいと思います。

山尾　新しい法律を作ることが目的ではないのです。その法律を通じて、目的を達成することが大切なのです。そして、いい法律を作ることができれば、社会を変えることもできる。それは憲法にも通じます。憲法を変えることが目的ではない。しかし、憲法をよい方向に変えることで、社会をいい方向に向かわせることもできる。法律と憲法の違いを十分承知のうえで、また、憲法は謙抑《けんよく》的に変えるべきという前提を押さえたうえでなお、私はそう思います。

井上　重要なご指摘だと思います。とにかく憲法を守るのだ、ではなく、ここを変えたらもっとよくなるのではないかという発想がいま必要なのではないか、と山尾さんと話していて改めて感じました。日本では「憲法を変えると悪くなる」という話になりがちですが、諸外国の憲法改正は、社会をよりよくしていこうという見込みで行われている。フランスでも民主制をもっとよくしようという取り組みの中で、憲法が改正されていきました。人権保障も今のままでいいのか。もっと充実させようというのが改憲のあるべき姿です。

時の経過によって人の知恵は増えていく。制度も社会もその発展に応じて変わっていく。そうしたものと足並みを合わせて憲法も対応していっていいのです。

今回の対談で同じ気概を山尾さんから感じることができて、私はうれしく思いました。

（対談日　二〇一八年三月一三日）

第３章

「歴史の番人」としての憲法

中島岳志×山尾志桜里

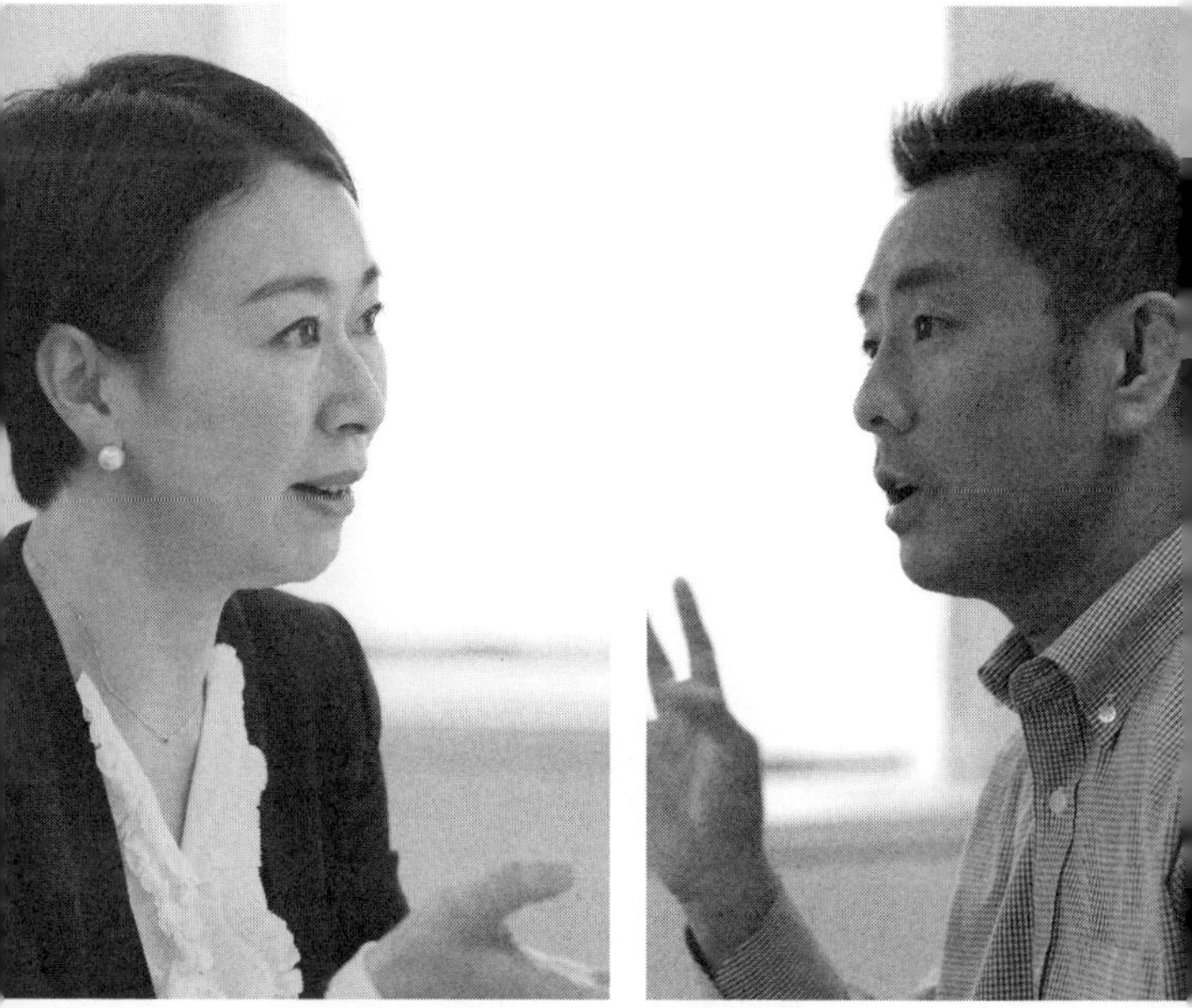

【対談者紹介】

中島岳志（なかじま・たけし）

一九七五年生まれ。東京工業大学教授。京都大学大学院アジア・アフリカ地域研究研究科博士課程修了。博士（地域研究）。南アジア地域研究、近代政治思想史を専攻。著書に『中村屋のボース』（白水Uブックス）、『ナショナリズムと宗教』（文春学藝ライブラリー）、『「リベラル保守」宣言』（新潮社）、『アジア主義――その先の近代へ』（潮出版社）、『保守と立憲――世界によって私が変えられないために』（スタンド・ブックス）、『超国家主義――煩悶する青年とナショナリズム』（筑摩書房）ほか多数。

†「リベラル保守」と憲法

山尾志桜里　中島先生の著書『「リベラル保守」宣言』との出合いから話を始めてもいいでしょうか。二〇一二年、私が一期目のときに野田佳彦政権で解散総選挙があり、野田総理は「中庸《ちゅうよう》」という思想を打ち出していました。私はシンパシーを感じたものの、その哲学を明確に捉えきれないまま、選挙でも自分の言葉でかみ砕いて訴えることができなくて、はがゆい思いをしました。この選挙は、結果として落選でした。浪人中に「中庸とは何だろう」「リベラルと保守の二項対立に意味があるのか」「この二項対立は、消費増税の是非にも原発問題にも、意義ある方向性を提示しなかったのではないか」などと考えをめぐらせる中で、『「リベラル保守」宣言』に出合い、読んだのです。

その後私は二〇一四年に再選されましたが、議員復帰した後も折に触れて読み返しています。だから今日はたくさん質問を持ってきました。

まず、『「リベラル保守」宣言』というタイトルから私が連想したのが「憲法」でした。というのも、私にとって憲法はまさに、リベラルな価値を保守していくためにみんなで乗っている船というイメージなのです。つまり、ひとりぼっちでは生きていけない人間が、一人ひとり自分らしく生きていくために社会を作った。その社会を運営していくためには、一定の国家権力が必要だけど、その国家権力が強くなりすぎて逆に「一人ひとり」を抑圧することがあっては本末転倒になってしまうから、権力の使い方にルールを定め調整していくのが憲法。一人ひとり自分らしく生きるという「リベラル」な価値を守るために、権力の使い方を調整していく、「保守していく」のが憲法。その憲法という船にみんなで乗って、折り合いをつけながら暮らしている。こんな捉え方をしてきたのです。

中島岳志　憲法とは何か。シンプルに言うと、国民が権力を縛っているという立憲主義があり、それを明文化したルールとして憲法があるということです。では「国民」とはいったい誰か、私はその中に「死者」が含まれていると考えてきました。

過去にはさまざまなことがあった。人類はいろいろな経験をし、血を流し、反省してきた。これをやると何かまずいことが起きるという経験を重ねてきた。「俺たちはこういう経験をしたので、こういうやり方だとまずい」「表現の自由を侵したり、思想を軽視するとまずい」「三権分立でないとダメ」「侵略戦争はやってはいけません」など、経験知によって死者たちが構築してきたルールや取り決めを未来に向けて投げ掛けているのが憲法だということ。そういう国民と権力との関係が立憲主義だと私は思っています。

憲法の主体の大半は死者であるというのはそういう意味です。私たちは過去に縛られ、抱《いだ》かれている。山尾さんが言った「大きな船に乗る」というのは近い考え方だと感じます。

山尾　いま憲法審査会などでは、教育無償化も憲法に書こうという提案が出ている一方、「自衛権」の範囲については法律で決めればよいのではないかなど、憲法事項と法律事項の切り分け基準があいまいなまま議論が散漫になっている気がします。

私は、民主主義を背景に多数決でその時々の民の声を反映していくべき事柄については法律で、立憲主義を背景に少数者の声を尊重し時代を超えた価値を反映していくべき事柄については憲法で、と考えてきました。

中島先生の言葉と概念を借りれば、民の声の中には死者がいて、今を生きる我々がいて、そして未来を生きる次の世代の人たちがいる。そういう時代を超えた決め事が憲法事項ではないかと思うようになりました。

†「立憲」対「民主」

中島　憲法は時代を超えて共有できるものであるはずです。戦後の憲法学の大きな問題として「立憲」対「民主」が生じてきました。この二つは究極的に追及するとぶつかる。そして戦後の憲法学は「立憲」を強調してきませんでした。これは憲法学者の樋口陽一氏が率直に書いているところでもあります（樋口陽一『抑止力としての憲法――再び立憲主義について』岩波書店、二〇一七年）。

つまり、戦後の憲法学は「革命」という問題を重視してきた。「民衆の力によって新しい進歩した秩序をつくることができる」という意味の「民主」を非常に重要視してきました。だから「立憲」は、一種の足枷《あしかせ》という側面を持っていたわけです。

憲法は時間を超えたルールを定めていますので、「民主」は「立憲」によって制約される、という保守的な考え方がある。これに対して「立憲なんて古い考え方で、民主というものが進歩した新しい秩序をつくれるのだ」とするのが、革命のようなラディカルな民主制の考え方で、憲法制定権力という発想につながります。私は極めて保守的な人間なので、生きている人間は過去から制約されているという「立憲」の概念のほうが「民主」を制約していると考えてきました。これが戦後は逆だった。つまり「民主」対「立憲」では民主のほうが上位概念であるという発想が戦後憲法学の中心でした。

そしてこの徒花《あだばな》が安倍内閣だと私は思っています。安倍内閣は保守的だからいまのような政策を打っているのではなく、むしろ極めて革新的発想を持っています。「俺たちは民主的な選挙で選ばれたんだ」「だから自分たちが決定することが民意の反映だ」と主張し、民主制をラディカルに解釈します。それが橋下徹《はしもととおる》氏や安倍晋三氏の発想だと思います。このような問題に対応しようとするのが、安保法制以降に強調された「立憲」という概念です。だから「立憲」を軽視し、「民主」を過大に扱ってきた左派の憲法学者たちも反省しなければいけないと私は思っています。

話を戻すと、戦後の我々は「過去」と「今」であれば「今」の方が上位だと考えてきた。どこかで「それが進歩だ」という発想があった。それに対して立憲は「もっと古いところから、私たちは規定され、制約されている」と考えるわけです。

「立憲」という言葉について、一〇年ぐらい前に「立憲という考え方が忘れられているので、再考しなければならない」という話を新聞で書いたことがありました。私は当時法学部で教えていたのですが、あるときある憲法学者からちょっとした嫌みを言われました。「中島さんは保守的だから立憲が重要だなんてことを書くのだ」と。当時もやはり憲法制定権力による民主的革命や革新が重視されていたので、民主的決定が立憲主義によって拘束されているというのは「古くさい考え方」と見なされていました。「わざわざ忘れられた概念を掘り起こして、中島はやはり保守的だよ」と言われたわけです。しかしその憲法学者たちがいま勢いよく「立憲」と言い始めている。つまり「立憲」というのはわずか一〇年前は忘れられていたし、古臭いと思われていた概念だったのです。

この点で前出の樋口氏はずっと葛藤していた。立憲と民主の葛藤です。樋口氏は、憲法制定権力や革命を位置づけようとすると「立憲と民主の問題」にぶつかる、その調和はどこにあるのかと模索していた。それが樋口憲法学であると私は理解しています。

†憲法という番人

山尾　そして「立憲民主党」という名の政党が立ち上がった。ものすごく思い切った名前を付けたと思いました。「民主」の上に「立憲」を持ってきたわけです。それを踏まえて多数決でも奪えない価値を守るということは立憲民主党にとっても大事であるし、私にとっても重要なテーマとなっています。

民主の上に立憲を掲げる以上は、憲法裁判所という名前を使うかどうかは別として、少なくとも多数決を背景にした組織（国会）の決定であれ、最後の最後は司法が少数者の砦《とりで》として機能すべきと考えるのが立憲民主という考え方にそぐうのではないかと思っています。

中島　その通りだと思います。

山尾　その立憲を担う裁判官が、少数者の砦としてあるべき人事構成になっているのかどうか、議論を重ねて適切な制度設計をしなければいけないのはもちろんですが、私は「立憲的改憲」の構想の中で憲法裁判所を重要なものと位置づけています。この点、中島先生はいかがお考えですか。

中島　憲法裁判所は「死者の番人」あるいは「歴史の番人」。多数決で三分の二を取っていようと、やってはいけないことがある、これが憲法というルールです。ところが「民主」の方が上だと言い、司法が政治的決定に対して抑制的になり、判断を避けるという統治行為論が採られてきました。そこを、つまり戦後民主主義を見直すということがいま必要になっていると感じます。

山尾　例えばドイツやイタリアは「民主主義は独裁を生む」という戦後の反省の中で憲法裁判所を作り、国民がそれを育てながら信頼を積み重ね、それによって憲法に対する信頼をも育んできた。戦前・戦中の「民主主義」を見直すための制度の一つとして憲法裁判所が機能してきたのだと思います。

また、憲法は不完全な人たちが共に生きていくための人権保障と統治の作用だから、「寛容さ」という「リベラルな価値」が必ずその根底にあるはずだと思うのです。多様な生き方や考え方に寛容であるためには、保守的で漸進的にしか物事は進められないですよね。

そう考えると、「リベラルな価値」の守り手である憲法が、法律より変えることが難しい「硬性」を持っているのは至極当然のことなのかもしれません。

憲法自身がリベラルな価値を守るためには、革新的に物事を変えてはいけませんよ、保守的に変えるしかないのですよ、と規定しているとも思えます。

†「人は間違える」という前提に立つ

中島　その通りだと思います。よくある「保守」対「リベラル」という二項対立は、政治学をやってきた人間からすると、どうしてもおかしいということになります。

保守は、山尾さんがいま指摘したように「人間の不完全性」を認識します。これに対置するのは「啓蒙主義」のような考え方で、この人たちは「理性によって合理的に改造すれば未来に進歩した社会をつくることができる。だから頑張っていこうぜ」と考えている。しかし保守はその人間観こそを疑う。

保守の根底には「人間はどんなに頭のいいやつでも間違える。どんなにいい人でもエゴイズムを捨てられない。どうやっても人間は不完全だから、そんな不完全な人間によって構成される社会は永遠に不完全だ」という人間観がある。だから長い歴史の中で培われてきた常識を大切にしましょう、という考えになる。

この人間観は、人間の完全性や理性の無謬性《むびゅうせい》を疑っているので、その疑いは自分にも向けられる。つまり「俺も間違えるし、認識の誤認が起きるし、間違えてしまうよ」と。だからこそ「私は間違えやすいのでいろいろな人の話を聞いてみよう」という話になる。自分と違う立場の人の話を聞いてみてそれなりに理があると、少数者の言っていることにも理屈がある、となる。そこから合意形成が始まり、落としどころを探ることになる。これが保守政治です。

保守というのは根本的に懐疑的な人間観を持っている以上、リベラルなのです。つまり「私は間違える」「だから他の意見を尊重し、異なる思想に寛容になろう」という思想がそこにある。

左派のほうが逆に無謬の理性があると捉えます。革命をやったら理想社会ができるという考え方だったため、ソ連や中国、北朝鮮の国家体制はリベラルではありませんでした。そこには自由がない。保守こそがリベラルであるというのはヨーロッパの思想史上のいわば常識です。しかし日本はその理解が歪《ゆが》んでいて、いまの改憲論議にも反映されていると感じます。

山尾　その歪みに関して言えば、例えば二〇一七年の衆議院選挙の際、小池百合子さんの「排除」発言がありました。

中島　民進党内のリベラル勢力に対して、そう言いましたね。

山尾　リベラルを否定したのです。リベラルな価値を正面から否定する政治家がついに日本にも現れた、ととても驚きました。「私は保守だ」という政治家はいても、保守とリベラルはどこかで通底していると感じているから、リベラルを否定する政治家はいなかった。しかし小池さんは、正面からリベラルを排除する姿勢を見せた。

数年前の憲法審査会で「日本維新の会」の国会議員が、維新の憲法の考え方について「バリューフリーだ」と言ったのと良く似ている、と感じました。

中島　「バリューフリー」。英語としてもすごい言葉ですよね。

†「保守」を纏う改造派

山尾　憲法の話をしているときに出てきた言葉で、バリューフリーということは、日本の歴史が積み上げてきた共有の価値観というくびきから離れることを意味します。保守を名乗る徒花のような政治勢力が保守と真逆の発言をし、保守と通底するリベラルを正面から否定したりする政治の風景に「歪み」を感じます。

中島　日本維新の会を設立した橋下氏は保守的な政治家だとみなされていますが、彼は「グレートリセット」などと言っています。保守はグレートリセットなどやってはいけないという思想です。安倍氏は「保守革命」という言葉を使う。保守は「革命」を根本的に疑っています。これもどう考えても語義矛盾です。

山尾　「働き方革命」「人づくり革命」。革命、革命と言っています。

中島　保守は革命を否定する思想です。人間の過信や思い上がり、理性に対する思い上がりが反映されているから革命はいけない、と考えます。つまり安倍氏は改造派・革新派だということです。戦前の革新というのは、まさに安倍氏のようなタイプの政治家のことを指しました。

「二・二六事件」や「五・一五事件」によって社会を一気に改造し、そして理想社会を構築しようとするタイプです。

「右っぽいもの」を纏《まと》っているからといって保守だとみなしてはいけません。安倍政権は改造主義であり、それを冷静に退けるのが保守です。自民党の中からその部分がすっぽり抜け落ちて空洞化してしまっている。立憲民主党にその流れを担ってもらいたい。自民党の「宏池会的な要素」を背負ってもらい、共産党とのブリッジを考えるしかない、というのが私の今の考えです。

山尾　政治家たちの発言の中に象徴的に現れるのが憲法に対する考え方です。改憲議論にどう向き合っていくか。憲法の中にもいくつかテーマがありますが、やはり九条、自衛権の問題が核心部分であることは間違いないと思います。

†暗黙知を黙殺する政権

山尾　なぜ私が「立憲的改憲」の必要性を考えるようになったかというと、第二次安倍政権が暗黙知や不文律、慣習や行間というものを黙殺する政権だと実感したことがきっかけです。もちろん、その象徴は二〇一五年の安保法制成立です。その後も、二〇一七年には野党が憲法五三条に基づいて臨時国会の召集を要求しても九八日間放置しました。放置した揚げ句、召集した冒頭で北朝鮮のミサイル危機を理由にした「国難突破解散」です。憲法七条が予定している解散とは到底認めがたい振る舞いでした。

この国はこれまで解釈や不文律、あるいは共通の行間を読み込んで政治を執り行ってきました。「我が国に対する武力行使がない限り、やり返さない」「衆議院解散には一定の説得力ある大義が必要だ」「臨時国会はその召集の趣旨に鑑《かんが》みて一定の期間内に召集しなければならない」。こうした共通の暗黙知を尊重する政権を憲法は想定していたのだと思います。

中島　その通りです。

山尾　第二次安倍政権のように、共通の暗黙知を平然と無視する政権が登場することを日本国憲法は想定していなかった。だから条文の文言も少ないし、それでも、その行間を解釈で埋めていくことによってうまく国家を稼働させてきた。しかし第二次安倍政権のような振る舞いを見せつけられたとき、これはもう憲法で立ち向かっていく必要があるのではないかと真剣に考え、私は「立憲的改憲」を模索するようになりました。

中島　私もそうした考えですが、二段階くらいのステップがありました。

私は「戦略的九条保持論」といって、つまり九条を変える必要はないと言ってきました。それは、日本が巧みに九条を使いこなしてきたからです。

しかしイラク戦争を機に黄色信号が点灯した。イラク戦争の際は、まだぎりぎり九条の訴求力があり、「非戦闘地域」という無茶苦茶な概念を導入したものの、それでもなんとか九条の範囲内に収めようとしていた。一つの合憲的な線を引かなければいけないという自覚が、派遣を決めた当時の首相、小泉純一郎氏にはあったわけです。事実上九条の一線を越えてオーバーランしていても、それでも線の内側に収めようとする努力は行った。ただ、このときに九条と安保のバランスが崩れていると感じました。

そして歯止めを失い、エスカレートしたのが第二次安倍内閣です。二〇一四年七月に集団的自衛権の一部行使容認を閣議決定し、二〇一五年に安保法制を成立させた。これはもうだめだと確信した。「戦略的九条保持論」を保てる成熟を日本人が失ったと判断せざるを得ない。もはや改憲と言わなければいけない。文言をしっかり書き込む長文の憲法に変えることで暴走を食い止めるしかないと考えるようになりました。

それまで私は、保守の中にあって、かなり意図的に憲法改正について議論してきませんでした。日本人はもう少し上等で、日本の保守政治家は安定しているので、基本的に文言を改正しなくても運用によって時代と呼吸を合わせられると思ってきました。それが戦後の日本の、特に自民党の保守政治家たちの英知だった。

現にイギリスには明文化された憲法はない。つまり「マグナカルタ」や「権利の章典」のような歴史的文書、慣習法、そして判例や憲法習律（憲法運用者により遵守される行為規範）を時々確認することによって安定させる方法をとっている。これは、コンスティチューション（国家構造）を明文化するのは難しいし、むしろ危ないと考えてきたからです。イギリス人は「この国のコンスティチューションを過不足なく明文化できるという発想こそが、現在に対する思い上がりだ」という思想を持っているのでしょう。だから明文化しなくても暗黙知を共有することでやっていける、というのがイギリスの発想です。

日本も条文や文言の少ない日本国憲法で、保守政治家がしっかりしていれば憲法改正などしなくても実質的に変化していく時代との呼吸ができていた。だから私は「戦略的九条保持論」として、九条改正は優先順位が低く、暗黙知や慣習の順守、安定した解釈の運用でやっていけばいいという考えを持っていたのです。しかしこれが通用しない権力者がついに出てきてしまった。しかも、誰よりも「保守」だと自称している。これまでの「解釈の安定性」を破壊し、例えば「内閣法制局長官の人事に総理は介入しない」という暗黙の了解を無視して、手を付けたりしたわけです。

†「だって書いてない」という横暴を止める

山尾　私が懸念しているのは、まさにそうした事態です。

中島　強引な手の突っ込み方をする。「こういうことはやってはいけない」とされてきたことを、「いや、書いてないからやっていいでしょう」と子どもじみたことをやるのが安倍政権だとすれば、山尾さんの言うとおり、憲法で立ち向かうしかない。これが「立憲」という立場だと思います。

山尾　次の悩みは明文化できることにも限界があることです。憲法に、どこまで何を書き込むべきなのか。そこで「九条の魂」とは何だろうか、と考えます。第二次世界大戦で亡くなった死者から受け継ぎ、そして私たちが次の世代につなぐべき九条の魂とは何なのか。

まずは専守防衛。個別的自衛権がその限界であると私は思っていますが、この自衛権の範囲を憲法に書くべきかどうか。確かに、個別的と集団的とで自衛権を分けるのはグローバルスタンダード（世界標準）ではない。さらにその範囲を「憲法」で限界づけることもまたグローバルスタンダードではない。手続的統制は憲法に書きつつも、範囲統制はその時々の安全保障環境に応じて法律で定めればよい、そういう考え方もありえます。

しかし日本の戦後七二年の歩みを見たとき、日本は集団的自衛権については国際社会で許容されていても国家の判断として行使しない、ということを憲法で宣言してきたわけです。時代とともに安全保障環境が変化するのも当然ですが、それでもなお、この「個別的自衛権に限定する」という日本の安保政策の方向性は、国益に適《かな》い国際社会の平和に適っていると思いますし、国民の間でも一定の共通理解があります。そうであれば、この「専守防衛」「個別的自衛権に限定する」という安保政策は、国民意思による本質的要請あるいは本質的宣言として、憲法で国家と諸外国と将来世代に向けて明記するにふさわしいのではないかと考えます。中島先生はこの点はどう考えていますか。

中島 賛成ですが、それには勇気が要るしタイミングも重要です。「日米安保」を根本的に変えることを意味するからです。

その前に、九条の非常に重要な点は絶対平和を謳《うた》っていることだと思います。九条について多くの人が「変えられたらまずい」と感じている理由は、それが戦後の叫びだからでしょう。「とにかく戦争によって物事を解決するようなことを私たちはやめます。もうこりごりです」という叫びだと思う。そのことが文言となっている。九条についての共通の理解は「もう戦争には訴えません」という声であり、これが重要だと思っています。

哲学者のカントが「理念というものは二重の存在である」と言っています。「統整的理念」と「構成的理念」です。統整的理念は、人間にとって超越的なもの、私たちの現実に対して反省を迫るものとしてある。つまり絶対平和など、有限の私たちにとっては不可能な命題のことです。そして構成的理念は、例えば軍縮をやりますとか、核の保有について制限しますなど、実現が可能で、一つ一つのマニフェストに書き込めるような内容のことです。

カントは「統整的理念がなければ、構成的理念は成り立たない」と言っています。つまりここに向かっていくのだ、という崇高な目標を掲げる、その絶対的な方向性があるがゆえに「軍縮しましょう」といった第一歩を踏み出せるのだと。その構造が重要であると言っています。

私は、憲法もこの二重性によって成り立っていると考えています。憲法には不可能な命題まで書かれている。例えば生存権を定めた二五条。健康で文化的な最低限度の生活を、本当に全ての国民に満遍《まんべん》なく行き渡らせているかといえば、そうではない。しかしその方向に行くのだと謳うことによって、いろいろな政策が成り立つ。そういう構造です。

だから九条と前文には、絶対平和を書くべきだと私は思っています。この国は過去の反省を踏まえて絶対平和的な世界を目指す。そのためには暫定的に何が必要なのかというのが自衛権の範囲です。日本は大東亜戦争の失敗を経験し、戦後の平和主義を維持してきたので、個別的自衛権に限定することを考える。これは国際政治的には難しいことだと思いますが、とにかく宣言する。それによって日米安保を変える。そこに踏み込んでいくべきだと考えています。

日米安保を変えるということと、この立憲的改憲の議論はセットで進めていく話になる。私は山尾さんの言っていることは非常に重要な提言であり、本質的な保守の側からの挑戦だと思っています。対米追随の強化によって、日本は国家主権の一部が奪われた状態になっています。日米地位協定など完全な不平等条約です。これを変えていこうというのは、保守の側から出て来るべき当然の要求です。

†「特殊な国」として宣言する

山尾　個別的自衛権を憲法に明記して強い歯止めをかけるのは国際社会から見て独自色が強いことは、私も承知しています。

グローバルスタンダードとは言い難い日本の選択になることは間違いない。しかしそれを宣言できるだけの歴史的な必然性や説得力が日本にはあると思う。少なくとも二〇一五年九月に安保法制が成立するまでは、そうした特殊な国としてやってきたし、やってこられた。日本は唯一の被爆国であり、その日本の「平和憲法」を少なくともサジェストしたのはアメリカではないか、という暗黙の主張を続けてきたのです。

そして、むしろ現在の国際情勢を見ても、地域紛争や戦争が終わった後の平和構築の成否が次なるテロや紛争や戦争を抑え込めるかどうか、紛争・戦争終結が国際的な安定へとつながるか否かの鍵を握っています。日本の役割分担として紛争・戦争においては軍事的当事者とならないからこそ、終結後に平和構築で大きな貢献を果たしていくという選択は、説得力を持つと思います。

しかし一方で、現政権が現実に集団的自衛権を一部容認し、しかも安倍総理は「これで日米関係はさらに強固になった」などと言っている。日本の国益を代表すべきリーダーであるにもかかわらず、まるで日米安保における日本フリーライダー論を前提とするかのような発信をしてしまっていますよね。

ここでもう一度国民的な安保議論を経て、集団的自衛権を封印し日米関係の正常化に歩を進めることができないか――大変なことですが、「自分のことは自分で決める」国家としての主体性を持つためには、スタートを切らなければいけないと思います。

中島 国際社会の中で要求される集団的自衛権という概念をどう乗り越えるのかというのはとても挑戦的な議論です。山尾さんは未来のある有望な政治家だと思いますので、こうした提案をされたらアメリカも黙っていないかもしれません。

安倍内閣で安保法制が成立してから、アメリカが改憲についてまったく言及しなくなった。実質的に集団的自衛権が担保できたのでそれでいいという話なのでしょう。個別的自衛権に限定することを明記すれば、日米地位協定、安保条約のあり方も同時に変える必要が出てくる。私はそれを全面的に応援したいし、そういう時代が来ていると思っています。

アメリカが世界を支配している時代は十数年前に終わりを告げています。イラク戦争の当時と今では世界が全然違う。一極による世界警察の時代から、多極の時代を迎えている。中国もロシアもインドも強い。その中でどのようにして、新しいパワーバランスを構成していくのか。その秩序が東アジアの中で地殻変動を起こしています。

日米安保が変更になると、当然、アメリカのアジアにおけるプレゼンスが低下する。そうすると権力の空白が生じ、誰かがそれを埋めようとする。この新しいパワーバランスをどう考えどう行動するかが、これからの日本のリアリズムです。日本はアメリカべったりの集団的自衛権から離れ、防衛の再整備をすることになる。防衛費はこれまでよりもかかることを覚悟しなければならない。その上で、東アジア諸国やロシアとの関係改善という道を目指すことになる。そうして戦争しない状況を担保していくしか道はない。

そのためには何が必要か。私は、アジアという枠組みをどう思想的に構築していくのかが大きなテーマになっていると思います。そこには、日米安保一辺倒がリアリズムだと考えている人の非リアリズムがあり、一方で、アジアとともにやっていくことを追究するリベラルなリアリズムがある。山尾さんがそれを政治家として表現するとしたら、大きな問題提起になるはずです。

†風呂敷に包まれた志

山尾　日米関係を考え直し、アジアにおける日本の役割を再提示しようとした鳩山由紀夫民主党政権は「失敗」の烙印を押され、そしてその志はもう風呂敷に包まれたような状態になっています。そのときに閣僚として苦労し、いま立憲民主党にいる先輩議員は、残念ながらその風呂敷をほどこうとはしない。私は永田町の出世競争にはまったく興味がないので、誰かがこれを発信しなければいけないと思っています。

先日、立憲民主党の同世代の国会議員が本会議で「日本に主権はあるのでしょうか」という大演説をしてくれたんですよ。問題意識を同じくする同世代がいるのだと感じました。私は一九七四年生まれですので、中島先生とは年齢は一つ違いでしょうか。

中島　私は二月生まれだから学年は一緒ですね。

山尾　私たち三〇代四〇代をはじめ、これからの現役世代はなにか共有できるものがあるのではないかと思っています。中島先生が先ほど指摘したように、安保や九条問題、憲法裁判所はパッケージでやっていかなければいけない。集団安全保障の関係についてもしっかり考えていく必要があります。

第二次世界大戦直後から朝鮮戦争勃発までの短い期間に国際社会は平和に燃え、国連中心主義によって世界的な平和を実現できるのではないかと世界が理想に燃えた。このごく短い時期に作られた、まさにその憲法を持つ日本だからこそ、日本が世界平和を謳い、集団的自衛権を否定することの説得力や必然性は成立すると思うのです。たとえ日本国憲法は押し付け憲法だと言う方がいても、それは変わりません。

中島　現行憲法に対しては、ＧＨＱが日本国憲法を押し付けてきたとする「押し付け憲法論」

や、ポツダム宣言受諾時に天皇から国民へと主権が移行する一種の革命が起こったと考える「八月革命説」がある。私はこれらは同根だと思っていて、保守の立場からは両方とも採用できない。

なぜか。現行憲法は不文律が重要になっていて、その不文律や解釈は明治憲法から連続しているということです。明治憲法の中で議論してきた立憲的枠組みが明文化されない形で存在し、その土台の上に戦後憲法が成立しているということです。憲法学も連続している。この二つは連続しながら文言の調整が図られてきたという受け止め方をしています。

実は戦後日本の憲法はアメリカを経由したイギリス型だと理解できます。いわゆる英米法の系統です。だから憲法が短い。いちいちすべてを書き込まない。不文律が明治から昭和へと連続している。

日本にはもう一つ特殊性がある。それは山尾さんが指摘したようにあの戦争で大敗をしたという点です。それでこの国は「もう戦争なんて嫌だ」と心底思った。しかも原爆を落とされた。「こんなことはやるべきではない。もう辟易(うんざり)だ」という宣言文になっている。これが世界に対して訴える力は非常に強い。

私は世界の次の秩序に向けた日本なりの発信として、集団的自衛権の否定を突きつける資格があると思っています。これは極めて挑戦的で、日米安保の次の時代を真剣に考えることになりますが、それが私たちの採るべき安全保障だと思います。

†「幼稚な内閣」の登場によって

山尾 大日本帝国憲法からの連続性という意味でも、また、日本国憲法が一九四七年に施行された後も、五〇〇〇ワード足らずの憲法ですが、その行間が国民の意思、国民の代表者としての国会の意思、そして議院内閣制の下での内閣の意思によって共通の解釈を見出し、育ててきたわけです。過去から今に至るまでの連続性を考えたとき、一九四五年の括弧書きの「九日間」なる一点をとらえて、それを「押し付けだ」ということにどれほどの意味があるのか、疑問です。

中島 連続する不文律として重要なのは、解釈や判例といったものの体系です。それを守ることができないのが安倍内閣なのです。

暴走する権力者のせいで長い憲法に変えないといけないというのは、情けない話です。本来は改憲などやらなくても国民の権利や自由は問題なく守られ、条文とセットになった不文律や慣習が歯止めとなって、国家は暴走しないし揺るがないというほうが立派な国であるはずです。その「立派さ」や良識の重みを日本は失ってしまった。それを決定づけたのが稚拙な意思決定のやり方をする安倍政権です。立憲的な歯止めをかけることに乗り出さなければいけなくなってしまった。

山尾　残念な挑戦なんですよね。

中島　そう。これは保守にとって大変残念なことです。わざわざ詳細に、やってはならないことを憲法に書かなくてはいけなくなった。

†九条二項の幻を逆用する為政者

山尾　もう一つ九条の話ですが、戦後、九条二項は専守防衛の精神を憲法に刻み込むという役割を辛うじて果たしてきました。しかし二〇一四年から二〇一五年にかけて政府が集団的自衛権に踏み出したことによって、残念ながら役割を終えてしまいました。

中島　そうだと思います。

山尾　そこで、この立憲的改憲において、九条二項に、どうその身を処してもらうのがよいか、ということなんです。「九条二項を残す」という安倍総理の提案は、九条二項がこれからも重しの役割を果たせるという幻を逆用するものではないでしょうか。

中島　まさにその通りです。

山尾　九条二項の幻を悪用して「自衛隊に関して具体的な歯止めは書かないが、二項があるから歯止められます。大丈夫です」と言う。その悪用にまんまと身を委ねるわけにはいかないというのが、思案のしどころなんです。

中島　その意味でも安倍加憲というのは一番やってはいけないタイプの改憲です。その実像は、歯止めをなくす改憲なのです。自衛隊を明文化し、今の安保法制を根拠づけられれば何だってできることになる。

安保法制によれば、集団的自衛権の発動は国民の幸福追求権を侵すような明白な危険が生じた場合、という基準ですが、「明白な危険」という言葉は極めて主観的に成立します。何を危険とするか、それは定義上不可能な命題で、結局は為政者の主観に因ります。「これは危険だ、と思いました」と言えば危険になってしまう。歯止めはないに等しい。憲法学者は「明白」と付いているから大丈夫だと言うかもしれませんが、そんなことは安倍総理には通用しない。

その上で自衛隊を憲法に単に明記することになれば、要は何でもできるという話になります。結果、九条は完全に空洞化する。山尾さんが言っている「改憲」と、安倍さんの「改憲」は、真逆だということ。山尾さんは改憲によって「自衛権を制約する」と言っていて、安倍総理は改憲によって「縛りをなくす」という話をしている。

それを旧来の「護憲」対「改憲」というイデオロギー、あるいは「右」対「左」といったシンボルの闘争にしてしまっている。それはもうやめましょうと言いたい。そんな時代ではない。縛りをかけるのか縛りをなくすのか、もっと厳密に議論しなければいけない。

山尾　「明白な危険」かどうか、あるいは「存立危機」かどうかは、引くべき一線として極めてあいまいで採用できないラインです。

たしかに、どこで線を引いても百点満点はない。私が引こうとしている「個別的」か「集団的」かという一線も、限界事例を当てはめていくと、いくつかの事例ではその両方にまたがることになる。

ただ百点満点のラインがない以上、主観性を排除することができ、国民の感覚と齟齬《そご》しない一線を模索することが肝要になる。唯一みんなが共有できる一線が「個別的」か「集団的」か、そこにしか線を引きようがないというのが私の感覚です。

中島　私もその一線しかないと思っています。ただこれはすごく難しい。先ほども指摘しましたが、世界的な安全保障の常識への挑戦ですから。

同時に、アジア地域の集団安全保障をどう考えるのかという議論も構築しなくてはならない。そのときに重要だと思っているのが、アジアと日本という大きな枠組みである「アジア主義」という考え方です。

これから世界はもっと多極化していく。二国間の集団的自衛権の構築は難しくなり、そうした時代は終わる。そこで必要になるのが、国連を含む「集団安全保障体制」にアジアを位置づけながら、基本的な日本の防衛体制は「個別的自衛権」だという枠組みをどうつくれるか、という議論です。どのような文言にすべきかは、憲法学者たちの丁寧な作業が重要になると思います。

†磨かれていく安倍総理の「言葉」

中島 世界は言葉によって成り立っています。だから言葉を無茶苦茶に使う政治家が出てくると怖い。言葉の操作によって本質がズラされていく。これが政治の怖いところです。安倍内閣は、この言葉の操作をいろいろな形でやってきた。

ジョージ・オーウェルが『一九八四年』という作品で、統治にとって一番重要なのは言葉の支配であると書いています。自分たちに反対する言葉をなくしていくことによって全体主義を成し遂げていく、そういう物語なのですが、安倍総理のやっていることはまさにそれに近い。

象徴的に感じたのは、安倍総理が今年の通常国会冒頭の施政方針演説で「『非正規』という言葉を、この国から一掃してまいります」と言ったときです（二〇一八年一月二二日）。これは言葉をなくすことで、不安定雇用問題の存在自体を消去しようとする意図があるように思います。安倍総理の内面に『一九八四年』の世界がある。言葉が崩壊すると、憲法の歯止めは利かなくなります。すべての言葉を自分の解釈によって奪っていこうとしているように見えます。

山尾 『一九八四年』の主人公の仕事は、公文書を改竄《かいざん》する、歴史を改竄する仕事でしたよね。

本当に象徴的です。

中島　そうなんです。今に合わせて過去を操作するという「真理省」に主人公は勤めている話です。

山尾　森友学園問題を巡る公文書の改竄問題、あるいは防衛省で保管されていたＰＫＯ派遣の日報が隠蔽された問題を見るにつけ、ついに『一九八四年』の世界に日本が来たと、私も強く感じました。

中島　安倍総理のことをバカにしがちな見方もありますが、ずる賢いことにはとても長けている人で、その能力は成長している。このことを認識し警戒しなければいけない。

山尾　ますますその能力は磨かれていると思います。私は二〇一六年に待機児童問題を追及したときから二年間、定点観測的に安倍総理への質問に立っています。安倍総理が、言葉でその場をしのぐ力のようなもの、言葉によって事実をねじ曲げていく腕力は、どんどん強くなっていることを実感しています。

†民主主義の底力

中島　聞いても、何を言っているかよく分からない。こっちが脱力してしまうという恐るべき総理ではないでしょうか。どう論争しようが意味不明の言葉ですり抜けられてしまう。みんながうんざりして、時間が過ぎてしまう。

山尾　そしてそれがほかの大臣にも伝播し、役所にも拡散している。たかが総理されど総理という状況だと感じます。

中島　本当にその通り。保守の側から見るとあれが一番恐ろしいんです。だから野党は選挙に強くならないといけません。野党に政権を取られるという危機感がないので、首相の慢心が加速する。何をやっても乗り切れると思われている。

野党は共闘するしかありません。立憲民主党は、選挙で共産党と手を組むしかない。自民党は低投票率に持ち込んで、固定票・組織票で勝つという選挙を続けています。野党は票が割れる分、戦う前から不利な条件を自らに課している。小選挙区というゲームのルールが分かっていないんです。

山尾　この立憲的改憲と、日米関係の正常化という大きな柱は、絶対に安倍政権には実現できない。この国の大きな方向性を示すことについて、もし野党が大きな塊《かたまり》になれるのであれば、そこにはやるべき大義がありますよね。

中島　「改憲」よりも「日米安保の見直し」を強調すべきだと私は思っています。本筋は日米安保問題です。そして、この課題を共産党も一緒になってやっていく。投票率を上げて、浮動票も取る。共産と手を組むには「改憲」を前に出すよりも、「日米安保をやり直す」という話を前面にもってきて、「そのために自衛権を制約する」と説明した方が説得的です。

†「保守」にも「護憲」にも伝わる言葉で

山尾 それは共産党に対してだけではないかもしれません。

中島 そうです。保守層にも訴えかけることができる。私は左派の人たちが九条を擁護してきた感覚はよく分かる。九条の持っている絶対平和と、戦争はとにかくやらないという戦後の叫び声を私たちは共有する。それは先ほどのカントによる整理だと「統整的理念」です。その究極の目標を憲法で高らかにうたう。

しかし人間は不完全です。だから暫定的に自衛隊が存在している。この自衛権についてしっかりと歯止めをかけなければいけない。それが立憲です。この二段階の説明をすれば理解は得られると思います。

立憲的改憲は集団的自衛権を否定することで、日米関係を大きく変容させます。結果、必然的に「日本国内の米軍基地は返してもらいます」という議論になり、日米安保の新しい転換をもたらす。

山尾 私も立憲的改憲をどう伝えたら多くの人の共感が得られるか真剣に考え、悩んでいます。手を替え品を替え、小さい集会から大きなシンポジウムまで繰り返し話をする中で、おそらく一番幅広く、異なる層にでも訴えかける真実は、「この国の安全保障を国家に任せず、国民の頭で考えよう」「国民の頭で決めたことを現実に実行するために、アメリカとの関係を正常化しよう」ということだと思います。

中島 この先一〇年で、米軍が日本から離れていくということが起きるでしょう。この一〇年の準備期間はとても重要になる。そして、この一〇年の間に立憲民主党に政権が回ってくる可能性は十分あります。そのとき山尾さんの立憲的改憲論は、大きな意味を持つはずです。もちろんアメリカには警戒される。しかし、アメリカは鳩山内閣の時のようなプレッシャーを日本政府に与えようとはしないと思います。アメリカは日本から自発的に離れていく。その時がポイントです。

立憲的改憲論は戦後日本の大きな転換点になり得ます。これまで左翼は「九条があったから平和を保てた」と言い、右派は「日米安保があったから平和だった」と言ってきました。しかし、実態は「九条」と「日米安保」を両立させ、相矛盾《あいむじゅん》する両者のバランスを取りながら安全保障政策を行ってきました。

ベトナム戦争のとき派兵要請に対して日本は「いや、九条があるから無理です」と言って自衛隊を送りませんでした。これは九条によって、日本の主権が担保されていたことを意味します。アメリカに全面的な追随をせずベトナム戦争に参戦せずに済んだのは、九条という楯があったからです。九条が日本の国家主権を最後のところで守っていた。

しかし安保法制によって九条が空文化させられたことで、アメリカに「NO」を突きつけられなくなっています。そして国際秩序のバランスが崩れてきた。山尾さんは、アメリカ一辺倒の安全保障政策や外交プランを立憲的改憲論によって変更しようとしている。これは単に「九条の文言をどうするか」という問題を超えて、戦後の対米追随というあり方を大きく変える構想です。

山尾　そうした議論に「保守」を名乗る政治家こそどんどん参加してくれればいいのに、声が聞こえませんよね。

中島　江藤淳氏や西部邁《にしべすすむ》氏といった保守の大家たちが言ってきたのは「脱米」です。どのようにしてアメリカから距離を取りながら、国家主権を回復するのか。これが保守の本質的な議論でした。

山尾　そしてトランプのアメリカに変わっていくというのは、まさに転換の象徴だとも思います。中島先生がおっしゃるように、ここから一〇年が大きな勝負です。

中島　今みたいにアメリカにべったりしていると、アメリカは余計構ってくれないということがよく分かってきたはずです。

山尾　どれだけトランプとの蜜月を強調してみても、それこそ北朝鮮を巡る緊張状態がどんどん変化しているのに、その変化に日本はほとんど関与できていないのが実態です。

中島　安倍内閣は情けないなと思うのは、アメリカの諜報機関が先進各国の通信を盗聴・傍受していたという話が発覚したとき。ドイツやフランスといった諸外国はものすごく怒った。しかし日本は大して怒らなかったのです。安倍内閣は変な意味で、盗聴されたことがうれしかったのではないかと思います。

山尾　盗聴されるほどアメリカにとって日本は重要だと思って、内心喜んでしまったのかな。

中島　「私のこと気にしてくれているのね」という奇妙な感じ。「アメリカは私の電話、聞きたいの？」まるで屈折した愛人のような感じ。主権国家として、このような恥ずかしい姿勢はやめてもらいたい。

†「そのとき」のために

中島　右と左の対立というのが、私は嫌いです。イデオロギー対立で憲法を議論していると、大切なものを見失ってしまいます。山尾さんはその点、イデオロギー的二分法から自由な印象です。私たちの世代の政治家だなと、改めて感じました。

山尾　政治家ではない人とともに政治をやるということの大切さをこの数年実感しています。待機児童問題がクローズアップされたのも、同世代のお母さんやお父さんが忙しいのに一緒に

「政治」をやってくれたから、社会が動き政治家が動くようになったんですよね。

次世代に向けた社会保障と並んで、もう一つ重要なのがこの外交安全保障の問題です。これは憲法の問題と直結する。同世代の中島先生と今日お話しして、挑戦すべきタイミングがきているということを確認することができました。

中島 山尾さんにどこかで順番が回ってくるときがくる。そのときにぐっと前に出られるよう党内でも仲間をつくっておいてください。

山尾 私たち世代が前に出る「そのとき」のためにも、引き続き力を貸してください。

（対談日　二〇一八年四月九日）

第４章

日本に〝主権〟はあるか？

——九条と安全保障

伊勢崎賢治×山尾志桜里

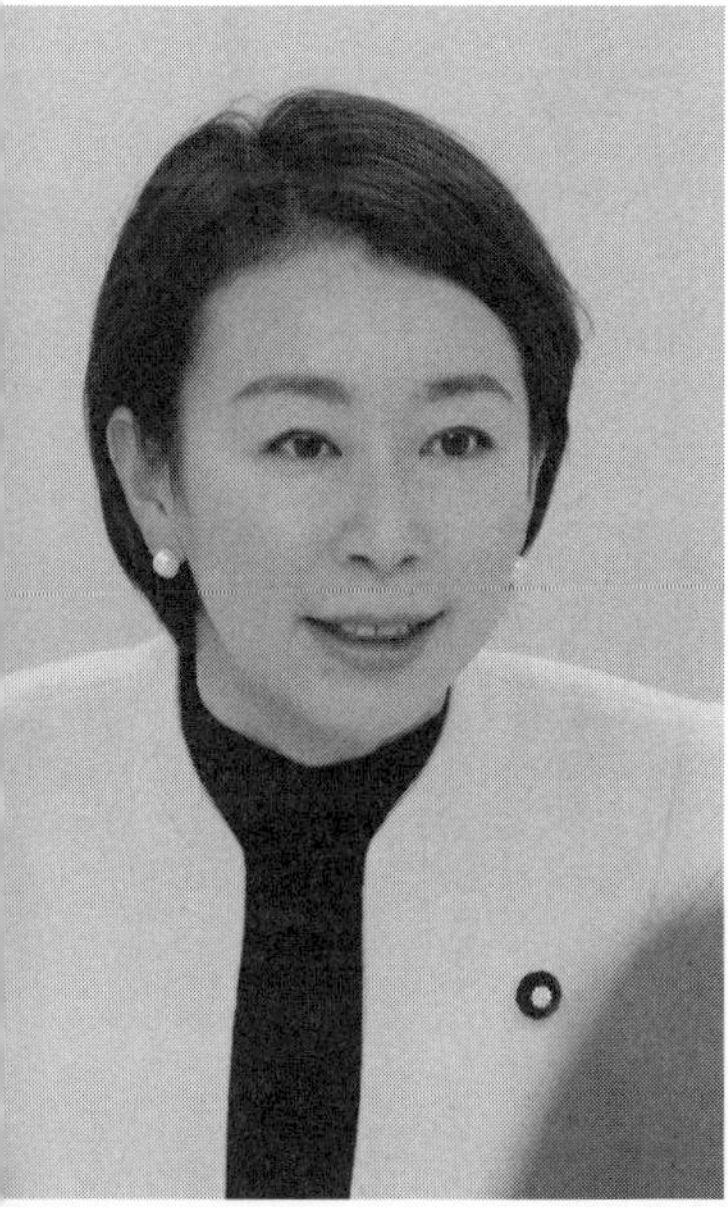

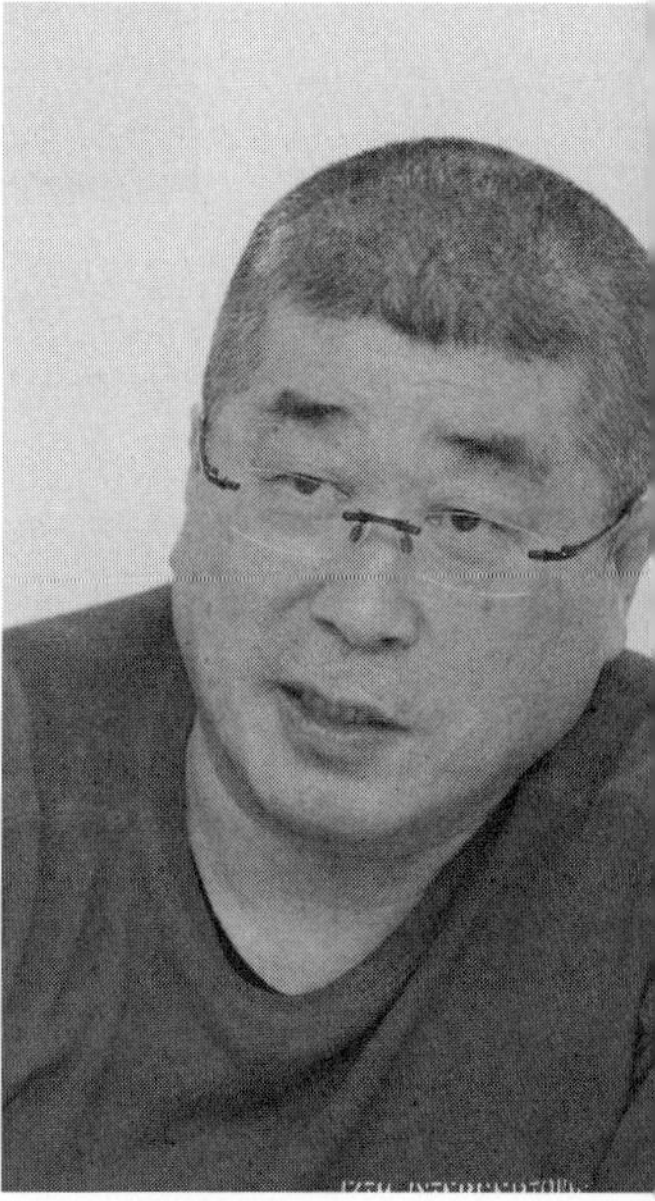

【対談者紹介】

伊勢﨑賢治（いせざき・けんじ）

一九五七年東京都生まれ。東京外国語大学大学院総合国際学研究院教授。早稲田大学大学院理工学研究科修士課程修了。インドに留学中、スラム住民の居住権獲得運動に携わる。国際NGOで十年間、アフリカの開発援助に従事。二〇〇〇年より国連PKOの幹部として東ティモールで暫定行政府の県知事を務め、二〇〇一年よりシエラレオネで国連派遣団の武装解除部長。二〇〇三年からは日本政府代表としてアフガニスタンの武装解除を担った。著書に『国際貢献のウソ』（ちくまプリマー新書）、『武装解除　紛争屋が見た世界』（講談社現代新書）、『本当の戦争の話をしよう　世界の「対立」を仕切る』（朝日出版社）、『新国防論　9条もアメリカも日本を守れない』（毎日新聞出版）、『主権なき平和国家　地位協定の国際比較からみる日本の姿』（布施祐仁氏との共著、集英社クリエイティブ）ほか多数。

†戦争に「勝つ」意味

山尾志桜里　二〇一七年一〇月の衆院選のとき、伊勢﨑先生が私の地元の愛知まで講演に来てくださった。そのとき一番印象に残ったのは「安倍政権が今の日本における国防のリスクになっている」というお話でした。

伊勢﨑先生はその前月、アメリカ陸軍太平洋地域の最高司令官ロバート・ブラウン大将に招かれ韓国・ソウルで行われた会議に出ておられた。太平洋地域三二カ国の陸軍最高司令官が集まる場で講演したということでした。皮切りにその話を聞かせてください。

伊勢﨑賢治　なぜ僕がその会議、通称PACC（太平洋地域陸軍参謀総長等会議）に呼ばれたか。いわゆる「占領統治」の問題について話をするためです。現代戦では占領統治の成否が、戦争全体に投じた戦費と人命的なロスに見合った戦争だったのかどうかの評価となる。アメリカはそうした方法で戦争を戦略的にレビュー（評価）する文化があるのです。この観点で言うと、アメリカはこれまでの数々の戦争に負け続けているということです。

山尾　アメリカは、自ら占領統治の局面で負け続けていると冷静に評価しているわけですか。

伊勢﨑　そうです。アメリカではその研究が学問的にも進んでいます。占領統治の主力となるのは空軍や海軍ではなく常に「陸軍」ですから、米国陸軍はその試行錯誤を生かして非常に高度な研究がなされてきた。それでも勝てないのです。

二〇〇一年の９・11同時多発テロ後、アメリカがアフガニスタンのタリバン政権を倒した後の占領統治に、僕は日本政府の代表として関わっています。そのとき、米軍の「陸戦ドクトリン」が大変革を迎えていて、もしかしたらこの戦争が画期的な転換点になるかもしれない、という予感が共有されていました。しかし結局、占領統治は失敗しました。

日本を一九四五年に敗戦させたときとは真逆のことをやったわけです。敵国政権を完全に崩壊させたことが失敗の始まりだったのです。

アメリカと一緒にタリバンとの地上戦を戦った複数のアフガン人軍閥勢力が、タリバン政権崩壊後に仲違いの内戦を始めたので、それらを政治交渉だけで武装解除し新しい政権に組み入れていく作業が僕の任務でした。当初の予想に反してそれは完了したので、アメリカの占領統治を成功させ、最終的に完全撤退に向かわせると考えていたのですが……。

山尾　でも、アフガニスタンはそうならなかった。占領統治から完全撤退まで遂行して初めて、本当に戦争が終わるということですね。

伊勢﨑　その数年後の二〇〇六年に、デヴィッド・ペトレイアスというアメリカ軍の将軍がイラクで最高司令官になった。当時、成功するかと思われていたアフガニスタンでの失敗の経験を元に米軍「陸戦ドクトリン」をベトナム戦から二〇年ぶりに転換させ、それを実施したのだけれど、占領統治はもろ失敗。イラクは内戦に突入します。

山尾　もろ失敗ですか。

伊勢﨑　ペトレイアスはその後アフガニスタンに転任し、「ドクトリン」を実施するも、未だに戦争は終結していません。アフガン戦争は、三代の大統領をまたぐアメリカ建国史上最長の戦争になっています。こんなに長い戦争をアメリカは戦ったことがないのです。

現代の戦争は長期、いや半永久戦です。一国だけでは、まず経済的に戦えないことをアメリカは経験から学んでいます。だから必ず責任をシェア（共有）する形で戦争を「国際化」する。ＮＡＴＯ（北大西洋条約機構）を中心とする有志連合ですね。

そして今また大きな課題に直面している。果たして「もう一つの新しい占領」をつくる余裕があるかどうか。昨年のソウルでは、そうしたことを話し合う会議でした。

†北朝鮮という国際的リスク

山尾　「もう一つの占領」とはつまり、北朝鮮のことですね。結論として、それは難しいということでしょうか。

伊勢﨑　当然です。余裕などない。リスクを考えれば考えるほど難しい。特殊部隊の急襲で最高指導者を殺害するという斬首作戦など誰も信じていません。敵の指揮命令系統を壊してしまったら一体どうなるか。今の北朝鮮は終戦前の日本みたいなものですから、「頭」を失ったら大変な混乱を招くことは「陸軍」の共通認識です。

山尾　具体的には専門家の間で、どんなシミュレーションがなされているのですか。

伊勢﨑　二〇〇万人を超えるといわれる北朝鮮軍が整然と武装解除するなんて陸軍の実務家は誰も考えていません。加えて、敵政権を崩壊させたとして、その後必ず軍事占領、つまり崩壊させた政権に代わって新しい軍政を敷かなければいけない。あの人口（約二五三七万人）の国に軍政を敷くためにはどのくらいの兵力が必要か。単純に計算しても、失敗したイラク、アフガニスタンを軽く上回る。アメリカ単独ではもちろん無理だし、アメリカと一緒に失敗を重ねている同盟国を中心とする国際社会でも能力的に無理な数字です。

山尾　現在はトランプ政権下ではあるけれども、アメリカ陸軍が太平洋地域三二カ国の陸軍最高司令官を集めてそうした会議を開く狙いとはつまり、部下の命を失うかもしれない事態に、強い危機感を抱いているということなのでしょうか。

伊勢﨑　確かにそうした意図は見え隠れしていました。そうでなければなぜ僕がわざわざ招待されるのか。このような会議では、講演内容について必ず事前協議します。アメリカ陸軍本部と、です。こんなことしゃべってもいいか、と確認するためです。

山尾　その内容については、事前に自衛隊の幹部ともやりとりするのですか。

伊勢﨑　それはないです。アメリカ陸軍単独の判断です。アメリカは、こういう場面で日本政府など相手にしません。アフガン時代の僕は、日本政府代表でありながら、日本政府の了解を得ずに、危険なところに行くことも含めてアメリカ・NATO軍と直《じか》に打ち合わせていましたから。

ソウルの会議には、太平洋地域の国々に加え、英国、フランス、そしてインド、中国の陸軍トップが参加していました。呼ばれていないのは、北朝鮮、そして過去に核とロケット技術を交換した疑惑のあるパキスタンだけです。まず、占領統治には兵力もカネも掛かるが、それを賄《まかな》えるかという問題。そして、もしそれがアフガニスタンのように長期化したら、というリスクの問題。兵力の提供において、韓国はその地理的利便性から主要なプレーヤーと目されるかもしれないけど、果たしてうまくいくだろうか、とか。

山尾　韓国と北朝鮮はいろいろな意味で近すぎるという懸念でしょうか。

†「期待されない」日本の現状

伊勢﨑　そう。近すぎるんです。占領統治に成功があるとしたら、それは民衆の中の駐留軍への反感をどうコントロールするかにかかっています。言葉の壁もないし人心掌握《しょうあく》に最適という反面、やはり近親憎悪、それも歴史的に醸成された憎悪がある。そうしたことを考慮すると、占領統治はできるだけ中立な国を巻き込んで国際化する必要があると考えられます。そのとき日本はどう振る舞うべきか。

山尾　日本に期待されるものは何だと思われますか。

伊勢﨑　自衛隊の皆さんには酷かもしれませんが、あまり期待されるものはありません。カネ以外は。

山尾　期待されない、あるいは期待したくてもできない理由はどこにあるのでしょうか。

伊勢﨑　まさにその話をソウルの会議でしたわけです。占領統治というのは大きく言って三つのフェーズがあります。

一つが軍政。敵政権を倒し一時的に軍が国を支配する時期です。しかし軍政は長期的には続けられない。それは「武力行使による併合」であって侵略行為、つまり国際法違反なのです。だから「戦時」の後に軍政を敷いたら即座に、現地政権の樹立に着手しなければならない。現地政権とは傀儡《かいらい》政権ですね。高い戦費と犠牲を払ってやっと倒した敵政権ですから、二度と脅威にならないようにするのは当然です。この現地政権とは、後に国連加盟国になる主権国家です。憲法を中心とする法整備の一方で、その「法の支配」の強制機関として軍と警察を創設する。時間のかかるこれらの作業を、それに反対する勢力から守るために駐留は継続される。この過程はいわば「準戦時」です。日本でいうと冷戦初期のような状態です。

想定する北朝鮮の戦後占領統治も、中国とロシアへの牽制の関係でそのような感じになるのではないか。五年、一〇年、あるいはそれ以上のスパンで考える必要があります。主権国家が誕生し、しかしその中に異国の軍が駐留し続けるというのはどういうことか。

山尾　そこで両国の地位協定の話になるわけですね。

伊勢崎　そうです。日本の戦後は、その占領統治の先行事例として非常に面白いケースです。地位協定とは派兵する側、それを受け入れる側、双方が主権国家同士の外交文書です。どちらも「外務省」が、それぞれの国を代表しなければいけない。それなのにアメリカをいまだに米軍が代表しているのは、対日本との関係くらいしかないのです。

地位協定とは、駐留軍が引き起こす日々の事件・事故をどの法で裁くかを取り決めるものです。主権国家内ではその主権国家の法が何より優先する属地主義に例外を定めることですね。地位協定の世界標準では、公務内・外に分けて、公務内の事故であれば駐留軍の側に裁判権があり、つまり受け入れ国は裁判権を放棄することになる。

受け入れ国がなぜ放棄できるのか。当たり前ですが、それは駐留軍の側がその事件や事故をきちんと裁くという前提があるからです。それが、受け入れ国側が裁判権を放棄するための当然過ぎる期待であるはずです。それに応えられないと反駐留軍感情を引き起こし、占領統治を失敗へと導く原因となってゆく。これを、アメリカとその同盟国はアフガニスタンでもイラクでも嫌というほど経験しているのです。

日本がもし占領統治のプレーヤーになった場合、どうか？　その期待に応えられないどころか、日本には裁く「法」がないのです。なぜなら日本では憲法上、自衛隊を国際法に則って軍事組織として認識することはできません。自衛隊が引き起こすであろう軍事的過失を裁く法体系そのものがないのです。刑法の国外犯規定にも、自衛隊員に限らず日本人が海外で犯す「過失」を裁く規定はありません。自衛隊は、軍事的過失に責任を持てない世界で唯一の軍事組織です。多国籍軍の統合司令部の観点からすると、単純に使えません。

山尾　そうした話を国際的な会議の場でされたんですか。

伊勢崎　そうです。アメリカ陸軍の事前の了解のもとに。

†日韓で考える「対米地位協定」

山尾　以前伊勢崎先生は、対アメリカの地位協定について日韓で共同研究することで、それぞれの協定内容をより是正していく関係が作れるのではないか、という話をされていましたね。米韓地位協定にも不公正性があり、日本はさらに不公正性の高い日米地位協定を抱えている。日韓はアメリカに対し、具体的にどのようなことができるでしょうか。

伊勢崎　まず実際に今年からやろうと思っているのは研究者間の交流です。いまは交流がほぼない状況で、韓国は韓国のことしか知らない。日本も同じ。お互いに井の中の蛙《かわず》になっている。

山尾　両国とも、研究者や市民も含めて自国の政府から「いや、この地位協定はそんなに不利じゃないよ」と言われ、だまされているという状況がある。

伊勢﨑　アメリカにとってそれが好都合でした。しかし、〝共に戦う〟国際情勢が激変し、アメリカは近年になって地位協定をいかに「安定」させるかを考えるようになっています。駐留が受け入れ国に及ぼす「非主権性」をいかに地位協定から排除するか。これが「安定」の鍵と考えるようになっています。米軍の基地・空域・海域の使用、何を持ち込むか・何をやるかは、すべて受け入れ国の「許可制」です。

こういう世界標準から取り残されているのが日韓です。日韓が交流し、地位協定の被害国として交流し始めたら。ここで気を付けなければいけないのは、すぐに「アメリカ出ていけ」としないことです。それは理想としてとっておいて、まず地位協定を「正常化」させる。それは韓国も同じです。

国家というものは常に脅威を必要とします。それはたとえ共産党が政権を取っても同じです。権力は常に脅威に対する民衆の恐怖を弄《もてあそ》ぶ。韓国では、「アメリカ軍がいるからこそ北朝鮮に侵略されないのだ」と「アメリカ軍がいるから南北融和ができないのだ」が、世論を二分している。この対立する構図、「アメリカがいるから安全」vs「アメリカがいるから危険」は日本でも、そしてアフガニスタンやイラクでも同じです。この構図が国内を大きく二分する政局になる。アメリカを体内に宿す全ての国に共通します。

怖がっている人にただ怖がるなと言うのは逆効果にさえなります。恐怖は人間のまっとうな感情ですから、丁寧に扱わなければなりません。時間をかけて。だから「アメリカは出ていけ」というプレゼンの仕方は当分控えるべきだと思います。「正常化」のために。

山尾　そうですね。しかも、少なくとも現時点では非現実的ですし。

†正しい主権意識

伊勢﨑　一方で、アメリカを体内に置くことによって被る国防上のリスクはしっかり意識しなければいけません。

例えば米空軍基地を抱えるトルコはＩＳ（イスラム国）への初期の攻撃のとき、米戦闘機の出撃を拒否しました。なぜなら、ＩＳがそれに報復するとして、被害を受けるのはアメリカではなくトルコなのですから。国民の安全を最優先に、そして主体的に考え保障するのが国家主権でありますから、トルコの拒否にアメリカがとやかく言える理由は外交通念として存在しないのです。上記のように現在、地位協定の国際標準においてアメリカの行動は受け入れ国の「許可制」です。日本以上に国防を米軍に依存する国々においても、です。

米朝開戦時に果たして在日米軍基地からの出撃に「事前通知」をしてもらえるのかどうかが話題になりましたが、日本はまず意識改革から手を付けなければなりません。「国防、国防」と言っている親米保守が、まずその「国防」を世界標準で考えなければいけません。

山尾　地位協定で不利な立場に置かれている国同士の研究者レベルで分断されずに交流し、互いの状況を互いに検証しながら、有利な状況の構築に向けてそれぞれ交渉力を付けていくことが重要になってくる。そうしたことが、これまでほとんどなされてこなかったということでしょうか。

伊勢﨑　ない。まったくありません。

山尾　私は、国会議員になって三期目でようやく、この地位協定の問題について是正可能性のある具体的で深刻な問題として捉えられるようになりました。政治家になったばかりのころは様々な先輩議員にこの問題を提起しては、「それは難しいんだよ」といなされていましたね。現在では、そういった方々が本当にこの地位協定の問題に正面から粘り強く向き合った上で困難を感じていたのか疑問です。

ただ最近感じるのは、いま私がいる立憲民主党の三〇代四〇代の若い議員の中には、今まで政治家に刷り込まれてきた「地位協定に触れるな」というような禁忌的意識から自然体で解放されている人が少なくありません。先日は本会議場で、私と同世代の議員が「日本に主権はあるのでしょうか」という大演説をしていました。

伊勢﨑　そうですか。

山尾　二〇一八年度予算が衆院で強行採決されたときの本会議でした。そうした仲間の議員と話していても「今すぐアメリカは出ていけ」とか「アメリカとの関係を解消する」といった非現実的な話は出てこない。きちっと問題提起し法律的な武器をそろえようという姿勢です。「一つ一つ改定しよう」ということに対するアレルギーのようなものが私の周りの野党の議員、特に若手には少なくなっている。今が始めるチャンスと感じています。

伊勢﨑　それはうれしいですね。僕は『主権なき平和国家』（布施祐仁氏との共著、集英社クリエイティブ）という本を昨年出したのですが、それを読んだ一人の国会議員が訪ねてきました。昔、河野洋平外務大臣（当時）は日米同盟や日米地位協定のあり方に批判的だったのに、今の自民党政権の考え方は真逆ではないか、という話を国会で質問しようとしていたようです。

†もう一つの地位協定

伊勢﨑　日米地位協定の本当の問題は、もう一つの地位協定を見ないとわからない。それは「朝鮮国連軍地位協定」です。

朝鮮国連軍。名前は「国連軍」ですが、ミスリードです。これは国連憲章第七章に基づいて安保理が統括する「国連軍」ではなく、米軍司令官の統一指揮下で活動する多国籍軍です。根拠となる安保理決議は、一九五〇年に北朝鮮が韓国に侵攻した直後にソ連欠席の下で採択されました。この決議により、「国連軍」の名称と国連旗を用いることを認められたのです。

朝鮮戦争は現在も「休戦状態」なので、朝鮮国連軍は健在です。在韓米軍司令官が朝鮮国連軍司令官を兼務しています。日本にも朝鮮国連軍の後方司令部が横田基地に置かれ、七つの在日米軍基地が朝鮮国連軍の基地になっています。これらの基地には日米の国旗とともにブルーの国連旗が立てられています。

日本政府は、朝鮮国連軍に参加するアメリカ、英国、フランス等の一二カ国と「朝鮮国連軍地位協定」を締結しています。日本が署名した一九五四年以来変わっていません。一九五三年に結ばれた朝鮮戦争の休戦協定の当事者は、朝鮮国連軍（アメリカ）と朝鮮人民軍（北朝鮮）と中国人民志願軍（中国）です。

この休戦協定が破られ再び戦争状態に入ったら、在韓米軍も韓国軍も在日米軍も朝鮮国連軍に組み込まれて戦うことになります。日本は朝鮮国連軍地位協定に基づき、朝鮮国連軍の作戦のために支援を行うことになります。

つまり、米朝開戦になったら、日本は自動的に国際法上の「交戦国」になります。日本に交戦国にならない主体性はないのです。

前述の国会議員ですが、これを知っていますかと聞いたら、知らなかった。

山尾 それでも、その議員の方を評価すべきですよね。少なくとも日米地位協定を取り上げようとしたのだから。

伊勢崎 はい、そうですね（笑）。たぶん外務省の官僚たちも、知識として知っていても「実感」していないのではないでしょうか。

とにかく東西冷戦の黎明期《れいめいき》からずっと、全く変わっていないのです。北朝鮮がなぜ核保有と弾道ミサイルに拘《こだわ》るかというと、海の彼方からやってきたアメリカが交戦国としてそこにいるからです。韓国とだったら通常戦力で殺し合えばいいのです。ところが実際に開戦となったら本土に直接の被害を被るのは韓国と北朝鮮です。アメリカではありません。休戦が和平に導かれるとしたら、それは開戦の痛みを知れる同士だからできるのです。

この歪《いびつ》な休戦構造がある限り、朝鮮半島の和平も非核化もあり得ない。でも、こんなに長く凍結されてきたおかげで、この構造は当事者たちの意識に「問題」ではなく「前提」として定着してしまっている。

でもいま、これをきちんと意識せざるを得ない時期がきています。北朝鮮が核保有国として急速に現実の大きな脅威になり始めたこと。そして、開戦を軽々と口にするトランプ政権の誕生です。最近の韓国との貿易赤字の解消のカードとして在韓米軍の撤退発言からも分かるように、安保タダ乗り論を支えていた「アメリカの好意」の本当の姿を自ら露呈する米大統領の誕生です。

日本はうろたえるのではなく、国防に主体性を回復する好機と捉えなければなりません。

山尾　安倍総理は、不平等性のある日米地位協定を抱えている日米関係について「いや、私たちは得しすぎているのだ」と言う。この不平等な状態を「集団的自衛権にも踏み込むことによって是正しなきゃいけない」とさえ言う。逆ですよね。日本の総理がその論に立つというのはとても不思議です。

アメリカ側がそうした立場でものを言うのは国益を考えれば理解はできる。しかし私たちの国のトップが「むしろ我々が有利で向こうが不利だから、補う形で集団的自衛権を一部認めるのだ」と言うのは、諸外国だったら相当批判されるのではないか。日本は倒錯しているような感じがします。

伊勢﨑　その倒錯がもっと強くあるのは韓国でしょう。敵が直に隣にいますから。アメリカ本土から最も離れたところでアメリカの敵を抑える防波堤となる「緩衝国家《かんしょうこっか》」であるという意味において韓国と日本は義兄弟でありますが、日本は一呼吸置ける位置にいるのですからより冷静にならなければいけません。

しかし、誰よりも開戦を煽《あお》る発言をしているのが安倍総理です。緩衝国家としての自覚がないのでしょう。

†地位協定と両国の裁判権

山尾　安倍総理は日米地位協定についても、たとえば韓国やドイツなどのほかの国と比べて、とりわけ裁判権については「日本のほうが有利な面があるのだから、あとは運用改善でいいのだ。もう改定は必要ないのだ」という立場に立っています。

しかしあらためて韓国と比べても、たとえば公務外の起訴前身柄引き渡しでは大いに遅れをとっているのではありませんか。検事をやっていたので分かりますが、重大犯罪であればあるほど身柄を取れるかどうかが起訴できるかどうかに直結してきます。日本の国内で日本人が被害を受け、その被疑者が公務と無関係な他国人であるとき、必要があってもその身柄を押さえられないことが日本の主権をどれだけ直撃する問題か、ということです。しかし残念ながら日本の社会はそうしたことに鈍感な気がします。日本では殺人と強姦《ごうかん》についてアメリカ側の厚意で身柄を引き渡してもらえるときがある程度ですが、韓国は粘り強く交渉を重ね引き渡しを受けられる罪種を一二くらいまで増やしています。

伊勢﨑　確かに裁判権の個々の事例を拾って不利なものを検証することは必要でしょう。しかし韓国と日本を比べてもあまり意味がありません。世界的に見て日本と韓国だけがものすごく異常だからです。

前述のように現在アメリカが求めるのは地位協定の「安定」なのです。そのために反米感情をいかに抑えるかを試行錯誤してきた。その結果、辿り着いたのが「互恵性《ごけいせい》」(reciprocity)という考え方です。つまり、大使館を置き合う時に互いの大使館員に対して外交特権として認め合う訴追免除の措置と同じです。

山尾　でも日本とアメリカの間だと互恵性がないじゃないですか。日本の自衛官がアメリカに訓練に行き公務中に事件が起きたとしても、裁判権はアメリカにある。

伊勢﨑　はい。でも互恵性は、旧敗戦国ドイツ、イタリアを含むＮＡＴＯ地位協定で取り入れられ、冷戦後は旧ソ連圏の国々にも適応し、アジアの二国間の地位協定でもアメリカはフィリピンに認めています。アメリカ国務省は反米感情が高まって地位協定の再交渉に至ったときに、互恵性はカードに使えるとする公式文書まで出しているのです。そして、地位協定の交渉と運用は、日米間のように国防総省がやっているものもあり混乱するから、国務省の一括管理にせよ、とまで言っているのです。

†地位協定正常化の基本は「互恵性」

山尾　そこ詳しく教えてください。アメリカにおける国務省と国防省の綱引きの実態について。

国務省側は日米合同委員会に国務省を入れろと言っている。アメリカ国内でそうした交渉をしていますが、国防省側は「現状でうまくいってるし、そもそも日本がそれを求めてきてませんよ」と一蹴しているわけです。そして実際、日本側からそれを求めた形跡はない。その結果、今なお国務省からは一人だけ日米合同委員会に入り、あとはずらっと軍人、国防省の役人が並んでいるという異様な状況が続いています。

伊勢﨑　それは国務省としては絶対に面白くないはずです。なぜ軍がアメリカを代表しているのかと。占領統治が始まったばかりの軍政期ならともかく、被統治国が主権国家になったのだから国対国の「外交」の形になる。地位協定というのは外交文書ですし。どんな外交官でもそう思います。

山尾　「この状況はおかしい」と思っているアメリカの国務省と、カウンターパートとしての日本の外務省は、なぜその力を使い切ることができないのでしょうか。

伊勢﨑　かつて外務省幹部だった友人たちに率直な意見を聞いてみると、彼らも言われればおかしいと思うけど、なぜかそれを変えようとはしない。前述のように長い時間をかけて今の状態が「前提」として意識化されてしまっているからでしょう。

僕はソウルでの太平洋地域陸軍参謀総長等会議のような場で米軍幹部と「一般論」としての占領統治と地位協定について話す機会に恵まれていますが、その中で「先行事例」としての日米間に話を向けると、皆一様に目が泳ぐ。米軍でさえおかしいと思っているのです。
ある日突然起きる一つの事件が反米感情に火をつけ米軍完全撤退まで至るという最悪シナリオをアメリカはフィリピンやイラクにおいて実際に経験し、外交的失敗としているのです。日米関係にも同様のリスクがある。まともな米軍関係者なら、そう考えるのは当然です。でも被駐留国側が沈黙している中で、アメリカから先にカードを切るはずはないのです。

山尾　そうですね。

伊勢﨑　追求すべき点は互恵性です。つまり、アメリカ軍の受け入れ国側が、翻ってその軍をアメリカに駐留させた時、同じ地位協定上の特権を得る。「アメリカのすることは受け入れ国もできる」という法的な対等性をつくることです。これは、事故時の現地社会の不満のガス抜きにもなりますし、法的な措置としてできうる事故発生への最大の抑止力です。
互恵性ができたら、日本の一都九県に及ぶ「横田空域」みたいなものはその概念すら存在できないのです。だって、アメリカが本土でそんなこと許すはずはないでしょ。
互恵性を日本が求めたときアメリカがノーと言える理由はないのです。世界標準ですから。でも一つだけ、僕がもしアメリカの交渉官だったら追及する日本の弱点がある。

山尾　国外過失犯の処罰規定がないという問題ですね。

伊勢﨑　はい。自衛隊がアメリカに駐留、そして公務中に事故を起こしたとする。このとき、互恵性はアメリカに裁判権を放棄させ日本に裁判権を与えるのですが、果たして日本はこれを裁けるのか。日本には、アメリカというか普通の国には必ずある軍事過失を扱う法体系がない。互恵性は保てないですね、という話になる。このように日米地位協定を正常化するには九条二項の問題が直接かかわってくる。そうすると日本の護憲世論はどうなるか。

山尾　日本が中東のジブチと交わしている地位協定も問題になりますね。多くの国民は日米地位協定に不平等な点があるのではないかという意識は持っているかもしれない。しかし、ソマリア沖での海賊対策を理由に自衛隊が海外で唯一「基地」を置いているジブチと日本との間の地位協定で、日本が逆に無責任に有利な協定を持ち続けていることをほとんどの国民は知らない。

仮にジブチで日本の自衛官が過失で交通事故を起こしたとしたら、ジブチから裁判権を放棄させておきながら、日本は自国の自衛官の過失について責任をもって裁く法体系を持っていない。無責任な法の空白を日本が自ら作り出し放置している。

このあまりに無責任な不平等性の問題をきちんと説明すれば、日本の国民は理解できるはずです。自国の主権を回復し他国の主権を尊重するためには、フェアな互恵性を実現しなければならない。その前提となる法整備を可能にするための憲法改正ということも正面から問うべきだと思っています。

伊勢崎　僕が親しくしている護憲派の論客たちも、地位協定にかかわる日本の被害者性と加害者性の矛盾はちゃんと分かっていますよ。でもそれを突き詰めると憲法九条二項の問題と直結するため、言及を避けているというだけです。

沖縄で事件が起きるたびに地位協定を改正しろという声が上がる。だがいったい何を改正するのか。米軍及びその関係者の検挙率を韓国並みにすることなのか。それならば「改正ではなく運用で」という話になってしまう。あるいは一気に「米軍基地反対」に落ち着いてしまう。だから今まで何も変わらなかった。世界標準は激変しているというのに。

互恵性とは、地位協定という「軍事」を扱う外交文書でアメリカと対等になることです。これは「軍事」を排除する護憲派にとってどういうことなのか。そこで思考はストップしてしまう。

†憲法に穴を開ける地位協定

山尾　改憲したくないがために地位協定の改定議論を封じ込めてきたという構図ですね。憲法と地位協定の議論はセットなのです。私もこの地位協定の問題に目が覚めたのは憲法改正を真剣に考えたときです。憲法三二条には「裁判を受ける権利」がある。しかし日米地位協定によって、被害者側は自国の公正な裁判を通じて真実を究明する権利そのものが奪われているのが現実です。
あるいは憲法二五条では「健康で文化的な最低限度の生活」が保障されている。しかし、日本の住宅地を米軍機が爆音を響かせて低空飛行しています。米軍機には日本の航空法の適用は免除されていますし、騒音被害の軽減や住民の安全確保のために米軍機の低空飛行訓練について政府間で一定の「合意」をしても守られておらず、守らせる権限は日本にありません。「お願い」や「申し入れ」を続けることしかできません。
憲法でいくら国家権力を統制し人権を保障しても、別の権力主体が存在すればその保障には穴があく。こうしたことを正面から考えると、憲法と日米地位協定は両輪で同時に改正・改定を考えていかざるをえない。
伊勢﨑　そのとおりです。
山尾　どちらが先かという前後論がありますが、私の同僚で面白いことを言った議員がいました。「日米地位協定は相手（アメリカ）があることだけど、憲法は日本国民の意思で変えられる」と。
伊勢﨑　それはそうかもしれません。
山尾　そうであるなら憲法を変えるのが先ではないかと言うわけです。憲法を国民の意思で変えたことをもって、地位協定改定の交渉に使っていくという考え方もある。ただ浮かび上がる課題はまったく同じなので、同時並行でやっていくべきだと思います。

伊勢﨑　日本国内の「思考停止」の根は深いですよ。考え方によってはアメリカを扱うほうが簡単かもしれない。憲法を変える手続きより、相手との交渉で済む外交文書を変える手続きのほうが簡単なはずですから。

日本の軍事過失を扱う法体系の不在と日本の刑法の国外犯規定がネックとなる「裁判権」の互恵性は置いておいて、基地の管理権・環境権についての互恵性を交渉することは十分できます。どちらも触ることをタブー化されてきた憲法と地位協定で、まず後者から崩すという戦略が現実的かもしれません。どうでしょう。やっぱり「同時」が理想で、国民的議論はそうあるべきと思いますが。

†「立憲的改憲」という選択肢の希望

山尾　憲法問題の思考停止という病については、憲法の議論を四択にすると希望が見えてくると思います。

「護憲」、自衛権制約の「立憲的改憲」、「自衛隊明記」の安倍加憲と「九条二項削除」の石破案です（二六六頁図を参照）。「護憲ではないけれど安倍加憲はおかしいかな」と思っている人に、立憲的改憲という選択肢を示せばそこに着地してくれる人はいるはずだ、と私は希望を持って考えています。

伊勢﨑　「安倍加憲みたいなもの」が出てきて何かしら選択しなければならないとなれば、とりあえず安倍加憲にはノーと言わなければならない。そのノーは護憲のためではなくて、あくまでも「立憲的改憲のために安倍加憲にノーと言う」世論を作っていかなければいけない。そこには合意が必要です。国民投票で安倍加憲にノーを突きつけたとしてもそれは「護憲」ではないという合意です。

山尾　とにかく憲法の文言は変えないという護憲の立場から安倍加憲にノーを言う人がいる。自衛権の範囲や行使の手続きを憲法で統制する立憲的改憲の立場からノーを言う人がいる。矛盾解消のために二項を削除し集団的自衛権をフルスペックで認めるという二項削除石破案の立場からノーと言う人がいる。これらのノーが結集し今回の安倍加憲をいったん終わらせる。そこから改憲論議の第二ラウンドがスタートする。これが一つの理想形です。

伊勢﨑　そうするには少なくとも立憲民主党が一つにならなきゃいけない。戦略も具体的に考えていかなければいけない。親しくしている護憲派の憲法学者も政治家と同じでポジショントーク、もしくはジブチの矛盾のように都合の悪いものは沈黙したりする。「護憲」の矛盾をこれ以上追及しても殻を閉ざすだけで埒《らち》があかないし、何とか笑顔を作って合意形成したいと思っていますがこれが難しい。

山尾　少し説明の仕方を変えましょうか。政治家や憲法学者を動かすのは、最後は一般市民です。一般の方たちは政治家や学者のようなポジショントークをする必要がないし、変わることを恐れない。護憲だったけれども最近考え方を変えたという人と大勢出会っています。

　今までは九条を守ることが日本の平和だと思ってやってきた。しかし九条があったのに安倍総理が出てきて安保法制は成立してしまった。憲法が悪いわけじゃないけれど、それでも憲法を変えなければその憲法の価値が守られないかもしれない。それなら自分の考え方を少し変えなきゃいけない。市民運動をずっとやってきたであろう女性も男性も年配の人も、そうした人が増えてきました。

　やはり一番の願いは護憲派の人たちと「ここは一緒だね」という合意や共通点を見いだしていこう、ということ。政治家と学者には「市民が変わった」というエクスキューズを与えないと、彼ら彼女らは変われない。

伊勢崎　市民レベルで同時にできる作業として、例えば日韓の協力があると思う。アメリカの緩衝国家義兄弟同士の協力です。先に触れた朝鮮国連軍地位協定の問題を核心に。親米・反米を超えた、朝鮮半島の安定のための「地位協定の正常化」を目指した日韓の議員連盟のようなものを、市民と連携しながらぜひ山尾さんに率いてもらいたい。

†自衛権の範囲

山尾　もう少し九条の話を続けてもいいですか。日本の自衛隊が主権国家の実力組織として適切に存在し、国際法体系の適用を適切に受ける必要があるのはそのとおりです。しかしそのために、かつての自民党憲法草案（二〇一二年発表）のように「国防軍」と名乗る必要は全くありません。また現在の安倍加憲案のように「自衛隊」と憲法に書いたとしても、何も解決しません。

ポイントは自衛隊が行使すべき自衛権の範囲を国民意思で定め、その範囲や手続きに関する本質的要請を憲法に明記することです。そして、その範囲において自衛権は「交戦権」であり、その自衛権を行使する自衛隊は「戦力」であることを認めるべきです。あわせて、その範囲を超える自衛権は憲法上認められない「交戦権」であり「戦力」であることも明らかにするべきです。

この憲法上許容される自衛権の範囲として、私は「個別的自衛権」に制約すべきだと思っています。伊勢﨑先生はさらに、地理的な制約まで憲法上明記していくことも検討されていますね。詳しく教えてください。

伊勢﨑　戦後ずっと国民の意識の中でタブー化されてきたものを変えるためになるべく平易な

説明を心がけなければならないときに、どこまで細かいことを言えるか模索しているのですが、まずその「個別的自衛権」という概念について。日本では、どこか「集団的自衛権」よりも安全なものだという印象でしょう。

山尾　自国が攻撃されるなら致し方ないが、自国が攻撃されていないのに戦争をすべきではないし、怖い、というのが一般的でしょうね。

伊勢崎　それ逆ですから。個別的自衛権のほうが怖い。アフガニスタンで始まった対テロ戦をはじめ、現に戦争の口実として一番大きいのは「個別的自衛権」ですから。個別的自衛権で地球の裏側まで行ける。集団的自衛権は、応戦する前に相談する相手がいるので一歩置くことができる。だからより冷静になれる。そうした意味で戦後ドイツは、自らの判断だけでやってしまう個別的自衛権をお仲間との集団的自衛権で封じこめる選択をしたのです。

一方で、お仲間の意思に「ノー」と言えるのが主権国家の集まりである同盟です。ドイツはアフガニスタンには当初から参戦したが、開戦の正義に疑惑のあったイラク戦は「ノー」とした。

米朝開戦で北朝鮮の報復をもろに受けるのに、アメリカの出撃に「ノー」と言えない日本には、そもそも国防を主体的に考える個別的自衛権さえないのです。集団的自衛権は、主体的な個別的自衛権を行使できる主権国家に国際法が許す権利ですから、日本にはないのです。これを言ったらおしまいですが、国防のためにアメリカに「ノー」と言えるのが世界標準なのです。

山尾　「ノー」という意思もなければ、「イエス」「ノー」を判断するための情報収集能力もないのではないでしょうか。

†国防を決するのは「気持ち」

伊勢﨑　アメリカが朝鮮有事で戦端を開いたら、朝鮮国連軍地位協定と日米地位協定で日本は自動的に国際法上の「交戦国」になる。それを考えたら、二〇一五年の安保法制は野党が騒ぐほど大した問題ではないのです。

山尾　個別的自衛権が侵略戦争の口実に使われる現実があることは分かります。しかし、私は日本という国が近い将来、個別的自衛権の名の下にいわゆる侵略的な戦端を開くような国になるとは思いません。むしろ「ノー」と言えない現状において、集団的自衛権の一部を認めることは「巻き込まれ」を押しとどめる力を自ら手放すことになるのではないかと思う。

　集団的自衛権と集団安全保障の境目がほとんどなくなってきているときに、集団的自衛権の軍事的行動を認めると、集団安全保障でも軍事的な行動へとどんどん広がっていくのではありませんか。今の日本が自衛権や集団安全保障を含めて、真っすぐなラインは引けないけれどもどこかで一定の線を引くとしたら、個別的と集団的というこのラインが適切なのではないかと思うのです。

伊勢﨑　自衛のためだけに交戦する主権国家として、個別的自衛権だろうが集団的自衛権だろうが集団安全保障だろうが、日本の外に「戦力」は一歩も「出さない」と言えばいい。それだけでいいのです。自衛隊は必要最小限の実力組織だから「戦力」じゃない、という国際法に抵触するとんでもない解釈に終止符を打ち、「外に出さない」。それだけの話。

山尾　「外に出さない」というのは一つの選択肢だと思いますが、課題がありますよね。つまりこれまでは憲法解釈上、敵基地攻撃能力は一定の場合には個別的自衛権の一部として認めうる余地を残し続けてきた。一切「外に出さない」というのはこの余地をなくす、この可能性を封印するということですね。

　ここで問題になるのは、アメリカの先制攻撃により戦端が開かれたとき、その報復を受ける危険があるときにまで敵基地攻撃の可能性を全面的に封印してよいのか、という議論です。軍事的一体化が進みアメリカの先制攻撃により当然のように報復対象となりうる日本、という構図を変えないと「外に出さない」宣言は厳しくありませんか。

伊勢﨑　国防というのはある意味「気持ち」なんです。

山尾　気持ちに働き掛けるわけですよね。

伊勢﨑　先制攻撃をしないということは、絶対に、何をされても、外に出さないということですから、これを高らかに謳《うた》いあげる。これは白旗をあげることではありません。「この国はもし侵略したら大変なことになる、死ぬまで戦う民族だ」という「凄味《すごみ》」を抑止力とするのです。先制攻撃をしないという宣言で、相手の覚悟、つまり「こんな国を攻めるのか」という国際世論を敵にする覚悟に訴える。

これは保守勢力に言いたいのですが、日本の領海領空領土を脅かす敵が現れたとして、その際必然的に起こる「戦闘」での誤射・誤爆。例えばその戦線が隣国と係争中の領海で、その敵の真横に敵所属の民間船や民間施設があって、自衛隊の一撃が当たってしまったら？

こういう軍事過失すなわち国際人道法違反を審理できない、つまり「撃った後」に責任を持てない国家は、法治国家であるならば単純に撃てないのです。アメリカの言われるままにどんな高価な武器を買い込んでも、撃てないハリボテなのです。北朝鮮への先制攻撃や敵地攻撃なんて勇ましいことを軽々しく言うべきではありません。

だから、現場の自衛隊は一度も撃っていないのです。安保法制以前でも防衛出動は可能でしたが、「空」のスクランブルは別として、一度もやっていないのです。でも国際法との齟齬《そご》を何も是正することなく、ただ現場の自衛隊に「もっと撃て」という政権が現れた。この一点のみで、僕は安倍政権の安保法制に反対したのです。

「先制攻撃しない、撃たれても撃ち返すのは領海領空領土内だけ。それも徹底的に」と高らかに諂い続けること、これに勝る抑止力はないのです。「緩衝国家」にとっては、特に。

山尾 そうだとすると「アメリカの先制攻撃は日本とは無関係だ」ということを明確に政治が言い、それを諸外国が信じるという状況を作らないといけない。

伊勢﨑 そうです。アメリカが在日米軍基地を使って他国を攻撃することをさせない、という「主権」で、地位協定を「正常化」することは必須です。それは、緩衝国家として生き延びる唯一かつ始めの一歩なのです。

†憲法を守らせる仕組みとは

山尾 話を進めると、常に日米関係の再構築というテーマに行き着く。それは言うほど簡単ではないが、しかし本気でやろうとしたこともないのでしょう。現実的な契機としては、一つは政権交代、もう一つは憲法裁判所の利用ではないでしょうか。

二〇〇九年民主党政権に代わったとき大きな契機になるはずだった。政権が代わったので「これまでと同じだと思ってもらっては困る」と言えたはずだし国民もそれを期待した。しかしその大きな推進力をまったく使いこなすことができなかった。だから横目で「もう一度政権交代」というチャンスを見据えながら、今やれることをやっていくということが大切になります。

そしてもう一つ。憲法裁判所というグローバルスタンダードになっている仕組みを作ることで統治行為論を乗り越え、政治的なものであっても、法律や政治の振る舞いが憲法に合っているかどうかを判断できるようにしなければならないと思います。

伊勢﨑　なるほど。

山尾　これは外交の一つのツールにもなる。憲法裁判所の判断を尊重するのは統治の大原則ですから、これをテコに相手側との関係性を変えるように働き掛けていくこともできるはずです。そうした意味でもこの憲法裁判所は、立憲的改憲の中でも大きな役割を占めていくと考えています。

伊勢﨑　統治行為論について僕は専門家ではないですが、ドイツとアメリカとで憲法裁判所の性質は異なりますよね。アメリカの場合は外交とか外交協定、戦争の判断は裁判の対象ではないとしている。しかしドイツは違う。裁判所が全ての出兵に対して判断する。つまり、どのような憲法を持っているかによってポリティカル・クエスチョン・ドクトリン（統治行為論）は違ってくる。

アメリカは「戦争をしない」という憲法を持っていない。だから戦争の判断やそれに関連する協定、条約に関してはいわゆる統治行為論によって判断を避ける判決があり得る。しかし日本の場合は戦争をしないという憲法を持っている。そこで日本の最高裁が統治行為論を持ち出すというのはちょっと理解できない。

山尾　いわゆる統治行為論を用いたものとして有名なのが「砂川事件」ですよね。米軍駐留を認める日米安保条約の合憲性が問われたこの事件で、地裁は九条二項違反として違憲判決を出しました。しかし、最高裁は「高度の政治性を持つ問題については、一見してきわめて明白に違憲無効と認められない限り、裁判所は違憲かどうかの法的判断を下すことはできない」という理屈で憲法判断から逃げたわけです。

その後、機密指定を解除されたアメリカ側の公文書の分析が進み、地裁判決を最高裁で覆す過程において、当時の駐日アメリカ大使が外務大臣や最高裁長官に対し直接的かつ強力に働きかけた事実が明らかになっています。

現政権が二〇一五年の安保法制のとき、アメリカの越権行為を基に下された砂川判決の理屈を使って、アメリカの戦争に追随していく端緒を開く安保法制の合憲性を基礎づけたというのは、こうした経緯を踏まえると倒錯しているようで一貫している。

伊勢﨑　なるほど。

山尾　憲法による統治を実効化するためには、「統治行為論」という逃げ道をふさぎ、内閣から独立したメンバーによる憲法判断を担保することが必要です。つまり内閣の人事権から離れた中立性を持つ裁判所が、具体的な事件性がなくても、法律や内閣の行為について合憲性を判断できる仕組みを日本の憲法の中に埋め込むべきです。

例えば憲法に自衛権の範囲を明記した場合、実際の運用がその範囲に収まっているのか、はみ出しているのか。こうした判断ができなければ絵に描いた餅になってしまう。憲法の条文を変えるということと、それを守らせる判断の仕組みを作るということは、これもまた両輪で議論する必要があると思っています。

†密度の薄い「日本国憲法」

伊勢﨑　仮に憲法裁判所を作ったとして、その裁判所は統治行為論、つまりポリティカル・クエスチョン・ドクトリンを使えるのですか。

山尾　憲法裁判所を創設する以上、統治行為論で判断から逃げるのでは意味がありません。国家の行為や判断が憲法に適合しているかどうかという観点からこの裁判所が審査する。善悪を判断するのではなく、あくまでも憲法の範囲内に収まっているのか否か、範囲外であれば憲法を改正しなければできないと審査する組織です。

伊勢﨑　ドイツには統治行為論が存在しない。

山尾　ドイツの憲法はものすごく詳しく書いてあるんですよね。余白があまりない。政治問題でも、憲法に適合しているかどうかを細かい規定とともに判断できる。一方、日本の憲法は余白が大きすぎて合憲性を判断しにくいという特性もあります。だから必要な憲法判断を可能にする度合を見極めながら、一定程度憲法の密度を高めて物差しの目を細かくする作業を一緒にやらなくてはいけません。

伊勢﨑　日本の憲法って内容（単語数）が薄いんでしょう。

山尾　単語数でいうと、世界の憲法の平均が二万一千語、日本の憲法は四九八八語で約四分の一という研究結果もあります。

伊勢﨑　ちょっとどころじゃなくて、かなり密度を高めないといけない。

山尾　九条の問題でも、自衛権の範囲の統制だけでは済まない。国会からの統制、内閣との関係も整理する必要がある。憲法裁判所だけでなく、いわゆる防衛刑法・防衛裁判所も議論しなければなりません。財政からの統制という話も出てくるでしょう。自衛隊や自衛権の存在を憲法上可視化することの本質は統制の作業にあるので、「自衛隊」と三文字入れて終わることではありません。かなりの密度で憲法の中に統制する条文を入れ込んでいく作業を同時にやる必要がある。

同じことは自衛権以外でも例えば衆議院の解散権、臨時国会の召集権の話にも言えますし、人権分野でも議論すべき点は出てくると思います。

伊勢﨑　先が長そうですね。憲法裁判所を設置すれば済むという話ではないから。

山尾　裁判所はあくまでもルールに則って判断するだけですから、そのルールをまず国民の意思で明確にしていくこととセットでやらないと意味がない。

伊勢﨑　もう一つ疑問がある。憲法裁判所が下す判例はどのくらいの頻度になりますか。憲法裁判所が最も機能している国はドイツですか。

山尾　ドイツとフランス。あと韓国。韓国では一カ月に一・六件という頻度で違憲判決が出ているほどです。

伊勢﨑　韓国には米韓地位協定があるわけですから、憲法裁判所には憲法裁判所なりの統治行為論があるということでしょう。

山尾　米韓地位協定を韓国の憲法裁判所がどう扱っているかということですよね。

伊勢﨑　憲法裁判所には統治行為論はない、と一概には言えないのではないでしょうか。

山尾　重要な指摘です。調べてみます。

†違憲判断をテコにして

伊勢﨑　リーガル（法的な）クエスチョンかポリティカル（政治的な）クエスチョンかという二者択一は、憲法裁判所ができたとしても存在し続けるのではないか。仮に憲法裁判所ができたとして、現行憲法下で日米地位協定が違憲だと提訴された場合、どのような判決が落としどころだと思いますか。

山尾　違憲だけど即無効にはせず、一定の期間を設定して少なくともこの点は改めなさいという判決があり得るのではないでしょうか。

伊勢﨑　「しばらくの間は戦争していい」ということですか。

山尾　いきなり無効だと言ったところで詮無《せんな》いことになってしまう。憲法違反だと宣言しつつ、政府や立法機関に猶予期間を与える判決は選択肢としてあり得ます。そして憲法裁判所でこのような判決が出ました、ということをテコに政府がアメリカと初めて本気の交渉を始める。その端緒を開く大きなきっかけになるのではないでしょうか。

伊勢﨑　なるほど。

山尾　つまり憲法裁判所に言わせるということ。条約については憲法裁判所が審査できないという国もありますがそうすると意味がない。日米地位協定は条約ですから。

伊勢﨑　だからその部分が憲法裁判所にとっての統治行為論でしょう。

山尾　今の日本の違憲審査制でも条約は解釈上入っています。憲法審査の対象ではあるけれど統治行為論で逃げたり、あるいは人事的な影響で及び腰になり判断を避けているという問題があるのです。

伊勢﨑　ロードマップ的に憲法改正を含めてどうなっていきますか？

山尾　二〇〇〇年代に日本で司法制度改革が実施され始めたときには、憲法裁判所を入れるべきだという意見があったのです。それをきっかけに最高裁が憲法判断に多少積極的になった時期がありました。最高裁としては、自らの権限を奪われるような憲法裁判所の議論を忌避するためという動機があったのだと思います。しかし結局現在に至るまで、憲法裁判を活性化し立憲主義を強化するという目的からは程遠い場所にいるわけですね。

　いま安倍政権に対する評価は様々であれ、憲法が守られていないとか憲法が軽んじられているという問題を社会が感じ始めているときに、ではどうすれば憲法を守ろうとしない政権に守らせることができるのか、具体的な議論が必要になっています。

伊勢﨑　いろいろなことにセットで取り組まなくてはいけないですね。日米地位協定もそうだし。

山尾　すべてが同じ憲法の問題なのです。

伊勢﨑　結局は、主権国家としての日本の「形」の問題ですから。

山尾　全部つながっています。運動論としては分かりにくくなってしまう懸念もありますが地位協定、憲法の問題、そして憲法裁判所、という三つの問題は確実につながる。

†「自衛隊」と書くこと

山尾　三つのつながりは確実なのですが複雑なので、国民に説得力をもって説明しないと、「自衛隊を書く」という一見とても単純に見える安倍総理の提案へとむしろ話を持っていかれてしまうのではないかという懸念もあります。でも複雑な問題を単純に解決できるわけがないんです。

伊勢﨑　自衛隊を追加項で明記する改憲案がもし可決されたら七〇年ぶりに日本の憲法が変わるわけだから、海外メディアも報道するだろうし政府は同時に正式な英訳も出さざるをえないでしょう。

国連憲章を中心に国際法で保持を許されている陸海空のフォース（Force）は、すべて自衛Self-Defenseのためです。憲法九条二項ではこの「フォース」を全て放棄している。安倍加憲ではこれを維持し、なおかつこれに基づきながら、追加項で自衛隊つまり「Self Defense Forces」を保持することになる。海外の視点では、なんのこっちゃという話になる。

山尾　本当にそうですね。

伊勢﨑　自衛隊の正式英語名称を「セルフ・ディフェンス・グループ」に変えるとか？

山尾　あるいはカタカナで「Jieitai」とか。

伊勢﨑　それはあり得るね。昨年、この安倍加憲が国内ニュースになったときに日本海外特派員協会から講演依頼があったのです。英語で日本の憲法問題を理解する彼らには全くわけが分からないから、英語で解説してくれと。でも英語でプレゼンをつくっているうちに、僕自身アホらしくなってきて。こんなアホな改憲案、本当に公表するつもりなのか、と。

山尾　本気でやるつもりですよ。安倍政権は国民はアホだと思っていますから。単純なことしか分からない国民をアホらしいほど幼稚な説明でだますのは簡単だと思っているのではないですか。国会の答弁を聞いていても、全く理屈が通らない。通そうという気がない。自衛隊は今も合憲であり、改憲案が可決されても否決されても合憲であり、そう言いながら違憲の疑いをなくすための改憲と言い通すのですから。

伊勢崎　でも誰のせいかといったら安倍さんのせいでもない。歴史的に、護憲派を含むみんなのせいでしょう。日本共産党でさえ、国民が総意として自衛隊を違憲と思うまでしばらく合憲と言っているぐらいで、安倍加憲はそれを明記するだけですから。

安倍加憲がもたらす意味

山尾　もともとは交戦権否認と戦力不保持を定めた九条二項と自衛隊の存在や行為との齟齬が違憲の疑いの源です。違憲の疑いを払拭《ふっしょく》すると言いながら二項を維持して「自衛隊」を明記すれば、違憲の疑義は払拭どころか固定化されます。ましてやその憲法を英訳すれば、さっき伊勢崎先生が指摘されたとおり矛盾がそのまま浮き彫りになり、国際的にも「日本の憲法って何なんだ」という話になる。

問題はさらにそこから先です。憲法で自衛隊に太鼓判を押したことについて、例えば韓国の一部や中国の一部、北朝鮮がどういう反応をするのか。慰安婦問題や領土問題についてもどのように国際世論を作っていくのか。そういう問題が当然出てくる。

伊勢﨑　戦後七〇年、初めてやる憲法改正がこれかよ、という話。

山尾　こんなばかなことすると思わないから、何か意図があると勘ぐることになる。各国はその意図を推理したり邪推したり利用したりもするでしょう。これだけ不安定な国際状況に、さらに悪影響をもたらすと思う。あるいは何かいい影響はあるのでしょうか。

伊勢﨑　ないですよね。邪推というのはまさにその通り。あまりにもアホなので、何か裏があるのかと自然に思わせてしまうでしょうね。

そうは言っても安倍さんだけを責めるわけにもいかない。これまで旧民主党政権を含む歴代の政権は「解釈改憲」を積み上げて、国際法との抵触を広げ続けてきたのですから。

僕が知る心ある元自衛隊幹部経験者の多くは「安倍加憲」に問題ありと思っていても、「護憲」との二者選択を迫られたら、「変化」のためだけに前者の支持に向かうでしょう。安全保障に精通していて安倍政権に対して冷静な批判能力がある専門家層だけでなく、「護憲」への閉塞感から安倍加憲を第一歩と考える一般の浮動層は確実にあるでしょう。このままでは確実に負けると思います。
もし立憲的改憲で野党がまとまらず「護憲」で対抗することにして国民投票に突入したら、僕自身も安倍加憲に投票するかもしれませんよ（笑）。

山尾　それは聞きたくなかった（笑）。

†改憲派の切り崩しで勝つ

山尾　この先二〇一八年秋の臨時国会で「決めるときは決めなきゃいけませんから」などと言って発議する可能性もゼロではありません。二〇一九年は天皇陛下の退位があり、四月には統一地方選挙がある。ドサクサに紛れて二〇一九年の年明けに国民投票をやります、という日程も最速シナリオとして安倍総理の念頭にはあり得ます。そしていざ国民投票となれば「自衛隊を書くだけ」案が内包している問題点などほとんど広まっていませんから、可決される可能性はそれなりに高い。そうだとすると発議をいかに躊躇《ちゅうちょ》させるかに今は注力した方がいいと思っています。

伊勢崎　なるほど。

山尾　安倍総理が発議を躊躇するとしたら、それは護憲派の人たちのボリュームが高まることよりも、自分の足元の改憲派の人たちが「安倍加憲は中途半端だ」「私たちの求めている改憲はこんなものではない」ということに気づき揺さぶられることだと思います。

伊勢﨑 それには、安倍加憲の提案は七〇年間ずっと続けている矛盾をやっと変える一歩としてまだマシであるという人たちに響く提案をしなければなりません。

実は安保法制もそうだったのです。それまで何とか「解釈」でぎりぎりやってきた。小泉政権の時のインド洋給油活動なんて、国際的に見たら軍事同盟NATOの下部作戦に加盟国でもない極東の島国が参戦した立派な集団的自衛権の行使ですからね。それを追認したのが安保法制だった。

まあ、洋上のガソリンスタンドが弾薬まで扱えるコンビニに昇格するぐらいで実はどうということはないのですが、「解釈」という〝詐欺《さぎ》〟より法令化の方がマシと捉え、アメリカ追従でない日本の安全保障を冷静に考えられる奇特な専門家層がいて、この層は確実に存在し影響力があるのです。

山尾 そういう層への説得力を持つためには、安倍加憲での発議を止めた後に立憲的改憲ができるんだということを見せなければいけない、という指摘ですね。

伊勢﨑 それがなかったら、そういう人たちは絶対ついてこない。安倍加憲に反対する我々が「護憲ではない」もう一つの方向に強く舵《かじ》を切らないと、彼らはついてこない。

現在、自民党の改憲案は自衛隊を明記することに拘《こだわ》っているように見えますが、最終的な妥協案への糊代《のりしろ》とも考えられる。自衛隊を明記せず「前項にかかわらず専守防衛の必要最小限の実力組織を保持する」みたいなシンプルなものに落ち着いたら「九条もそのまま。いいじゃん」と国民の大半が流されるでしょう。「護憲」では絶対に勝てない。

山尾　だからまず「こういう選択肢がある」ということを世に知らせなければいけない。選択肢を四つ、護憲・立憲的改憲・安倍加憲・二項削除石破案と提示し、それぞれの内容が正確に伝われば、国民の感覚に最も近いボリュームゾーンは立憲的改憲ですから。

安保法制と違うのは、改憲には国民投票がある。国民の動きは最後の最後まで見えない。だから安倍総理も怖いはず。そこを揺るがすのが私たちです。「安倍加憲には反対」という幅広い層の人が採れる選択肢をより多く用意しておく必要がある。

†「主権」について考えるとき

山尾　憲法の問題も地位協定も、結局は自分のことを自分で決めるということができていない。そこに尽きます。実際七〇年間でいろいろな矛盾が生まれ、ウソを重ねてきた。それをそのまま表現したのが安倍加憲なのではないかと思えてくるのです。

伊勢﨑　全くその通りです。

山尾　「日本に本当の主権はあるのか」という問いかけをし、その主権を回復するために日米地位協定と憲法を変える必要があるということ。そして安倍加憲はむしろ、さらに主権を手放す加憲だということを丁寧に説明することですね。

伊勢崎　不謹慎であることを承知で言いますが、オスプレイが都内に墜落すれば一番分かりやすい。

山尾　国会議事堂の真上に落ちたのに、国会議員も総理大臣も事故現場に入れない、という事態を目の前にしてようやく「主権」の意味に気づく。

伊勢崎　そう。七〇年間の思考停止に気づく。

イギリス領だったインドは独立して独自の憲法をつくりあげ、その発布から一年後に最初の憲法改正をしたのです。世界で一番〝分厚い〟と言われているインド憲法は表現の自由を高らかに保障していますが、その「乱用」について改正したのです。宗教やカースト間の排外主義を煽り犯罪を誘発するような表現を、改憲で制限した。

山尾　インド憲法の単語数は一四万六三八五で、世界一。今の指摘は、表現の自由の敵に表現の自由を与えるな、という改憲ですね。日本もサンフランシスコ講和条約などのタイミングで憲法が変えられたかもしれないし、変えるべきだったとも思います。

とはいえ、いまできることをやるしかない。いま伊勢崎先生が野党議員だったらどう行動しますか。

伊勢崎　現場に行きます。自衛隊がいる海外の現場に。与党議員は行っている。

山尾　野党も行かなきゃだめですね。

伊勢崎　現地訪問にあたって日本の外務省の便宜供与を受けても、官僚に干渉されないように僕のような専門家を同伴するなどして相手政府の要人や国連の幹部に会えば、「解釈改憲」の矛盾が手に取るように分かるはずです。

山尾　きちっと伝えに行かなければ。ジブチへ。

伊勢崎　日本には「過失」を裁く法体系自体がないことをちゃんと伝え、ジブチ政府の反応を見ればいいのです。ついでに現地の「野党」とも話したらいい。そして帰国し国会で問題にする。それだけです。それだけで日本は変わります。

山尾　行きます。韓国の憲法裁判所にも行かなければ。

†軍事力ではない貢献のあり方とは

山尾　あと一つ。非軍事的プレゼンスによる集団安全保障への貢献の話です。「ほかの国は軍事でみんなの危機をみんなで乗り越えようとするのに、日本だけ軍事はやらないというのが通用するの？」という話です。通用するどころか、むしろそれが必要とされているということを説得的に語るべきだと思うのですが。

伊勢崎　ＰＫＯのように国連が国連憲章第七章を根拠に軍事行動を決議する時は、全加盟国に対して軍事力を提供せよと言っているのです。集団安全保障です。そうしたときに「日本だけが軍事力を出さない」と例外をつくることは、国連という組合の加盟国を統制する「罰則のない強制力」を損なうものと考えられますから、国連外交上の原則としてあり得ません。

　しかし運用において、日本は他のことで頑張っているから兵力を出さなくてもいいという雰囲気を作ることは可能です。ＰＫＯにおいては結果的に、兵力提供は発展途上国が主体になっているのです。国連償還金という提供した兵力に応じて派遣国に国連から支払われる外貨が必要な国々です。ＰＫＯへの部隊派遣は、先進国はもうほとんどやりませんが、もちろんそんなこと明文化できるはずがありません。日本は自衛隊の部隊派遣ではなく、象徴的に文民警察や非武装が原則の軍人で構成される軍事監視団を送り国連外交の「顔」をつくりながら、しっかり国連ＰＫＯ活動を資金援助でサポートする。誰も文句は言わないはずです。

　蛇足ですが、ＰＫＯは国連の「集団安全保障」です。日本共産党が言っているようなＮＧＯによる貧困対策で代替できるようなものでは到底ありません。それはそれで日本社会として粛々《しゅくしゅく》とやればよろしいですが。

山尾　国連加盟にあたって法理上、兵力提供を留保できないのでしょうか。

伊勢崎　日本は九条があるから自動的に留保しているはずだとか、いや、どの国連憲章条項も特定し留保することなく国連に加盟したとか色々言われていますが、結果として今日まで施設部隊という日本的にはそうでなくても国連的には兵力と見なされるものを出してきているわけですから、国連憲章を全面的に受け入れて行動してきたと考えるべきでしょう。それで今改めて兵力提供を示唆する国連憲章条項を指定して留保するかということですね。

山尾　突然の留保は現実味に欠けますから雰囲気作りあるいは事実上の許容のもと、まず兵力提供とは異なる平和構築分野での貢献実績を積み重ね、最終的に法的な手当てとして留保するという方法もあるのではないか、と。

伊勢﨑　日本にとっての集団安全保障へのビジョンの選択肢の一つとして、俎上《そじょう》に載せて全然構わないと思います。そういう議論をしてほしいのに、現場の集団安全保障のニーズというより、いつでも一派遣を絶やさない国内向けのチマチマした部隊派遣の実績づくりばかりやっている。

中国はいまＰＫＯ大国になっています。最初にＰＫＯの経験を積み始めたのは文民警察官の派遣です。今は大部隊の主要提供国として司令官ポストまで占めるまでになっています。日本が部隊派遣を張り合ってもしょうがありません。日本は日本独自の貢献の形を模索するべきです。

その一つに、前述の軍事監視団があります。いま国連ＰＫＯは「住民の保護」のために急速に好戦化しています。同時にこれは国連ＰＫＯの本来の姿であった「中立性」が失われてきているということです。中立性を活かした武装解除の説得や和平交渉がやりづらくなっているのです。そんな状況で、国連ＰＫＯの部署の中で唯一中立性を担保しているのが軍事監視団です。日本のお家芸にするべきです。

山尾　よく分かりました。説得力ある日本の進むべき道だと思います。国益と国際社会の共通の利益にかなう、日本独自のＰＫＯでの国際貢献の形を追求していくことが現実的な選択肢である、と良識ある方々に理解されるよう私もがんばります。ありがとうございました。

（対談日　二〇一八年三月五日）

第 5 章

求められる統治構造改革2.0

曽我部真裕×山尾志桜里

【対談者紹介】
曽我部真裕（そがべ・まさひろ）
一九七四年生まれ。京都大学大学院法学研究科教授。憲法、情報法を専攻。京都大学法学部、同大学院法学研究科、司法修習生等を経て現職。放送倫理・番組向上機構（ＢＰＯ）放送人権委員会委員も務める。著書に『反論権と表現の自由』（有斐閣）、共編著に『古典で読む憲法』（有斐閣）、『憲法論点教室』（日本評論社）など。

†憲法をめぐる新たな視座

山尾志桜里　まずは率直に、憲法改正の議論の作法を伺いたいと思っています。護憲対改憲という旧来の構図を超えて、現実的な問題解決型の憲法改正議論をしたいという思いは私自身ずっと持っています。

選挙の際に各メディアから政策や持論についてのアンケートが山のように届くのですが、その設問の中には「改憲に賛成か反対か」と問うものがあり、この発問はあまりに雑だろうと思うわけです。それでも国民の皆さんに自分の考え方は伝えなければと、たとえば「九条については個別的自衛権に範囲を限定し、手続的統制も明記する」と丁寧に書いても、なかなか紙面に反映されない。憲法論については国会の議論もメディアの取材も未熟で、国民も本質的な情報を入手しにくい状況が続いています。国民の多くが、護憲にも改憲にも自分の立ち位置を見つけられない不幸。

護憲対改憲の二元論を今こそ乗り越えなければいけないと思うので、同年代の憲法学者の曽我部先生と具体的な解決策を議論したいと思っています。

曽我部真裕　山尾さんが提起されている方向性は「立憲的改憲」とのことですが、改憲論というのは常に立憲的でないといけないという大前提があります。だからそのコンセプト自体には賛成です。むしろ「立憲的改憲」という言葉が特異に、新鮮に響かないような状況になることが改憲の本来あるべき姿です。わざわざ立憲的と断らなくてもいいような状況が望ましい。

今おっしゃったアンケートのやり方というのは、それはそれで一応理由があった。旧来の憲法の議論の仕方そのものを反映させている。今までは憲法を変えるか変えないかということがまず大事で、中でも特に九条をどうするかというのが唯一の関心事だったわけです。ずっと議論されているが、ずっと解決されないので、ずっと残っている、という状況だと思います。

しかし、憲法の問題というのはそれだけではないということにも関心を広げていかないといけない。今までの構図を分析すると、日本国憲法というのは非常に完璧な理想的な憲法なんだという思いを持っている人が一定程度いる。それに触ろう、変えようとしている邪悪なやつらがいる。前者の人たちにとっては、本当に日本国憲法は理想なのか、相対化したり、距離を置いて考えていく必要があるのではないか。逆の立場に立てば、今の憲法は占領軍に押し付けられたものだから憲法そのものが邪悪なものだというが、本当にそうなのか。まず、こうした極端な見方でよいか見直していく必要があると思います。

山尾 ではその先に、国民の皆さんにどういう問いを立てるのが適切なのか。私は、憲法改正というのは憲法典改正に限られず付属法あるいは法を運用する規則も含めて、場合によっては条約も含めて、憲法の構造そのものがまず俎上《そじょう》に載せられるべきではないかと思います。

それは九条論だけではなくて九条も含めた統治のさまざまなメニュー、場合によっては人権のメニューというのも当然議論されるべきでしょう。それらも含めた広い視野、新たな視座を国民の皆さんに持ってもらいたいなと考えています。

「視野を広げる」と一概に言っても、一気に理解が深まるかというと難しい。どういった形で憲法改正のメニューや順序を国民に提示していくのがいいのか、悩ましいところです。

†「身近な憲法」をどう伝えるか

曽我部　人間は自分と全然関係ないことには関心が向かない動物なので、自分たちと距離の近い問題に憲法がかかわっているということを知ってもらうことから始める。

ねじれ国会の問題で首相が毎年のように代わっていた頃がありましたが、その背景には憲法の仕組みがあった。また、いろいろな個別の人権問題で、最高裁判所がどうしてこういう判決を出しているのかと関心を持つ。たとえば、夫婦は同じ姓を名乗るとする民法七五〇条は「合憲」と判断されています（二〇一五年一二月一六日、最高裁）。

こうした具体的な問題を思い浮かべ、それと憲法はかかわっている、どういうことが定めてあるのか、と関心を持つ。憲法の条文から先に入ると、抽象的理念の世界なので「別に私には関係ない」「触る必要はない」となってしまいますが、意外と自分から近いところにも憲法の問題は転がっているものです。

山尾　今新聞をにぎわしているニュース、あるいは政治家への素朴な疑問などが憲法にかなり密接にかかわっているということを知ってほしいですね。たとえば、頻繁に起きる衆議院の解散。「最近選挙が多いよね」「もう少し安定した仕組みになってもいいのでは」というような肌感覚は多くの人が持っている。

二〇一七年九月には、北朝鮮からミサイルが次々に飛んでくることを理由に「国難突破」のために信を問う解散だと説明されましたが、とても違和感がありました。解散とは、国会で不信任とされたから国民に問いたいとか、前回の選挙では論点にならなかった新しい課題についてどうしても国民に問わなければならないとか、相当の理由があってはじめてなされるものではないのか。でも実は、憲法には解散理由を制限する明文規定がない。解散は制限すべきなのか、どの程度制限すべきなのか、その制限をどのように書き込むべきなのか、そういったことも憲法の問題なんだということですね。

あるいは、直近の話題では森友・加計問題。国民の知的共有財産である公文書が国家によって改竄《かいざん》されていた。憲法論において「知る権利」と名づけられた民主主義の根幹をなす権利を侵されないために、国民から国家への情報公開請求を強めるために、どういうルールを作っていくべきなのか。

新聞紙面のニュースと憲法とのかかわりを考え、そのためにどういう制度改正が必要なのか具体的に伝えていくことも必要だと思います。

†統治機構の位置づけ

山尾　身近な個別の課題や話題を切り口に、憲法と国民の距離を縮めていくべきというお話がありました。とはいえ七〇年間で積み上がった多様な個々の論点を前に、項目の整理や解決の順番、解決の手法をどのように考えていけばよいでしょう。統治のテーマも人権のテーマもある。喫緊《きっきん》の優先課題はなんなのか。そしてその課題を解決するために、憲法の条文を変えるのか、法律以下を変えるのか、手段も様々です。

曽我部　憲法の条文が包括的になるのは宿命なので、個別事案を全部念頭においた条文のつくりというのは難しいと思います。その意味では解釈運用が重要で、人権分野では判例も参照して考えていくことになる。アメリカの憲法では人権の条文はもっと少ないですが、いろいろな判例が形成されて、個別問題はそれで対応しています。

日本はなかなか憲法判例が展開しないので、条文でも解決せず判例でも解決せずという問題が残っています。

山尾　人権分野において個別課題を憲法条文ですべて解決することは望めないということは、

私もその通りだと思います。一方、統治の課題については、三権をバランスするために憲法の予定する制度設計を再検討して解決できる面もあるのではないでしょうか。

曽我部　憲法というのは大きく二つのことを定めていて、一つは国が何をしていいか何をしてはいけないかということを直接に命令している。表現の自由を制限してはいけない、差別をしてはいけないといった人権条項は、直接これをしてはいけないということを定めている。

他方で統治機構は、そういうルールを生み出すためのプロセスや事後のチェック体制を定めている。いわば政治の仕組みで、何をしてもいい・してはいけないということを定めているわけではない。

こういう二種類のルールがあって、前者も大事かもしれませんが後者も負けず劣らず重要です。統治機構において正しいアウトプットが出せるような仕組み、あるいはアウトプットがおかしいときにチェックする仕組みを改善できないかと考えています。憲法改正が議論されることの機会に統治のエンジンとブレーキをどう最適配置するか、よりよい統治機構にできるよう不断の改革を議論できるよう求められます。

社会に新しい動きがあるときに、きちんと応答して政策的なアウトプットにしていく仕組みを立て直す。国会の活性化、違憲審査の活性化、それらが実現すればおのずと人権条項もより適切に憲法判例が蓄積していって、いろいろな問題ももっとダイナミックに解決していくのではないか。

山尾　国会の強化、司法の活性化は、内閣の統制にもつながり、人権保障の豊かさにもつながる、ということですね。そのためには、憲法における統治機構の統制条文を厚くするという方向はあり得ますか。

曽我部　憲法の条文だけで成り立つ制度というのはないので、憲法で書いてさらにそれを具体化する法律、あるいは議院規則とかも含めてどのレベルで定めると収まりがいいのか、全体として議論すべきだと思います。

市民が「意見表明」する機会

山尾　教育の場で憲法をどう伝えたらいいのかという問題提起の仕方もできますね。教育の場で、具体的な身近な問題と憲法をリンクさせて教えるというのは難しいのでしょうか。

曽我部　先生方のスキル次第でそういう工夫はできると思います。ただし憲法を教えるときに難しいのは政治的中立性との関係で、慎重にならざるを得ないのが多くの教育現場の現状だと聞きます。憲法と言うだけで引いてしまう風潮というか。

政治社会の一員としての市民を育成することは、個人が一個人として生きていくための読み書きそろばん的なものを学ぶことと並んで、教育の古典的な大きな柱です。市民の素養として憲法の仕組みを理解することも重要です。実際は読み書きそろばんの方に偏ってしまっているのが実情ですが。

山尾　憲法と国民の距離が遠いというのは、国際的に比較しても日本の特徴じゃないかと思っています。ドイツでは憲法に対する信頼が非常に大きく、憲法裁判所に対する信頼と重なり合って憲法そのものが信用を得ているという状況がある。そもそも国民が憲法を学ぶ機会、憲法問題について意見を表明する機会、両方ともにその機会自体が少ないのではないか。

この二つは相互につながっていて、知る機会がなければ表明できない、逆に表明する機会があればそれを契機に学んでいくこともできますね。でも国民が憲法について意見を表明する機会は、……日本ではあまり具体的に思い浮かびません。公的なルートが少ないからこそ、国会の周りを取り囲んでデモをして肉声で伝えようとしても、その肉声を騒音だというような政治家もいる。

憲法に対して国民、市民が物申すための公的なルートがもっとあればいいなと思うのですが、曽我部先生の論文に「アミカス・キュリエ」という第三者が裁判所に対して意見書を提出する仕組みがありましたね。

曽我部　憲法の裁判だけでなく、アメリカでは通常の裁判でも活用されている仕組みですね。

山尾　裁判にその当事者ではない第三者、さまざまな市民団体や利害関係者が直接意見文を提出てきて、それが証拠の一つとして参照されるという。

曽我部　二〇一五年にアメリカ連邦最高裁は、同性婚の権利が憲法上認められているという判決を出しました。この事件では、全米を代表する企業三七九社が同性婚の権利を認めるべきだという意見書を裁判所に出していたのです。意見書の中身もさることながら全米を代表する企業がこれだけ支持をしているということは、裁判所がこの判決を出すのを後押ししたに違いないと思います。アミカス・キュリエ、ラテン語ですが英米法の伝統でそういうやり方が認められている。

日本でも知的財産高等裁判所が一度、スマホ特許をめぐる訴訟で意見募集を試みたことがあります（二〇一四年）。日本の民事訴訟法は「当事者主義」が原則ですが、双方の代理人に一般から意見を寄せてもらい、主張立証の材料として書面提出する形を取りました。

先ほど指摘された国民、市民の声を国政に伝える制度が欠けているということでいえば、各国では裁判の場面以外にもこうした手段が設けられています。たとえば一定以上の署名が集まった意見は必ず大統領もしくは首相に届けられ、公式に検討をしなければいけないという仕組みが、アメリカやイギリスにはある。

日本にはそういう制度が全然なくて、非常に古典的な議会制民主主義、代表民主主義というのが貫かれている。憲法一六条に請願権が定められていますが、必ずしも思ったような形では機能していません。実際に請願の件数自体は結構あると思いますが、国会では重視されていない。選挙以外に国民意思を伝達する回路をどう構築していくかは、大きな課題の一つです。

†「保育園落ちた」の声を政治に届ける

山尾　残念ながら、あわただしい会期末にたくさんの重要な請願が事務的処理の海の中に消えていくというのが今の状況だと思います。

私も二〇一六年に国会で取り上げた「保育園落ちた」のブログをきっかけに、市民の声としての活動を色々知りました。「Change.org」（チェンジ・ドット・オルグ）という活動があり、多様なテーマについて市民の声をネット上で集め署名数としても可視化して、社会を動かしたり政治を変えていこうという試みがあります。市民の声を政治につなぐ仕組みを日本でも構築していこう、という。

「保育園落ちた」のムーブメントは、その仕組みが実際に社会を動かして政治を変えた成功例だと思います。このときは私が国会質問でブログを紹介してからわずか一週間で、「Change.org」を通じ二万七六八二名の署名が集まりました。当時の厚生労働大臣が署名を直接受け取らざるを得なくなり、メディアがこの一連の経過を大きく報じて、待機児童問題は社会全体に知られるようになりました。

しかし関係者の方に話を伺うと、多くの署名や市民の声はそううまくは政治につながらない。通常は政治家に届けること自体が困難で、役所の審議官や課長や係長に渡して事務的なセレモニーで終わってしまうこともしばしばだ、と。メディアや国会質問とうまく連動できればクローズアップされるが、相当偶然の要素にも左右されるのが現実です。

たまたま国会質問で取り上げられたとか、幸い関心の強い記者の目にとまり記事になったとか、偶然の要素に左右されるのではなく、常に機能する公的なルートを設計したいと「保育園落ちた」のアクションをきっかけに真剣に考え始めました。

曽我部 日本の民主主義は、業界団体などを通じて組織化されていない意見とか利益を、役所や国政の場になかなか届けられないという問題を抱えています。いわゆる市民の領域にかかわる問題はなかなか取り上げてもらえなくて、外国と比べて後れを取ってしまう。必ずしも組織化されていない利益なり意見なりがきちんと検討される仕組みをつくることが重要です。「Change.org」はその点で非常に重要な取り組みだと思います。

民間の取り組みであるがゆえに限界もある一方、先ほど申し上げた外国の事例ではそれを制度化していますよね。具体的には政府に回答を義務づけたりする例がありますが、これは請願権のバージョンアップと考えられるわけで、今の日本国憲法にも種はある。それを法律で具体的に決めればできることですので、検討されるべきだと思います。

山尾　議員は質問主意書で内閣に答えを求めることができますよね。それを議員だけの権利ではなくて、一定の署名を集めた市民の権利としても構築していく。これは憲法典改正をしなくても当然できることですね。

曽我部　広く意見を聞くことで、優れた判断をするための情報収集や問題提起につながります。

†選択的夫婦別姓、同性婚を保障するには

曽我部　話は戻りますが、先ほどのアメリカの連邦最高裁の事例の政治的な意味について考えてみたい。同性婚はいわば世論を二分している問題で、最高裁の九人の裁判官が世間に対峙して独立した立場から、言ってみれば孤独に判断をしなくてはならない。そのときに全米の大企業が支持してくれているというのは大きな後押しになると思うのです。世論を二分しているような問題について一歩踏み出すための政治的な後押しになる。

市民の意見を伝えるというのももちろんその中に含まれていますが、アミカス・キュリエでは法律論として成り立ったものでないといけません。市民の意見といってもそれは特殊な市民の意見で、専門家に翻訳してもらった意見ということにはなると思います。刑事事件の被害者の生の意見とは全然違う。

山尾　ということは市民活動などのアクターの中に、その活動を法的に構成し直して提示でき

る法的な専門家の存在が重要ということですね。

曽我部　それはもちろんそうですね。

山尾　選択的夫婦別姓についても、二〇一五年最高裁は夫婦同姓を強制する民法の規定を合憲と判断したわけですが、直近の世論調査では賛成が42・5パーセント、反対が29・3パーセント。明確に賛成が反対を上回っています（二〇一八年二月、内閣府発表）。こういう現状を見ると、個人も会社も団体ももっと自由に政治的な意見表明ができてその声が政治に届く社会になれば、政治が変わると思うんです。

曽我部　結婚後の通称使用については多くの企業が認めている状況がありますが、それをそのまま制度にすべきだ、と企業側から政治的なスタンスを表立って言うケースはなかなかありません。

山尾　憲法を議論する、つまり政治を議論するアクターが日本はすごく限られていますよね。昔から一生懸命市民運動をやっていますというような運動体の皆さんか、あるいは業界団体として利益を中心にがっちりとまとまっている団体か。その中間に位置するような団体が日本にはない。

中間に位置するはずのアクターの人たちが意見を表明するルートを持つことによって存在感を増し、それにより議論のクオリティーも高くなっていく。憲法改正の議論が、そういうことを始めるきっかけになればという思いもあります。

曽我部　でも順序としては、今の仕組みの中でいろいろ問題があるというのが明らかになって、具体的な声が上がり始める。そして、これはもしかすると憲法に問題があるのではないか、憲法をこう変えた方がいいのではないかというような流れで、自然発生的に憲法改正の問題に行き着くのではないかと思います。

同性婚の問題でたとえると、まずは声を上げて、既存の仕組みに沿って裁判で争っていく中で問題が世間に認知されていく。それでも現在の憲法では認められないということになれば、憲法二四条の問題を考えることになる。

山尾　私は憲法二四条については「両性の合意」を「両者の合意」というふうに変えて、許容する規定から一歩進んで保障する規定にした方がいいと思っています。

とはいえ、同性婚を求める知的な活動を通じてロビイングをやっている方々とこういう話をすると、憲法改正までは求めないと言う声も少なくありません。自分たちが求めていることに憲法を関連させてしまうと分断されるのではないか、中身に賛成でも改憲を伴うなら反対という方々も出てきてしまう。とにかく自分たちの問題を解決することと憲法を絡めたくないという姿勢です。

一つの運動をされている方々の実感としてお持ちのお考えなのだろうと思いますが、日本でいかに憲法の議論をするのがタブー視されているのか実感する場面です。憲法も含めて、もう少し自由に語れるようになればいいのに、と思います。本当は物事を解決するための一つのツールとしての憲法があるはずなのに、そこに頼ると問題が解決できなくなってしまう。そういう歪《ゆが》みが日本にはある。

曽我部　憲法を変えること自体に問題があるという人が一定数いるので、冒頭に話した憲法改正論議をめぐる特殊な磁場みたいなものに巻き込まれたくない、ということですね。

同性婚を保障するのに、法律でやるのか憲法でやるのかとなったときに、憲法二四条を触ろうとすると同性婚の話だけではない、いろいろな問題も同時に出てきてしまう。とにかく同性婚を認めたいのであれば民法だけで済ませるというのも一つの手だと思います。

山尾　でも議論の噴出を避ける傾向が強すぎないか、と思うわけです。何かを提起するとそれにまつわるいろいろな問題が噴出してしまうからやめておこう、とするブレーキが憲法のいろいろなところに埋まっている。いろいろな意見があって侃々諤々《かんかんがくがく》になることは、何かを解決するためには当然のプロセスです。改憲議論なら改憲の手続きに乗った議論の中で、あるいは法律事項なら法律事項としての民主的な手続きの中で決まっていくことが大事だと思うのですが、ルートに乗せることそのものへのためらいがすごく強い。

曽我部　問題提起を広くすることの重要性は分かりますが、本当に何かを解決したいときはある程度絞って、漸進的に決めていくというのも合理的だと思います。
　フランスでは一九九九年の民法改正でＰＡＣＳ（民事連帯契約）という制度ができて、同性または異性の成人二名による、共同生活を営むために締結される契約がまず認められた。そして二〇一三年に同性婚を認める法律ができた。一気に決めずに漸進的にやってきている例です。ＰＡＣＳももともとは同性の結び付きを想定してつくった制度ですが、実際には異性間で結ばれるケースも多い。

山尾　問題提起があって、議論の土壌が広がって、今おっしゃったような短期・中期・長期のように議論の優先順位を決めていって、一つ一つ熟議を重ねながら決めていくという手順は、日本の場合は経験がないのでは。

曽我部　日本の場合、議論を動かす刺激が少ない。裁判所も後追いですし、市民社会の意見も先ほど述べたように国政の場で正面から議論されるようにはならない。それが議論の停滞につながってしまう。

†議論をしながらまとめ上げていく土壌

山尾　改憲の議論も、もっと市民主体で活性化していくべきではないのでしょうか。利益集団、特定の団体、業界団体などに属さない一般の人たちの声が国会に反映されにくいという状況だと、おのずと国会による憲法発議の内容は市民感覚と乖離《かいり》してしまう。市民の感覚と近くなるような新たなルートとして、たとえば国民発議を認めるというのはどうでしょうか。

曽我部　悪いとは思いませんが、優先順位としては立法でやることだと思います。いわゆるイニシアチブ、国民発案。あとは先ほど申し上げたような、法案の発案ではなく「請願」をバージョンアップしたようなものを入れるとか、請願権の規定を拡充するということが考えられます。

民主主義の仕組みをよりよくしていくことを考えた時に、いきなり憲法を変えるというのはハードルが高い。そもそも立場の違う人たちと議論をして一つの意見にまとめ上げていく、そういう経験が日本人には不足しているので、そういう例を促すような仕組みを作っていく。それがだんだん国政なり憲法につながっていくようにする。

市民を育てる教育というときも、まず教室内でそのクラスのルールをみんなで話し合って作るとか、そういうことから始まる。地方自治が民主主義の学校という昔からの格言がありますが、身近な問題をみんなで議論して決めていくという経験が重要で、地道に積み重ねていったところに憲法改正の提案も出てくるかもしれない。

山尾　身近な場面では自治会の自治会長さんがいろいろな人に気を使いながら多様な意見を上手にまとめていくというのは、地域レベルでやっていますよね。だからそういうスキルはあるけれど、それが政策とか憲法とかいうテーマになると、「やれない」のではなく「やらない」のではないか。ある一定のテーマを避けたがる傾向が強いのではないか。議論をしながらまとめ上げていく、そういう力を政治にも生かせないかと思うのですが。

曽我部　政治に還元していく「場」がないということじゃないですか。民主党政権のときに実施された討論型世論調査というのは、当時は評判が悪かったりしましたが、重要な「場」を提供していたと思います。それこそ憲法改正についても活用すべきだと思います。

劇場型とか色々批判もあって、いきなり憲法改正でやると同じようになるかもしれないから、普段から自治体のいろいろな問題解決に活用したりして、その延長線上で憲法問題についてもやりましょう、ということもあるでしょう。

†「戦力」「自衛隊」の説明は十分か？　具体論なき九条加憲

山尾　あとは、政府が提案したことはよくも悪くもそのまま実現するものだというイメージが、メディアも含め世の中に形成されている。この憲法の議論でも、二〇一七年五月三日に安倍総理が一項、二項はそのままにして自衛隊を書きましょうという提案をすると、選択肢がそれに絞られたかのような感覚が社会の中にあっという間に形成された。

提起されたからには九条も含めた「改憲四項目」をどのように考えていくかという思考法も

もちろんありますが、それ以外に多様なテーマ設定や思考法もあると思うのです。自民党以外の様々な案が、社会の選択肢として並べられることが重要です。

曽我部　自民党の改憲四項目は、憲法論議の正常化につながればとは思いますが。

山尾　四項目のなかの一つ、九条の自衛隊明記案がもたらすリスクをきちんと分析することは、正常な議論のためにも必須だと思います。私は一項、二項を維持したまま自衛隊の存在を明記するときには二つリスクがあると考えています。

一つは戦力と自衛隊との矛盾にも見える関係が議論されないまま、固定化されていく。現状維持よりも悪い状況を生むのではないか、ということ。

もう一つは、自衛権の範囲も含めた統制ルールが、憲法事項ではなくて法律事項という形に落とし込まれる解釈が為されるのではないか。これらの点をとても心配していますが、どうお考えでしょうか。

曽我部　九条改正の条文をどう書くか、今おっしゃったような事態にならないようにすることが重要です。自衛隊の存在を明確にすること自体は一つの考え方としてはありだと思います。ただし、自衛隊のあり方とか発動のあり方についてはもっと広い視野から議論すべき。PKOで世界各地に行ったり、対テロ戦争の際の給油活動をインド洋でやったり、イラクにも行ったりするわけです。だけど、そこでどういう活動をして、どういう課題があって、という問題点は全然検証されておらず、少なくとも一般国民に公表されていない。民主党政権の岡田克也外相のときにごく簡単なイラクの検証をやりましたが内容は十分ではなく、検証したこと自体が前進だと言われる程度です。

そうすると国会議員も含めて私たちも、何が問題点で何が実際に起こっていたのかよく分からないまま、「戦力に当たるのか」「武力行使に当たるのか」という抽象論を繰り返していることになる。それは生産的ではないですよね。こんど防衛大綱（防衛計画の大綱）も変わるという話ですが、あれもきちんと国会で議論できているのか、皆が分かるような形で説明されているのか、そういう点が非常におろそかにされているように思います。

なぜかいつも九条の話にいきますが、安全保障のあり方の民主的な統制という観点から見ると非常にアンバランスな形になっている。この際、反省した方がいいと思います。

山尾　今までの自衛隊の行動をめぐる議論は常に、九条二項の戦力に当たるのか当たらないのかという、その解釈に費やされてきました。実際に自衛隊が海外でどういう行動をしているのか、そのリスクとメリット、今の日本は自衛隊の行動をどこまで統制すべきなのか、という具体的な議論がされるべきなのに、されていない。九条二項と自衛隊という議論にばかり収斂《しゅうれん》されてしまう、そこに元凶があると思うのです。

二項を残し自衛隊の存在を明記するという安倍加憲案を仮にやったとして、何か問題は解決されるのでしょうか。安倍総理は自衛隊が合憲か違憲かの議論に終止符を打つのだと言いますが、どう考えても終止符は打たれないのではないか。

万が一成立したとして、新たに憲法に明記された自衛隊のとった行動が九条二項に違反するのかしないのか、相変わらず残るこの難問を、誰がどのように判断することになるのでしょうか。

曽我部　政治的にやるしかないでしょう。政治責任の問題として処理をするということだと思いますけどね。そこで国会の統制力を高めることが関係してきて、そういう形できちんと責任を追及する。どこの国を見ても、軍隊を動かすことについて裁判所が主導的な判断をしているケースはほとんどない。

自衛隊を憲法に明記すれば解決する問題があるのかないのかということについては、現状の政府解釈で言うと自衛隊は合憲であり、自衛隊法もあり各種関連法律もあるので、別に制度上後ろ暗いことはないはずです。解釈上はそうですが、実務上やるべきことができていないということであれば、それは問題です。

明記することによって解決する部分もあるかもしれない。他方、実際の検証ができない、報告ができない、説明責任を果たせないようなことがあるとすれば、それはなぜなのか。単に隠《いん》蔽《ぺい》体質なのか、政府解釈とか法令を超えたことをやっているために報告できないのか分かりませんけれども、諸問題を切り分けて解決しないといけないと思います。

山尾　「自衛隊員のお父さんが子供に説明できないのは困る」といった話もこの案を推し進める論拠として出ていますが、情緒的な議論にすり替えているだけです。自衛隊加憲提案というのは、むしろ事態を複雑化しないかという懸念さえある。憲法学者によっても解釈が相当変わってくるような気がしませんか。

†改憲の議論と説明をするための「場」はあるか

曽我部　解釈の手掛かりとなるのは、発議案を決定する過程での憲法審査会の議事録、文言とか経緯に記された発議者の意思ですね。自衛隊や戦力について現状を変えないという大前提で改正するのであれば、改正時の意思としてその点を明確にすべきです。改正原案の審議の際に明確にする、発議の際の付帯決議で明記したりするなどの工夫も求められる。国民投票の際に作る説明文も重要です。

今回改正があるとすれば、立法者つまり発議者の意思は記録されることになります。

山尾　今の政治状況で発議されるとすれば、自民党、公明党を中心とした原案提出者の答弁が、立法者意思としてその後の解釈のものさしとなっていくということですね。

曽我部　衆参両院に設けられた憲法審査会は、憲法改正原案などの審査、日本国憲法のみならずそれに「密接に関連する基本法制」について「広範かつ総合的に調査を行」うことを任務としています（国会法一〇二条の六）。個人的には、専門家による問題提起を検討したり国民的な議論を喚起したりする「場」として機能することを期待しています。

山尾　そこで審議された改憲原案が発議され、仮に国民投票で可決されて成立したとして、その後の内閣の解釈はその立法者意思に拘束されるんですか。

曽我部　拘束されません。

山尾　それもとても心配な点で、時の内閣の意向に左右されるリスクが高いと思います。

曽我部　ただし、立法者意思がはっきりしているほど、事実上の拘束力、説得力は強いというのが通常です。それを変える場合にはより強い説明が求められますから、そういう形での統制は可能だと思います。

山尾　九条二項の解釈をこれだけラディカルに変える安倍政権が現れた以上、今後そういう政権が現れないという保証はどこにもありません。

仮に原案提出者がこの改正案での限界は新三要件の安保法制までだという答弁をしたとしても、その後の内閣の解釈でまた当てはめが変わっていく、範囲が広がっていくということは、理論上は十分あり得ることだと思います。

結局、自衛権の統制は法律事項に格下げされていくのではないか。九条二項が持っていたとされる統制力がゼロにもなり得るのではないか。そういう危険を内包していると感じます。

曽我部　今おっしゃったことは現行の条文についても当てはまる、憲法がもともと持っている限界です。だから政治的な統制、つまり国会の統制力を高めていくことが重要です。

†個別的自衛権を「歯止め」にする案

山尾　今のお話を聞くとますます、自衛権の限界をどこで画するかについては、内閣に丸投げせず国民の主体的選択としてその範囲を定め、憲法に明記すべきだと感じます。私は範囲を個別的自衛権に限定し二項の戦力をその範囲において解除する、という改正案を考えています。その範囲において戦力を認めるがゆえに、それ以上の戦力は一切認めない。これを明確にすることを議論の俎上に載せたいと思っています。

曽我部　今までの九条解釈は個別的自衛権だったので、それを固定化するという改憲案ですね。とてもリーズナブルなアプローチだと思いますが、なぜ個別的自衛権に限定するのかという説明が必要です。安全保障的な合理性から本当にそれがベストなのか、必ずしも充分に議論されていないと思うのです。

二〇一四年に閣議決定された新三要件も憲法解釈との整合性が主な軸となって出てきたもので、安全保障上どこまで合理的なのかという議論は充分ではなかったのではないか。

山尾　私も同感です。ですから今求められるのは、九条二項は自衛権の行使をどこまで許すのかという議論よりも、国民が考えるわが国にとって適切な安全保障政策のラインをどこに引くのかという政策的な議論であり、その上で憲法事項としてどのように歯止めをかけるのかという順番で考えていくべきだと思います。

私自身は現行の国際情勢を踏まえた政策判断として、他国主導の戦争に「巻き込まれる危険」を回避するためにも、個別的自衛権にラインを引くことこそが日本の国防にとってより合理的なのではないかと考えています。

三年前の安保法制の議論のときは政策の議論と合憲性の議論が団子状態にミックスされてしまって、国民に浸透しなかった。真の国民的議論にしていくためにも外交・安全保障の本質的議論を先行させるべきだと思います。

その上で、やはり個別的自衛権でラインを引いた方が望ましいという判断に行き着けば、私の考える個別的自衛権に区切った明文改憲、そして二項との関係についても整理するというアプローチになっていく。そして、この結論は国民投票なしには変えられない事項として憲法事項にするのが望ましいと思います。

曽我部　実力組織の統制というのは非常に重要な課題で、憲法で扱うのにふさわしい。実際にどこまで部隊を動かせるのか、どういう武力行使ができるのか、また、どれぐらいの装備、規模を持てるのかという範囲を全部九条で書こうという発想が今までにもありました。

そういう角度だけで定めきれるのかということも併せて考える必要がある。外国の例を見ても、そういう角度だけで軍隊の統制をするのではなく、もっと手続き的な統制とか多様なアプローチがあると思います。九条を改正したいのであれば、全体を見て考えるべきです。

山尾 全体から見た統制とは、具体的にはシビリアンコントロールすなわち国会の事前承認による統制、内閣の指揮権の問題でしょうか。司法との関係では自衛隊の行動で国外過失犯があった場合に裁判手続きをどのように考えるかという統制、あるいは財政の面からの統制、……といったメニューが考えられます。

†まずは国会運営を「見える」化する

曽我部 まず防衛大綱や中期防（中期防衛力整備計画）ですね。防衛大綱は閣議決定で決められ国会承認は不要なので、国会では正面から議題にならないですよね。しかし、装備をどうするか、たとえば空母を造るかどうかなどは重要な問題で、そこは国会で議論すべきです。現状は国会の予算委員会など、ピンポイントで質問するだけのようですが。
山尾 それも含めた膨大な予算について、一括の賛否で決議されてしまうのが現状です。
曽我部 そもそも政権で何か問題が浮上すると、予算委員会で予算の審議をせずにたまたま目についた問題ばかりを追及している。外国では考えられない、完全にガラパゴスの状態です。

山尾　予算委員会なのに予算審議が中心とならないという点について、他国ではどんな工夫をしていますか。

曽我部　予算の分野ごとに分科会などをつくって、手分けして審査していく。たとえばフランスでは本当に手間暇かけて予算を審議します。分野ごとに分けた議会の委員会で報告書が出る。司法予算、社会保障予算など分野ごとにどのような政策があり、予算の増減がどうなっているか審議します。審議の結果は膨大な報告書がネットに挙げられて、国民もいつでも見ることができる。

山尾　日本の国会にも分科会というのはあって、たとえば法務なら法務だけの予算について朝八時から夜八時まで大臣が答弁に立っているんですけれども。しかし、地元案件を質問する場、あるいは一般質疑の補充の場として利用されていることも多く、予算審議の場として十分に活用されているとは言いがたいです。

曽我部　フランスの場合は予算審議の詳細が全般的に体系的に可視化されている。そもそも日本は国会の動かし方を全体的に見直した方がいいと思います。

予算委員会を正常化するために、森友・加計問題のような国民的関心事が本題とは別にもし発生した場合には特別委員会という別の枠で見ていくとか、考えたほうがいい。

山尾　特別委員会は与党が賛成しなければ設置できないのです。野党側から森友・加計問題は特別委員会でしっかりやりましょう、予算委員会では予算をやりましょうと言っても、実現の可能性がないのが現状です。与党としては予算委員会の中でしのいで終わらせたいということです。

曽我部　政府と国会の役割分担という憲法上の話につながります。今の政治の仕組みでは、政策の中心は政府にあることを否定できないとすれば、国会の役割は政府をコントロールすることであると捉えてみる。国会の中で野党が担う役割を大きくするには、国政調査権の発動も過半数ではなく三分の一とかにして発動できるようにする案も考えられないでしょうか。

日本の国会議員は一生懸命働いておられますが、主に国会の外で働いているというのが特徴です。たとえば本会議の開会時間は、状況によって変わるので正確にははっきりしませんが年間一〇〇時間を下回り、国際的に見て異常に短い。委員会を含めても日本の国会というのは開いている時間がすごく短い。国会議員が遊んでいるかというとそんなことはなくて、要するに国会の外で働いている。

何をしているかというと党の仕事。自民党ならば自民党の会議で、本来国会で検討されるべきことを党本部で議論をしている。国会で法案に修正を入れることになったとしても、修正協議を外でやっている。本末転倒ではないかと思います。国会こそが修正協議をやるべき場ではないか。党内で合意された案が突然出てきて、国会の議事録にはプロセスが載らないことになる。だから国民は分からない。

憲法改正がまさにそういう感じになっていますね。国会の場でそういう議論が一切されていない。公明党には何となくこれならこれ通りやすいよねとか、自民党のあの人がこう言っているよねとか、そんな感じで条文案が決まっていく。国会の憲法審査会に出てきたときにどれだけ変わるのかというと、ほぼ変わらない。非常に不健全な状況です。

†国民とつながる国会が果たすべき役割

曽我部　とはいえ上手く出来ている仕組みとしては、自民党の部会とかは実際は公開されていて、記者は聞ける。それが報道されていれば知ることは可能です。
山尾　自民党に多少の節度があった頃はうまく機能した点もあったのでしょうが、人事権から何から独裁的に決められている現在は、以前機能していた作法も崩壊していませんか。
結局水面下の交渉で得をするのは数を持っている方だけなのです。私は、野党は水面下の交渉では負けるしかないと思っています。数がない以上は交渉力がないわけですから。でも、それが公開されたときに世論のバックアップを得られたら、数の力を少しだけ超えられる勝負になると思っています。

天皇の生前退位の議論のときにとにかく注力したのは、官邸の有識者会議という議論の場ではなく、何とか立法府に手綱を持ってくることでした。そして、立法府での議論がリアルタイムで公開されること。当初公開するとしても五年後とか言っていたのを、ほぼ即日で議事録をネット公開とすることができました。だからこそ国民の意思に沿った落としどころにできたのかなと思っています。

曽我部 確かに努力されたと思いますが、立法府での議論でも別に国会の何らかの制度に乗っかってはいなかった。どこかの委員会でやったわけでもなく……。

山尾 実質的な議論は、両院の正副議長四人と各政党の担当議員により構成された「天皇の退位等についての立法府の対応に関する全体会議」で行われました。その会議体で得られた合意に基づいて閣法が提出され、特別委員会で議論・採決という流れでしたね。

曽我部 じつは立法府と関係ない。だから、あの議論は国会の議事録のデータベースには載らない。今はホームページに載っていますが議事録のデータベースには載らないわけです。いろいろなものが制度外で行われていて、それでいいのかどうか。

山尾 国民統合の象徴である天皇制の本質論について、国民と天皇をつなぐ国会の場で実質的議論をするための苦肉の策だったと思いますが、制度的に不十分さがあると言われれば否めないと思います。

曽我部　何らかの形で立法府と関連づけて議論しないといけないという発想は健全で的確だと思いますが、制度外でしかできなかったというのは成熟していない感じがあります。

山尾　制度外でその場は乗り越えたけれども、たとえば女性宮家の議論については、制度外であるがゆえに今も議論の場がない。構造的な問題を解決していくには、制度化された議論の場が必要ということですね。

†憲法改正で求められる統治機構改革

曽我部　私が統治機構論で重要だと思っているのは、国会の役割や機能をもう少し何とかできないかということ。重要な要素として統制機能があります。安全保障の話も、高められた統制機能の中で統制されていく必要があるということです。予算なり防衛大綱なり中期防なり、また実際の出動のとき、国会承認も含めて統制にはいろいろなタイミングがある。あるいは事後的な検証も必要です。

昨年来南スーダンPKOの日報の問題がありますが、結局国会が国政調査でやればいいのではないか。極端な話、国会議員が南スーダンに行けばいい。当時の防衛大臣を批判して叩くだけで終わってしまって、何も残らない。日報がきちんと作られるようになって公開されるようになったのかというと、そうではなく何も解決していない。構造的に問題はどう改善されるのか、そういう話には一切結び付かず、だれかを辞めさせるという話になっていくのはいかがなものか。効率的かつ民主的に統治機構を改善しようとする取り組みは軽視されてきたと言わざるをえない。

山尾　何か問題が起きたとき対症療法的すぎるということですね。憲法改正という手段も含めて、統治機能を適正化する解決方法を探るべきだと思います。

曽我部　国会の話は、国会法などの憲法を具体化する法律（憲法附属法）を変えれば、憲法を変えなくてもできます。別に九条に特化した話ではなくて公共事業でも何でも同じ話で、予算審議なら予算審議をもっとちゃんとやる。要は国会議員に、国会でもっと働いてもらうようにするということで、制度設計として手続きを法律に明記する必要がある。

山尾　法律で解決できるものは法律で、憲法典を変えざるをえないものは憲法改正で、ということではないでしょうか。

†国会には「フェアなルール」が存在しない？

曽我部　民主主義なので、国会議員に、もっと責任を負わせるような仕組みにする必要があると考えています。今やっているような、政府が出してきたものにいちゃもんを付けるという形だと、いつまでも無責任ではないですか。もっと国会議員に責任を持ってもらうような方向で負荷をかける仕組みにしていくことが重要だと思います。強化することで、健全化していくのではないか。

山尾　機能する国会をつくっていく、現状よりもよくしていくことは可能だと思うし、それを後押しするため、憲法典に限らない国会法とか議員規則を改革していくことは有効だと思います。先ほど水面下の交渉の話が出ましたが、国会の動かし方は明文化された制度以外にも不文律による所も多い。与野党の質疑時間の問題もしっかり議員規則で定めることで、野党の質疑で与党の提案の問題点をあぶり出し、国会の役割をより明確化できそうですね。今までの前例で……という逃げ道を作らずに、決めるべきところは規則に明記した方がいい。

曽我部　政権交代が全然ないというのも、国会運営のフェアなルールができにくい理由です。攻守交代したときにお互いにとって有利にも不利にもなる、フェアなルール。

山尾　国会の議論を活性化するためのヒントがまだまだたくさんありそうです。野党の提案でも特別委員会の設置が現実的に可能となる制度設計も考えるべき。

また現状では、予算委員会を含め主要な委員会の議長は与党です。これではフェアな議事運営は制度上不可能で、国会議論が充実しません。とはいえ、野党の議員が議長になっても、政局重視の運営をする可能性は否定できない。そうであれば、議長は政治家ではない有識者に担ってもらうことも一つの手だと思います。「今の答弁は質問に答えていませんね」「今の質問は不明確で何を聞いているか分からないので、もう一回質問し直してください」とか、中立的な議事進行を託す。サッカーで言うとレフェリーみたいな役割を。曽我部先生みたいな有識者の方に。

曽我部　審判とプレーヤーは別であるべきだと。

山尾　フェアな進行は、中身の充実に直結します。

曽我部　国会改革に関しては、会期不継続原則をやめるとか、すでにいろいろなアイデアが出ていて、それをどう実現していくかという段階に入っていると思う。

憲法事項として解散権の制限は基本的には必要です。解散権を制限して議員に一定の任期を保障することで、いつも選挙に追われるようなことはやめるべきです。

それから、民主主義にもいろいろな仕組みがあって、国会は国民に近く民意を反映する場所ですけれども、それに加えて民意から遠い機関もうまく配置して、国政をうまく動かしていくということも同時にやる必要がある。代表的なものが司法（裁判所）であり、そのほか中央銀行、公共放送といった独立機関の機能を発揮できるようにしていく。独立すべき機関は、きちんと独立を確保してやる。何でもかんでも民意そのもので押し通すのがいいというわけではなく、組み合わせでうまく機能するように持っていく。

山尾　民意の反映という観点からいえば、臨時国会の召集は、締切を憲法に明記した方がいいと思いますか。

曽我部　日数を書いても無視する人は無視するでしょう。無視されたときにどうするのか。国会で、あるいは報道で追及するしかない。あるいは、召集されないときは同然に集会するという規定にして、集会はできるように改正するとか。

山尾　憲法の規定を変えて、自動開催規定を創設するという選択肢ですね。

曽我部　臨時国会に限った話ですが、召集というのは歴史的な経緯で召集されて集会するという形になっているだけなので、およそ議会というものには召集が必ずないといけないというわけではなく、改正をしても議会の本来のあり方に反するということはないはずです。

†三権分立のバランスを常に見直す

曽我部　「立憲的改憲」というときの中身は、政治家の皆さんの実践的なアイデアと、研究者の側が持っている理論的な、あるいは比較憲法的な知見とをうまく接合させて実現するような方向が、安定性と説得力につながる。この場で語られたように、研究者（専門家）と政治家との対話が重要だなと思いました。

　憲法というのは権力を縛るのも大事ですが、権力に基盤を与えるというのも大切です。さまざまな課題が山積する中で、推進力を与えながらも、歯止めもきちんとつくる。メリハリある統治機構というのが求められるところで、現行憲法は、そこがいま一つはっきりしていない。立憲的改憲、あるべき改憲を目指すからには、その点も念頭にやっていくべきだと思います。

山尾　現状必要とされているのは、国会と裁判所の推進力を増し、内閣については統制を利かせる、という観点だと思います。

曽我部　内閣の推進力はこの二〇年ぐらいの取り組みの中で実現できていますが、推進の方ばかり強化されていて、ブレーキの方はうまくできていない。その今のアンバランスな状態をうまくリバランスしていくのが課題だと思います。

山尾　私も、立憲的改憲の中核的コンセプトは、国会・内閣・司法の三権の均衡の歪みを補正し、バランスを調整することだと思っています。裁判所は違憲審査の積極性、国会は国民の代表としての機能がもっと十全に果たせるようにすること。この二権がきちんと推進されることによって、内閣を統制する仕組みをつくっていくこと。

そうした統治機構の均衡を実現していく過程においては、憲法の改正が必要なものも出てくるだろう、そういう作業を丁寧にスタートすることが現代の要請であると感じました。この作業は政治家だけではできないので、いかに市民と協働できるか、そしていかに各分野の専門家の知見を結集するか、そのためにも今日話題にのぼったような新しい試みが必要ですね。

（対談日　二〇一八年三月一二日）

第6章

国民を信じ、憲法の力を信じる

井上達夫×山尾志桜里

【対談者紹介】

井上達夫（いのうえ・たつお）

一九五四年大阪生まれ。東京大学大学院法学政治学研究科教授。法哲学を専攻。東京大学法学部卒業。ハーヴァード大学哲学科客員研究員、ニューヨーク大学法科大学院客員教授、ボン大学欧州統合研究所上級研究員、日本学術会議会員、日本法哲学会理事長などを歴任。『共生の作法――会話としての正義』（創文社）でサントリー学芸賞、『法という企て』（東京大学出版会）で和辻哲郎文化賞を受賞。そのほかの著書に『自由の秩序――リベラリズムの法哲学講義』（岩波現代文庫）、『世界正義論』（筑摩選書）、『普遍の再生』（岩波書店）、『リベラルのことは嫌いでも、リベラリズムは嫌いにならないでください』『憲法の涙』（以上、毎日新聞出版）など。

†「立憲的改憲」の射程

井上達夫　今回は憲法改正について議論を深めようということですね。

山尾志桜里　はい。私の考える立憲的改憲は「立憲的な立場から権力をしばる憲法改正」という大前提があり、その中には統治機構の均衡を回復するための改正や、より豊かな人権保障のための改正も含まれています。そして憲法の実体部分を変えて権力を統制し人権を保障する機能を高めると同時に、「憲法を守らない国家をどのように統制するか」という難題を手続的に解決する方策として憲法裁判所の創設を想定しています。こうしたコンセプトが一つのパッケージになっているものが「立憲的改憲」です。

さらに、「国民が国家を縛る立憲主義」について考えを巡らせると、対外的な国家の主権を確立しなければ結局縛りが利かないことになる。ですから具体的には日米地位協定の正常化もこのパッケージに入れなければ、本当の意味で国民が権力を縛る規範にはなり得ないと考えるようになりました。

立憲的改憲は単に憲法典の改正ではないということです。憲法の付属法あるいは重要な条約、また皇室典範も入るでしょう。さらに法律や規則、その付属法も含めて「憲法改正」だと捉えています。

井上　立憲民主主義をより良きものにしていくための憲法改正というのは、もちろん九条の改正だけではなくもっと広がりを持ったものでなければならないというのはその通り。安全保障に限定しても、九条を変えるだけでなく、種々の戦力統制規範を憲法に盛り込まなければいけない。しかもそこには体系性が欠かせない。

ただ、体系性を保持する上で問題が一つあります。現在の憲法改正手続きでは、個別の改正案ごとに分ける形でしか国民投票にかけることができないこと（日本国憲法の改正手続きに関する法律〔通称「国民投票法」〕四七条）。山尾さんがお考えの多様な改正案には有機的な連関があるが、一部だけ採択され、他が採択されない事態も起こり得る。結果、憲法全体がちぐはぐなものになってしまいかねないという心配がある。

私自身はこの問題に対処するために、アメリカ合衆国憲法の改正形式であるアメンドメント方式（憲法本文の規定に変更を加えるが、本文の文章を変えるのではなく、改正条項を末尾に付加していく方式。本文規定を改正する点で、日本で言う「加憲案」とは異なる）が利用できると考えています。分離されたら改正目的を実現できない改正案を一本の改正条項としてまとめつつ、優先性・支持調達可能性の高さに応じて修正一条、修正二条、修正三条……という形で段階的に改正をめざす方法を提唱しています（井上達夫・小林よしのり『ザ・議論！――「リベラルvs保守」究極対決』毎日新聞出版、二〇一六年、第3部参照）。

具体的な改正の手順の問題は別として、たしかに今の日本の憲法には問題点がいろいろあります。

まず統治機構。アイルランド生まれの比較政治学者で、いま東京大学社会科学研究所に在籍しているケネス・盛《もり》・マッケルウェインによれば、憲法の文言を純粋に量的に比較すると日本国憲法はものすごく短い（編集部注・序章二三頁参照）。それは統治機構についての定めが少ないことが主な要因です。統治機構については、国会法や内閣法といった下位の法律や規則で決め、さらには政治慣行に丸投げしている。これも是正されなければならないと思います。

そして最大の問題は、国家権力の中の最も恐ろしい暴力装置、つまり「戦力」をどう統制するかです。

日本が保有している現実の戦力と憲法との矛盾。これを放ったらかしにしたままでは、他のどこをどういじっても日本の立憲主義は本物にならない。憲法を尊重する国民の精神を培うためには、この最大の矛盾を是正してからでなければ、ほかのことをやってもあまり意味がないと私は思っています。だからまず優先課題として九条がある。

しかも九条問題の解決は九条という条文の改正だけで済まない。山尾さんには「耳にたこ」だとは思いますが、私が言いたいのは「九条が戦力を縛っているというのはまったく嘘」ということ。九条があるゆえに戦力は存在していないという建前に憲法が立っている。だから、私の言う「戦力統制規範」（戦力が濫用《らんよう》されないよう、戦力の組織編成と行使手続きを限定し統制する憲法規範）、たとえば文民統制、国会の事前承認、それから軍事法廷、といった最小限の規範ですら、憲法で定めることができない。九条の矛盾を解消するには、九条を改正して自衛のための戦力を認知するだけでなく、自衛戦力を統制する様々な新しい規範を憲法に盛り込むことが必要です。

いま例示した最小限の戦力統制規範だけでなく、沖縄に米軍基地を押し付けているため本土住民はそのリスクを真剣に考えない現状を考えれば、外国基地設置地域たる自治体の住民投票による承認を基地設置の条件とする規定も必要。さらには戦力を持つ以上は、国民の多数派が無責任な交戦感情に駆られないために、政府が軍事行動に走ったら普通の国民自身が軍事的なリスクと犠牲を負わされる仕組みとして徴兵制を設けるべきと私は提唱している。その際、良心的兵役拒否権は厳格な代替役務を条件として憲法で保障しなければなりませんが。

山尾さんが言うように、戦力があるのにないふりをするのではなく、それを明確に認めた上で、それをはっきりと憲法でがっちり縛るのだというのはまったくその通りです。戦力統制規範をどこまで含めるか、私の追加的提案にまで踏み込むかについては議論の余地があるでしょうが、最初に触れた文民統制・国会事前承認・軍事司法制度のような最小限の戦力統制規範が必要だということは、山尾さんも賛成されていると思います。

†徴兵制は、戦力を「自分の問題」として考える機会

井上　ところで、多くの人が「徴兵制なんて怖い、軍国主義だ」という印象をもっているようなので、誤解を避けるために付言しておきます。私が徴兵制プラス良心的兵役拒否権の制度を提唱するのは、シビリアンコントロール（文民統制）だけでは戦力濫用を抑止するのに足りないと考えているからです。

専制的政治体制の下での徴兵制は最悪ですが、民主的政治体制の下では志願兵制こそ危険なのです。シビリアン（一般市民）が軍事行動の犠牲を志願兵に転嫁して自分たちを安全地帯に置きながら、政府の軍事行動を左右する権力だけをもつとき、「政府の弱腰を叩く」ような無責任な交戦感情に駆られやすいのは歴史が証明しています。

徴兵制（プラス良心的兵役拒否権）は軍国主義とは正反対で、戦力を保有する民主国家の国民が戦力を無責任に濫用することを抑止するための戦力統制方法です。ナチズムの過去の克服を目指したドイツが、徴兵制プラス良心的兵役拒否権の制度を憲法（基本法）で制定してきたことを、ここで想起すべきです。ドイツは二〇一一年に徴兵制を暫定的に停止しましたが、廃止したわけではありません。武装中立の民主国家スイスは、これまで徴兵制を国民投票にかけて維持してきました。

志願兵制の問題の例として、イラク戦争のとき、アメリカでは経済的徴兵といって黒人や貧しい白人男性、そしてもっと悲惨な例としてシングルマザーを含む貧しい女性が戦地へ送られた。軍隊は貧しい女性にとってものすごく条件がいい仕事です。まさか自分たちがイラクに送られると思っていなかったという女性兵士の問題が以前『NHKスペシャル』で取り上げられていました（初回放送二〇〇九年九月一五日）。イラクに送られ、自爆テロ要員とみなされた少年を射殺せざるをえなかった。そういう経験をした女性兵士が、アメリカに戻った後それがトラウマになり自分の子どもを育てられなくなってしまった。志願兵制とはそうした現実を生むのです。志願する必要のない国民が戦争について無関心になることで起きる悲劇です。

†憲法改正の優先順位

井上　外国基地設置地域の住民投票と、徴兵制プラス良心的拒否権という私の二つの追加的提案は、沖縄と自衛隊にコスト転嫁して平和主義者の自己イメージに耽《ふけ》っている国民マジョリティの欺瞞《ぎまん》を衝《つ》くものですから、現時点では反発が強いでしょう。これらと丸ごと一緒にして国民投票にかけたら、最小限の戦力統制規範まで拒否されてしまうおそれがある。

だから私は、先ほど触れた合衆国憲法のアメンドメント方式に従って、文民統制・国会事前承認・軍事法廷など最小限の戦力統制規範を修正一条、外国基地設置住民投票を修正二条、徴兵制と良心的兵役拒否権を修正三条として振り分け、まずは修正一条から始めて段階的に戦力統制規範の強化を進める方向を提示しています。修正二条、修正三条はすぐには実現できないとしても、修正一条は緊要性があり、国民の理解も得やすいと思います。

九条問題に限っても、九条を改正すれば終わりではなく、戦力統制規範設定についてこれだけ問題があるのです。山尾さんの言う立憲的改憲が九条問題を超える大きなものであるならなおさら、体系性と包括性のある提案が求められると同時に、戦略的に何から始めるのかという順番もしっかり考えておく必要があると思います。

四つの選択肢

山尾　現行憲法の最大の問題点は自衛権をいかに国民意思でコントロールするのか、ここに核心があると私も思っています。自衛権の範囲の統制、文民統制、内閣の権限との関係、防衛過失に対する司法権の対応あるいは財政上の統制を検討する余地もあるでしょう。これらのコントロール方法を定める必要があります。

例えばいま、私の考える「立憲的改憲」のほかに「護憲」、安倍晋三総理による「自衛隊明記改憲」、そして「九条二項削除」案、と四つが議論の俎上《そじょう》に載っているとします。

井上　「井上達夫の九条削除論」が入っていないけど（笑）。それは置いておくとして。

「自衛権をいかに国民意思でコントロールするか」についての四つの選択肢

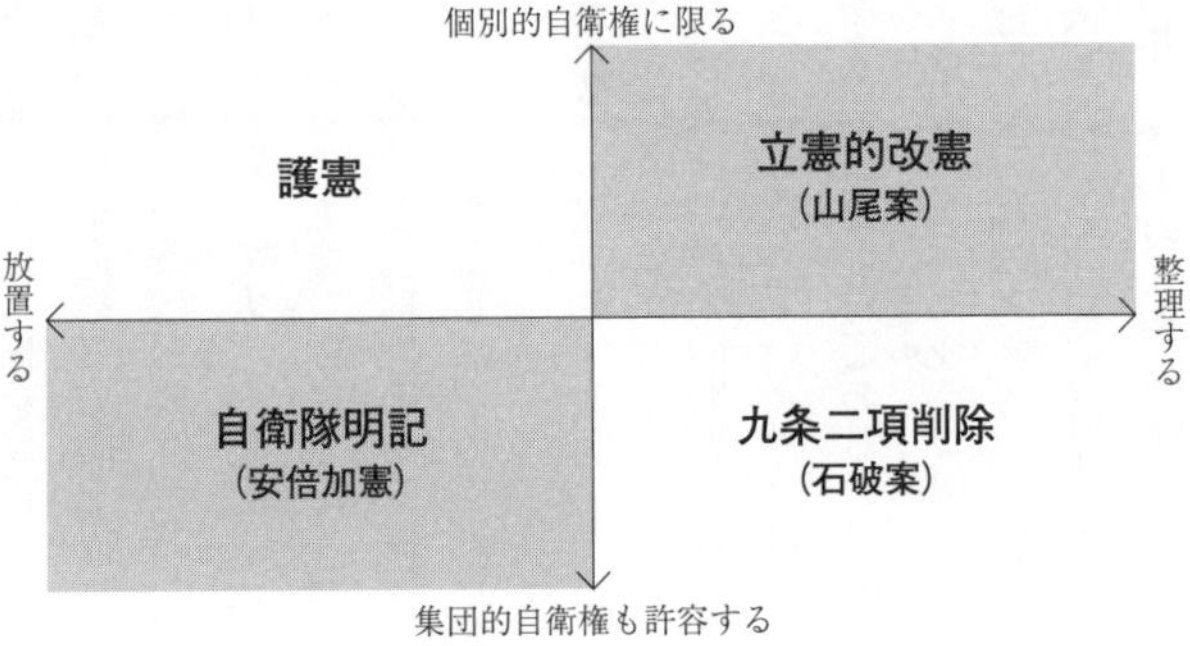

縦軸：個別的自衛権に限るか、集団的自衛権も許容するか
横軸：九条二項と自衛隊の矛盾をどうするか

山尾　すみません（笑）。この四つの選択肢をマトリックスで考えてみます。縦のラインは「憲法が許容する自衛権の範囲」を個別的範囲とするのか、それともフルスペックの集団的自衛権まで広げるか。そして横のラインは「九条二項と自衛隊の矛盾」を整理するのか、それとも矛盾を放置するか。

　いわゆる「護憲」案は事実上個別的自衛権を認めつつ、二項との矛盾を放置する考え方といえます。私の「立憲的改憲」は憲法明文で個別的自衛権の範囲に制約しつつ、二項との矛盾を整理し統制しようとする考え方です。「自衛隊明記」の安倍加憲は集団的自衛権をフルスペックで認めるのかどうか、今後の議論ですが、現在提示されている条文案を分析する限りフルスペックを許容する規定になっていますね。つまり安保法制を越える集団的自衛権まで憲法上許容した上、二項との矛盾を内包させ続けるものです。「九条二項削除」は、自民党の石破茂さんが主張しているために石破案と言われていますが、憲法上フルスペックの集団的自衛権まで許容しつつ、しかし少なくとも二項を削除して長年の矛盾に決着をつけようとしています。

あえて言えば護憲派の方々には、その多くが現時点における個別的自衛権の行使を否定しないにもかかわらず、なぜその限界を憲法に明記して政権の憲法逸脱行為を阻止するという提案に消極なのか、理由を聞いてみたい。現行憲法九条のもとで、イラク戦争時には自衛隊機による米兵輸送が実行され、「交戦主体」としか言いようがないPKOへの参加を許容し、そして安保法制を成立させて集団的自衛権まで可能とさせてしまった。憲法九条の形式的文言より、「専守防衛」の「平和主義」という憲法九条の本質的要請を重視するのであれば、ぜひ立憲的改憲に理解を頂きたいと思います。

また安倍加憲案と石破案を比較すると、両者とも憲法では自衛権の範囲制約の歯止めを外して安保法制をも越えるフルスペックの集団的自衛権を許容する憲法へと変質させる点で同じです。しかし、そのことを正直に話している点で石破案の方が誠実だし、また二項との矛盾に決着をつけようとしている点でも石破案の方が筋が通っていると思います。

いずれにしても、このマトリックスはたたき台です。さらに多様な論点・切り口・選択肢が提示された方がいい。井上先生は、この論点と選択肢についてはどうお考えでしょうか。

井上　自衛隊・安保を認知しながら「二項を残すか、二項改正か」という選択を求めるのは、立憲主義をまともにするという観点からはだめな議論だとはっきり言っておくべきだと思う。

二項では何が定められているかというと、「陸海空軍その他の戦力は、これを保持しない」さらに「国の交戦権は、これを認めない」と明記している。しかし自衛隊は、予算規模で見れば世界四位ないし五位、実際の軍事的実力で見れば米・露・中・英・仏（安保理常任理事国、いわゆる五大国）とインドという六つの核保有国に次いで世界七位です。つまり核を保有しない国の中では世界最強の軍事組織なのです。加えて世界最強の軍隊であるアメリカと一緒に行う合同防衛行為が交戦権の行使ではないなどと言っている。これはまったくの嘘です。

ここで、「交戦権」という言葉について用語上の注を付けておきます。「交戦権」を、いわゆる「無差別戦争観」が支配した時代の「戦争原因の正不正を問わず、国益のために戦争する権利」と捉えた上で、そんな交戦権はパリ不戦条約以来、国際法上否定されているから、九条二項でわざわざ否定する意味がない、存在しない権利を放棄するというのはナンセンスだという議論がなされることがあります。しかし、これは論点をぼかしてしまいます。

九条二項で「国の交戦権は、これを認めない」と規定したのは、戦争原因の正不正を不問にした無差別な交戦権（侵略戦争する権利も含む交戦権）というもはや国際法上存在しない権利を認めない、などとあらずもがなの無意味な宣言をしたのではなく、正当な戦争原因（侵略に対する自衛）がある場合に戦時国際法（国際人道法）の交戦法規に従って戦争を遂行する権利も否定することを宣明したのです。自衛隊と安保による防衛行動は、この九条二項の交戦権否認の趣旨に明らかに反します。

「自衛隊は戦力ではない」と言い張ったところで、仮に北朝鮮と軍事衝突があった場合、国際法上は交戦法規が適用される。「交戦ではない」と主張することはできない。自衛隊の存在は明らかに憲法を無視している。九条二項を残しておきながら、自衛隊を保持しようとするのは立憲主義の否定そのものと言うべきです。立憲民主党が本当に立憲民主主義を守ると言うのであれば、ここは必ず叩いてほしいところです。

積み上げてきたウソと欺瞞

山尾　四つの選択肢を示したマトリックスで言うと、安倍政権において憲法改正原案が提出されて発議されるとしたら、事実上「自衛隊明記」の安倍加憲案しか可能性がない。安倍総理に物言う良識派が機能不全状態にある自民党の様子を見ても、石破さんを中心にした九条二項削除論（石破案）が盛り返すとは思えません。この本が出るころには結論が出ているかもしれませんが、おそらく安倍総理に引きずられて自衛隊明記案でまとまっていく可能性が非常に濃厚だと思っています。

この状況を踏まえて今やるべきは、憲法改正をまともな議論に発展させるために、「護憲か改憲か」あるいは「護憲か改憲か安倍加憲か」というような粗雑な提示ではなくて、せめて先に示したマトリックスのように、複数の重要な論点に沿った選択肢の提示が不可欠です。このことによって、国民一人ひとりが、自身の感覚に最も近い立ち位置を選択することができ、その立ち位置から「安倍加憲」への賛否あるいは評価を下すことができる。

たとえば「護憲」の立ち位置からは「憲法を変えるから反対」。「立憲的改憲」の立ち位置からは「自衛権について憲法の歯止めが外されるから反対」。「九条二項削除」の立ち位置からは「二項との矛盾が放置されるから反対」と明確な評価が可能になる。

私が「安倍加憲反対」だけでは戦えないと思うのは、国民の多くは「理由なき反対派」になることを望んでおらず、積極的に政策選択をした結果としての「賛成」「反対」であれば納得のうえ表明できる、そう感じているのではないか、そしてその感覚は極めて真っ当だと思うからです。

井上 マトリックスのうち、「護憲」の立場の欺瞞をまず指摘しておきたい。「九条二項があるおかげで多少嘘でも、嘘なりの効用があり、自衛隊の拡張が抑えられてきた」という説明ははっきり言ってごまかしに過ぎません。既成事実の積み重ねの速度を多少は抑えてきたかもしれないが、今やその抑制力がどんどん失われている。抑えることができていない。

財政的コントロールを強調する向きもあるが、防衛費はすでに年五兆円を超えていて、今後さらに増える懸念もある。米国製の新たな迎撃ミサイルシステム「イージス・アショア」の導入などによって二〇一八年度は五兆二千億円近くが予算計上されている。財政的コントロールが利いているなどと到底言えない状況だ。こうしたことを踏まえれば「九条二項があれば、嘘でもそれなりの効用がある」という説明はむしろ危険だと私は思っている。

「九条二項を残すことによって、日本は国際的信用を保ち続ける」というのも嘘。九条二項を掲げながら、それと矛盾する自衛隊・安保という巨大な軍事力を保持して平気な日本人は信用できないというのが、国際社会の良識ある反応です。

「かつての軍国主義には戻らないために」というのも倒錯している。巨大な軍事力を事実上容認しながら、戦力統制規範を欠いた憲法をそのまま放置しておけと主張する方が、法的統制なき軍事力の暴走を許した戦前の軍国主義の危険につながるのです。すべて欺瞞的な考え方です。護憲の立場の人は、それを理解したうえで自分の選択をしてほしいと思います。

†磨かれるべき憲法

山尾　「集団的自衛権を認めて二項を削除する」という石破案と、私が考えている「個別的自衛権に限定し、その限りにおいて「戦力」「交戦権」に該当することを認めた上で、二項との関係を整理する」というのは、少なくとも「統制すべき戦力の存在を認める」点で共通しています。存在を認めなければ必要な統制ができませんし、いつまでも国民に理解困難な憲法のままでは、この国の立憲主義を発展させることはできないと思いますので。両案の違いは、自衛権の範囲についてです。これは政策論ですから、選択肢としての条件は備えていると思います。それぞれの外交・安全保障論にしたがって、熟慮して選択していただければよい。

しかし護憲案と安倍加憲案は、井上先生が指摘するように「二項を残したまま、統制すべき戦力を存在しないものとして放置しておく」ということであり、初めての憲法改正だからこそ、そもそも選択肢として不十分だと思っています。

難しいのは、九条があるために軍拡のスピードを遅らせることができたという側面があるとするならば、これからも置き石としてそこにあったほうがいいと思っている人たちがそれなりにいる。その方たちにどう理解してもらえるか。私は苦心もしますし、努力もしたい。

自衛隊を存在しないことにして後ろめたさで抑止するという手法は、少なくとも第二次安倍政権にはまったく効いていない。歯止めがない現実を逆手に取って、むしろ自衛隊の活動範囲を際限なく広げようとしている。そうした状況であるにもかかわらず、たとえば「安倍総理みたいな独裁的な政権が政治を牛耳るのは、数十年に一度起きるかどうかの現象であって、その現象のためになぜ憲法を変える必要があるのか」と話す人もいる。
　私はむしろ数十年に一度、いや数百年に一度登場するかもしれない非常に反立憲的で独裁的な政権をも統制するために、憲法は磨かれていかなければならないと思っています。

井上　僕は、安倍さんが危ないから安倍政権下では改憲しないほうがいいというのはまったくナンセンスだと思っています。理由は三つある。一つは、安倍政権の下では改憲させないけど、自分たちが政権を取ったら自分たちが正しいと思う改憲はやるのか、ということ。もしそうなのであれば政権を取る前から自分たちがベターだと思う改憲案を提示し国民の信を問わなければ、だまし討ちになる。「安倍政権打倒」を今めざしているのであれば、自分たちの改憲構想をまさに今、政権奪取する前に国民に示すべきだ。山尾さんの立憲的改憲案はすごく勇気あることだし必要なことです。とにかく今から議論は始めておかないといけない。
　次に、安倍総理が現れる前の自民党の保守本流は基本的に専守防衛、個別的自衛権だったら合憲だという立場でしたが、これ自体があからさまな解釈改憲だということです。国際的に戦力として扱われざるを得ない武装組織である自衛隊を海外に送っておきながら「戦力ではない」と嘘をついている。多国籍軍に入ったとしても、地位協定で治外法権の特権を受けながら軍法会議の法的コントロールが日本だけない、というものすごく危ない状況を招いている。これは安倍以前の保守政権や民主党政権にも責任がある問題で、解決を先送りできない。

第三に、個別的自衛権の枠の中だから安全かというと、そうではない。個別的自衛権の範囲内であっても戦力が乱用されるケースはある。自国の防衛能力が破壊される前に敵に先制攻撃を加えるという予防戦争の論理は、自衛の名による侵略の正当化の理屈として頻繁に濫用されてきました。最近では、テロへの報復としての戦争という濫用も出ています。フランスが風刺新聞シャルリ・エブド襲撃事件への報復として行ったシリア爆撃もそうです。

†軍事的無責任の危険

山尾　「自衛権の問題ではなく、本来は国内治安の問題ではないか」という指摘ですね。

井上　犯罪として刑事的手続きでやるべきところを、フランスは自国へのテロ攻撃に対する個別的自衛権の名でシリアの「イスラム国」を爆撃してしまった。建前上いくら専守防衛、個別的自衛権と言っていても、このような形で無責任な軍事力の濫用はいくらでも起こり得るということです。だからそれを統制するための戦力統制規範、つまり国会の事前承認といった具体的な歯止めが欠かせない。

九条によって何かしらの重しが利いているというのは幻想に過ぎません。「九条にノーベル平和賞を」と言う人たちがいますが、日本は既にアメリカの侵略戦争に加担してきました。「九条がある」と言っておきながら地位協定を結び米軍基地を使わせているのです。しかもそれは日本防衛のためだけではなく、アメリカの世界戦略の一環としてです。最近は日米合同委員会の暗黙の協定で、日本国内にある米軍基地から直接海外の攻撃地へは行かないことになっていますが、第三国を経由すれば行っても構わない。これは国際法上アメリカの軍隊に基地や兵站《へいたん》を提供していることを意味し、すなわちアメリカという交戦主体の一部だとみなされても仕方ないということです。

たとえば、ベトナム戦争のときにホーチミンが北朝鮮と同じ程度のミサイルを持っていたとして、沖縄の基地がホーチミンからミサイル攻撃を受ける可能性があるということです。ホーチミン側から見れば、沖縄の米軍基地攻撃は国際法上正当な自衛権行使とみなされる。つまり日本は既に交戦主体となってきたということ。それにもかかわらず「なっていない」と言うのは自己欺瞞的な幻想に過ぎない。戦力を持っているのだから、持っていないふりをするな、ということ。国内的な問題だけでなく国際的にも無責任だということです。

山尾　国際的な無責任さという点でいえば、国外過失犯処罰規定がない、そして防衛過失に対応する実体的・手続的法体系がない、ということも極めて重大な問題です。

†「二項削除」も中途半端

井上　その前に、九条二項を削除する、いわゆる「石破案」についても言っておきたいことがある。安倍加憲案に比べたら石破案はまともだと思います。自衛隊を戦力として認知するという方向にいくからです。

それでもやはり中途半端な点は否めない。私が主張する九条削除論は二項だけではない。九条一項はパリ不戦条約の精神だから、紛争解決や国益追求の手段としての戦争は禁止しているが、自衛のための戦争は禁止していないと解釈されています。しかし、これはあくまでも一つの解釈に過ぎません。一項を残して二項だけを削除しても、「一項の戦争放棄は自衛戦争の放棄も含む」とか、「一項で許される自衛とは何か」という議論が今度は生じる。

私は、安全保障がどうあるべきかについての議論が、憲法解釈を巡る神学論争にすり替えられてしまうことが非常によくないと思っています。一項だけではなく九条全体を削除し、その代わりに、戦力を保有するか否かの決定権の所在と、戦力保有を選択した場合に遵守されるべき種々の戦力統制規範を憲法で明定することを私は提唱しています。それは、戦力に対する憲法的統制を確立強化するためであると同時に、戦力統制規範と区別された安全保障に関する政策選択(武装中立か非武装中立か、個別的自衛権か集団的自衛権か、集団的自衛権は不可でも国連の集団的安全保障体制への参加は可か、など)は、憲法解釈論議や神学論争であってはならない、国際情勢の現実を踏まえた実質的な政策論議をしなければならないと考えるからです。

二項削除論は、集団的自衛権が違憲かどうか、などという憲法解釈論争の温床を残すという点で中途半端です。「安全保障政策として実質的に妥当かどうか」。これを真剣に議論すべきです。

山尾　確かに、二〇一五年の安保法制の議論のときは「憲法に合致しているかどうか」という許容性の議論と、安保政策として必要かどうかという必要性の議論が、完全に交錯してしまっていました。立憲民主党はいま「安保法制は立憲主義違反であり、したがって立憲主義違反を上塗りするような改憲議論には乗れない」と言っている。論としては成り立ち得るが、安倍政権の議論に乗る必要はなくても、党内議論や国民との草の根の議論の活性化は待ったなしだと思います。そして、憲法を議論するからには九条をはじめとする自衛権統制の議論を避けては通れません。ですから、現実的な外交・安保政策について侃々諤々《かんかんがくがく》の議論に心してかかることが、野党第一党の責任だと思います。

井上　二〇一三年に枝野さんの改憲私案が『文藝春秋』に載りましたね（枝野幸男「改憲私案発表　憲法九条　私ならこう変える」、『文藝春秋』二〇一三年一〇月号）。民主党が自民党に政権を奪われたときです。「九条そのものはいじらない」「二項は残す」「九条の二とか九条の三と枝番を付ける」などと述べられているので、現在の安倍加憲案と同じではないかと指摘されている。論文の「九条の二は、自国を守ってくれる他国が攻撃されたときに、その他国と共同で自衛権を行使できる」という主張に対して、当時共産党が集団的自衛権と同じではないかと衝いたが、枝野さんは「個別的自衛権の枠の中だ」と言った。いずれにしろこの論文だけを見れば、「九条二項をいじらないで、自衛隊を認知する」とする点では安倍加憲案とどこが違うのか分からない。立憲民主党が、安倍加憲案と差異をつけたいのであれば、「九条二項を明文改正する」ということを積極的に主張していかないと独自性や存在価値が失われていくと思います。

山尾 枝野さんの改憲案は、安倍加憲案とは本質的に違うと思います。安倍加憲は少なくとも一項、二項はそのままにして、自衛隊の存在を明記し、自衛隊にまつわる自衛権の行使の議論について触れないということです。自衛権の範囲を法律事項に落とし込んで、憲法上は統制しないという解釈が十分可能なものになるのではないかと思っています。この点で安倍加憲案についてはどう見ていますか。

井上 九条二項が残っている以上は、その二項の縛りが利くことになるでしょう。

山尾 それは、護憲派の感覚が利用されている面がありませんか。安倍総理も「九条二項がある限りは一定の重しがあります。自衛隊を明記しても九条二項を残すので、その重しがかかるから安心してください」というようなことを言っている。ところがこの「重し」は今や幻想なのではないか。少なくとも、第二次安倍政権で集団的自衛権まで認められた時点で、「重し」は「幻想」に変わった。安倍総理は、それが「幻想」だということを百も承知で、「二項の縛り」などと言っていると思います。「護憲派のみなさんと同じ、私も二項の縛りを信じてますよ」と。しかし、信じる根拠は今やどこにもないのです。

井上 これは政治的な戦略の問題ではなく、立憲主義を守るという憲法の規範に対する敬意を日本人や日本の政治家が持つか持たないかという問題です。九条二項を残しながら、世界有数の軍事力を誇る自衛隊を残すということは、つまり日本人はおよそ憲法などどうでもいいと思っている国の人間だということなのです。

一番恐ろしい国家権力である戦力についてこんないい加減なことができる国民なのだと、世界にも見られてしまう。政治的に世論の支持が得られやすいからとか、短期的な政治的戦略で考えてはいけない。日本人がまともな立憲民主主義国を立ち上げるために、二項と自衛隊との矛盾は絶対に解消すべき問題だと思っています。

安倍加憲が生む神学論争

井上 安倍加憲案について付言すると、集団的自衛権か個別的自衛権かをあいまいにしたまま「自衛権」という言葉を使えば、それがまた何を意味するかで神学論争になるであろうということです。

山尾 新たな神学論争の発端になるということですね。

井上 自民党には、既に解釈改憲で安保法制を合憲としたのだから、その上さらに明文の憲法改正でその正統性を調達したいというのであれば、集団的自衛権も含むことを明記する憲法改正案を自ら出しなさい、と言いたい。そうすれば立憲民主党との明確な対立軸が出てくる。これならごまかしがなく、選択肢を誠実に国民に示すことになる。

山尾 そうですね。私はこの機会に、複数の政策的選択肢を誠実に反映した改憲案が国民に提示されれば、外交・安保政策についても、立憲主義の本質についても、国民的議論は可能だと思います。

私の立憲的改憲は、個別的自衛権を強化し集団的自衛権は封印する、そして集団安全保障に関しては非軍事的なプレゼンスによる職人的な平和構築で貢献する、という政策論を、必要な範囲で憲法に落とし込むものです。きちんと時間をかければ、理解も広がると感じています。しかし安倍総理は、国民の理解の深まりには時間がかかることを逆手にとって、改憲を短期決戦で終わらせてしまおうとしている。今こそ議論の発端を開き、これは一年やそこらで賛否を問う問題ではないことを浸透させたい。

「九条二項を残すかどうか」は、日本の将来にとって、日本の憲法規範の力を取り戻すかどうかということにおいて、非常に大きな岐路だということも示すことができると思う。そうした国民の知性の底力を、私は信じています。

井上 そこです。僕が立憲主義だけじゃなく立憲民主主義という言葉を使ったのは、そこの視点があるからです。つまり国民を信じるかどうか。護憲派は九条をいじると戦前の軍国主義に戻るぞと言うけど、戦前は治安維持法もあり自由な言論も民主的な政治プロセスも保障されていなかった。でも今は保障されている。もし九条を廃止したら軍国主義に戻るとか、日本の国民がみんな軍国主義的な感情に引き入れられるぞ、と話を持っていくのは、要するに国民を信用していないわけです。

でも実は、護憲派も国民の一部です。自分たちが民主主義の担い手として国民の軍国主義化に対して国民の一部として議論し歯止めをかけていく、その能力も自分たちにはありませんと言ってしまっている。九条が死文化しようと文言が残っていることで我々が悪魔化することを抑えられているのだ、と考えているとしたら、もはや民主主義はいらない。誰か賢い人に国を治めてもらえばいいという話になってしまう。

山尾　この論点は、国民の力を信じるか、憲法の力を信じるかというところと大きくかかわっています。国民の力で権力を統制する憲法を作れるのだ、と言うと「いや、どんな憲法を作っても安倍総理は守らない」と反論されるわけです。

†国民の力を信じる

山尾　それこそが安倍総理の思うつぼではないか。つまり護憲派が憲法の力さえも信じていないわけですから。憲法を守らせる力が国民にあるのだということさえ信じない。これはもう立憲主義でも民主主義でもない。最後はここに行き着いてしまう。

井上　今の護憲派は「多くの国民は憲法なんて分からないんだから、国民投票なんかやったら危険だ」「ポピュリズムの政治家に扇動される」というデマを流しているに等しい。国民を愚民視するような姿勢を護憲派が示すことは本当に許しがたい。

　憲法は神から与えられたわけではない。我々は占領軍にマッカーサー草案を押し付けられたけれど、押し付けは占領期までの話であって、その後は自分たちで変えようと思えば変えられた。憲法も人がつくるものなのです。自分たちで憲法をつくっていく実践をしない人たちに、その憲法を尊重する意識が生まれるだろうか。いい憲法になるかどうかは、国民投票の結果次第でどうなるか分かりません。でも、自分たちにとって望ましくない結果が予想されるからといって国民投票をやらないというのは、国民主権原理を否定するものです。人は生まれながらにして基本的人権の享有主体であるという自然権も、そのまま天上から降りてきたものではない。近代市民革命以降、あるべき立憲民主主義の統治機構は何であるかについて、さまざまな解釈を経る中で人々が議論しつくってきたものです。

　九条は、戦力という国家暴力の最も危険な要素にかかわる基本的な憲法原理です。これについて現実と憲法規範との間でこれほどの矛盾が生じている今、それをどう是正していくのかという問題は、やはり憲法自身が定めている改正手続きに従って国民の審判を仰ぐべきなのです。それをさせないという人たちは、民主主義者を名乗る資格はないと僕は思っています。

山尾　「改憲自体への抵抗感」は、戦後日本の歴史の中で憲法改正が権力側、政権政党側もしくはその応援団側から出てくる「権力を解放するための憲法改正」しか多くの国民は見たことがないから生じるのではないでしょうか。権力者が自分たちの自由度を高めるための改憲しか想定できない。だから、統制する側が提示する初めての憲法改正議論として「立憲的改憲」が一石を投じることができたとき、日本は新しい改憲議論をスタートさせることができるのではないかと思っています。

井上　改憲論議を右の改憲派がリードしてきたのは、実は護憲派の責任ではないですか。

山尾　自分たちが対案を出してこなかったから、常にリードを許していたということでしょうか。権力を統制するのが憲法だというのなら、その憲法改正をリードするのは、統制客体である国家権力側より、統制の主体である国民側、そして権力に対峙する野党こそふさわしい、と思います。

井上　いずれにせよ立憲的改憲案を立憲民主党が中心になって出すことは、従来の「改憲」対「護憲」といった硬直した状況を一変させることになるでしょう。

とはいえ今すぐ国民投票をしようと言うつもりはありません。憲法改正は性急にしてはいけない。十分議論を深めた上ですべきです。しかし、議論は早急に始めなければいけない。安倍政権の支持率低下で、盛り上がってきた憲法論議の機運が尻すぼみになってしまうのは困る。もし安倍政権が次の選挙を意識して今は何が得策かと考えて改憲姿勢を消極化するようなことがあると、護憲派は安堵してまた原状に戻る。それはよくない。

政権側がどういう態度を取るかにかかわらず、日本の立憲民主主義を大事にしたいと思う勢力は、自分たちの改憲案を議論の土俵に載せるべく提示するべきだ。そして、じっくり時間をかけて議論するべきだと思っています。といっても、「じっくり時間をかけて」を永遠に憲法改正を先送りする口実にしてはいけません。あくまで十分熟議する機会を国民に提供した上で、最終的に国民投票で国民の審判を仰ぐという意味です。

†国民投票法の改正問題

井上　国民投票の制度についてですが、護憲派は国民投票そのものに反対していたため、国民投票法をまじめに改正しようとしてこなかった。しかし、広告費の上限規制、発議から投票までの期間（二カ月～六カ月）が短すぎること、改正案の要旨などを載せた公報は投票日の一カ月前までに出せばいいことなど、改善すべき問題はいろいろあると思います。最近、立憲民主党は国民投票法改正を検討しており、与党側からも同法改正に向けた姿勢が示され、超党派の議員連盟結成への動きもあるようです。どこまで検討が進むか分かりませんが、要は、憲法改正を巡る国民的熟議をしっかり遂行する機会を国民に保障することを眼目にして制度改正について議論を深めるべきです。

それから国民投票法の付則に諮問《しもん》型の国民投票を検討するという項目があるが、全然検討されていない。どういう課題が憲法改正の対象になるか、事前に国民に問うことも大切です。この制度の具体化も急ぐべきだと思っています。現行の国民投票法の欠陥を放置しながら、それを理由に国民投票の回避を護憲派が主張するとしたら、こんな無責任な話はありません。

山尾　国民投票法の問題は今も党内で議論が進んでいますし、この本が出るころには投票機会の一部拡大が実現しているかもしれません。しかし、いま井上先生が指摘された熟議を深めるための制度改正こそが大切で、二〇一八年秋の国会で議論しなければなりません。たとえばテレビCMについて、「国民投票運動」は投票日前の一四日間は制限されるという規制がありますが、期間としてそれでは不十分でないかという議論もあります。また、「投票運動」ではない「意見表明」であれば一切規制を免れることになりますが、それは法の抜け道とならないかという問題もあります。

もう一つ検討されているのは最低投票率あるいは最低得票数の定めの是非。国民投票法制定時（二〇〇七年）の議論では、検討していた国会議員がイタリアへ海外視察に行ったんですね。

そこで最低投票率の定めが、真摯な議論よりも投票ボイコット運動を盛り上がらせるデメリットになるとの説明を受けた。イタリアでは、ボイコット運動のマニュアルが相当緻密に作られ、反対派にかなり効果的に利用されている、と。この説明にはインパクトがあったようで、最低投票率の定めを設けないという当時の判断につながったようです。この点について井上先生はどう見ていますか。

井上　国際的に見て、最低投票率を定めるほうが例外です。それは無関心派に拒否権を与えていいのかという問題があるからです。多くの国民が無関心だとしたら、護憲派は九条を変えたくないから「有権者の過半数にしよう」とか「最低得票率を定めよう」と言い出す。それは現状を維持したい側にとっては有利かもしれない。しかし攻守を入れ替えて考えてみてほしい。自分たちがいいと思うほうに憲法を変えたいというときに、最低投票率設定や有権者過半数ルールは自分たちの足を引っ張ることになる。もっと長期的に、攻守を替えて考えても「これはフェアだね」と言えるようなルール作りを目指すべきです。

†許容ではなく「保障」へ

山尾　たとえば私は、憲法二四条の「両性の合意」を「両者の合意」に変えて同性婚を認めたほうがいいと思っています。「現行の二四条でも同性婚を許容していると読める」と指摘する方もいますが、私は「許容」ではなく「保障」したい。保障するのであればそれはしっかり憲法に書き込みたい。このような提案をリベラルの側がしたとき、これに反対する運動体がどのような運動を考えるか、ということも踏まえておきたいです。

井上　そうです。さきほど言ったように一番緊急の必要性があるのは九条問題だが、それ以外にも立憲的改憲の立場から改正案はいろいろある。

二〇一二年に発表された自民党改憲草案には飴《あめ》が混ざっており、憲法一四条の平等規定について、現行の「人種、信条、性別、社会的身分又は門地」による差別の禁止に、「障害」による差別の禁止も加えている。リベラルな立憲的改憲の立場からはこれをさらに進めて、LGBTの権利を保障するために「性的指向性」による差別の禁止を加える案も考え得る。性的少数者に対する差別は二四条の婚姻だけではないからです。

山尾　改憲の広がりについて考えると、ほかにプライバシー権の話があります。私生活の平穏を害されない権利というのは古典的な解釈ですが、時代が変わり「自分の情報をコントロールする権利」だと言われています。しかし最高裁の判例はそこまで来ていない。だとしたら、今の時代に合わせた地裁レベルの解釈を憲法に書き込むことによって、プライバシーを実効的に補償する具体的規範になる改正も一つあり得ると思っています。

井上　統治機構については、解散権の濫用もそうですが、立憲的改憲の対象になるものはほかにもある。最低得票率にこだわってしまうと、これらの改憲事項についても無関心派に拒否権を与えることになるから、それはだめだと思います。

山尾 解散権は問題ですね。また臨時国会の召集も本来は日数を書き込むべきでしょう。統治機構の条文がスカスカなところを悪用するような権力は今後も必ず出てくる。自衛権統制に限らず、統治機構の問題では三権の均衡を図り、とくに国会の強化・司法の活性化・内閣の統制という観点から、具体的に規律する改憲提案があってしかるべきだと思っています。

†裁判所の役割と民主的コントロール

井上 人権保障の実効化については、実体的な権利リストをどうするかだけではなく、裁判所が違憲審査権をなかなか発動しないという問題がある。これに対するいら立ちがあるから、特別裁判所としての憲法裁判所の設置を山尾さんは提案されたのではないですか。そこは理解できます。ただ、民主的にコントロールされているわけではない裁判所が、民主的な立法を違憲無効とするのは民主主義からするとおかしいという議論が昔からある。

民主的な正統性と両立するように裁判所の違憲審査権の濫用を抑制する必要もある。次々に新しい人権を認めて、裁判所が法律や行政行為を違憲無効であると判断したり、憲法裁判所によって違憲判断の範囲を拡大したりすることには慎重でなければいけない。

少し難しい議論になるが、特別裁判所として憲法裁判所を設けるのか、通常裁判所としての最高裁に任せるのかという問題と関連しているのは、違憲審査の対象と方法です。いわゆるヨーロッパ型の憲法裁判所というのは抽象的違憲審査です。日本がやっているのはアメリカに倣った付随的違憲審査。個別の事案の紛争を解決するために必要な限りで、違憲の主張ができる。しかも、その紛争当事者の憲法上保障されている権利が侵害されたということがあって初めて違憲訴訟ができる。これが付随的審査制です。

特別裁判所である憲法裁判所がやるのは抽象的審査ということになる。つまり個別の紛争や、自分の権利の侵害がなくても、端的に憲法のこの規定に国家の行政行為や法律が違反している、と主張して争える。法律が成立した後ではなく、事前審査もできる。

どんな法律でも抽象的かつ事前に審査できるようにすると、裁判所の権限が強くなりすぎるという問題をはらむ。憲法裁判所の裁判官人事が極めて政治化することにもなる。こうなると内閣法制局の裁判所版のようになりかねない。このような点から、私は憲法裁判所については少し慎重です。通常裁判所でいくか憲法裁判所でいくかという問題と、付随的審査か抽象的審査かという問題は、論理的には別になります。通常裁判所に任せたとしても、抽象的審査を限定的に認めることはあり得る。

それともう一つ。憲法裁判所をつくったとしてその裁判官をだれがやるかが問題になる。

山尾　ポイントはそこだと思います。憲法裁判所の本質は、安易な統治行為論を乗り越え、違憲審査権を実効化することにあります。特に安倍政権のここ数年の違憲的振る舞いを見たとき際立つわけですが、現行憲法は国家権力による憲法違反をほとんど想定していません。井上先生が指摘したとおり、日本は付随的違憲審査制ですから国家の違憲的行為が国民の権利侵害に直接結びつかない限り、そもそも憲法判断に踏み込まない。そして、厳格な要件を充たして踏み込んだとしても、違憲判断は極めて少ない。さらに、めずらしく違憲判断が出た場合でも、是正する機能を持っていない。

そこで思い至ったのが憲法裁判所というコンセプトです。民意に基盤のある国会が成立させた法律や内閣の行為について、必ずしも民意に直接基盤のない裁判所がどこまで物申せるのかという点は、もちろん緊張関係にあると思います。

しかし、憲法裁判所の判断は政策の是非ではなく、「この政策を実行したいのであれば憲法を変える必要があるかどうか」ということにとどまる。その判断においてはむしろ多数者の意思を背景に持たない方が望ましい。なぜなら、「憲法」は「法律」と異なり、時の多数決から一歩距離をおくことにより、本来多数決でも奪えない少数者の権利を保障する、またそのための統治構造を保障するものですから。したがって、その政策はおいそれと多数決で通すわけにはいかない「憲法事項」であるか否か、という点については、むしろ民意に直接基盤を持たない裁判所こそが粛々と判断すべきだと思います。

この憲法裁判所について、いつの段階から権限を行使できるのか、判決の効力をどこまで認めるのか、ということを考えてみたい。

井上 いつからというのは法律成立の、事前か事後かという話ですか。

山尾 そうです。国会をどこまで信じるかというせめぎ合いの判断になる。例えば二〇一五年の安保法制の議論を考えてみます。一番早い段階は、国会で政策議論と憲法議論を闘わせているこの段階です。つまり法案提出後、成立前です。国会審議と並行して審査したり、国会をいったん止めてから憲法裁判所の判断を聞いてみたりすることも理論上はあり得ると思います。

私の感覚ではこれは早すぎると考えます。政策適合性と憲法適合性は、いずれもまず国会で多様な材料を出し合い議論を重ねてから、国会の一つの意思を出した後に、裁判所の出番ではないだろうかと思う。

次に考えられるのは成立後、施行前です。違憲の疑いが濃厚な法案が通ってしまった場合に、たとえば議員の四分の一以上という要件で、憲法裁判所に付託するという道を残す。

あるいは施行後。ただし施行後は実際に国際関係にも大きな影響を与えている場合があり得ます。それが合憲、違憲の判断にも影響を及ぼすかもしれない。

もう一つ考えるべきは、その判決の効力です。たとえばある法律が違憲だと判断されたとき、即無効にするとあまりにも混乱する。それならば一定の期間を設けて、それまでに立法（改正）しなさいというのはどうか。内閣の行為である臨時国会の召集を、憲法上の要件が整っているのに召集しないような「不作為の違憲」の場合には「召集しなければならないという義務付け」を認めるのか。それでも召集しない内閣を想定し、「いつ召集される」という強制的な効力まで持たせるか。これもどこまで司法が越境していくのかというバランスのせめぎ合いです。どうお考えでしょうか。

井上　付随的審査か抽象的審査か。私は付随審査を基本としつつも政教分離違反のような場合、一定の範囲で抽象審査も必要だと考えています。抽象的審査の中でも、事前は危うい部分があるので事後審査が適切だと思います。事後審査の中でも法案成立後、施行前か施行後かという二つがあり得ますね。法律の現実的帰結は施行されないと分からないこともあるので、両方認めていいと思います。

判決の効果については、通常は違憲無効にすべきです。たとえば臨時国会の召集など積極的な作為を要求する場面については、行政事件訴訟法の改正で義務付け訴訟もできたのですから、それに類似するような効果を考えてもいいかもしれません。政府がなすべき作為をサボっているときにそれをやらせる効力というのはあり得る。

ただし先ほども指摘したように、民主的コントロールにそれほど強く服していない裁判官に、民主的な政治部門の決定を覆させることをあまり焦ってはいけない。アメリカではたびたび最高裁が違憲判決を出していますが、実はあれだけ強い違憲審査権を行使するというのは英米法の中でもむしろ例外で異質です。イギリスは成文硬性憲法ではないし、違憲審査制度もない。ニュージーランドはイギリスとほぼ同様だし、オーストラリアは成文憲法はあっても議会の立法手続きで改廃できるので硬性ではなく、裁判所の違憲審査権は空文化しています。

ただ、イギリスはサッチャー政権（一九七九〜一九九〇年）以後、少し変わってきている。イギリスでは紙の上の憲法などあっても政治文化がなければ意味がないという立場で「自分たちにはしっかりとした不文の政治文化がある」と言い続けてきたわけですが、その弱点が露《あら》わになったのがＩＲＡ（アイルランド共和軍）によるテロでした。

サッチャー政権はテロを抑えるという名目で被疑者、被告人の「法の適正手続き」上の権利を侵害し、かつ集会結社の自由も侵害した。ところがイギリス国内ではその人権侵害を救済できなかった。しかし、イギリスはヨーロッパ人権規約（European Convention on Human Rights）を批准していたので、国内における救済手続きをすべて尽くした後なお救済されない人権侵害があった場合にはヨーロッパ人権裁判所に訴えられる。その結果サッチャー政権時代のイギリスは、最も頻繁に政府が提訴されかつ最も頻繁に敗訴した。その反省で一九九八年に人権法ができました。成文硬性憲法ではないが、その人権法によってヨーロッパ人権規約を国内法に編入した。人権規約が国内法化されたことで、ヨーロッパ人権裁判所まで訴えにいかなくても、イギリスの裁判所で法律の人権法違反が争えるようになりました。

それでも裁判所は人権法に反していると宣告はできるが違憲無効とはできない。この法律を変える、変えない、廃止するかどうかは議会に委ねられている。違憲無効とする強力な効果は与えないものの、裁判所が「これは人権法違反だ」と判決したことを放置しておくことは、次の選挙で政治的に大きなデメリットになり、それなりの効果がある。

これはカナダも同じ。カナダには成文硬性憲法として人権憲章があり裁判所が違憲無効判断を下せる。しかし、Notwithstanding Clause（「それにもかかわらず」条項）という裁判所の違憲審査権の制限が憲法に規定されており、議会がはっきりと「人権憲章のこの規定に反するにもかかわらず、この法律を制定する」と明定したら、そのときは議会の意思が優先される。

つまり裁判所と国会のバランスの取り方にはいろいろな選択肢があり得るということです。憲法によって人権をどのように保障していくか、民主主義との緊張関係をどう調整していくかについてはさまざまな制度設計が考えられる。

でも私たちはそれをあまり考えてこなかった。「憲法は、いじるな」ということが優先されてきたのです。九条もそうですが、およそ憲法というものは人間が考え人間がデザインするものなのだ、という意識が欠けていたのでしょう。これからはそういう議論もどんどんやっていった方がいいと思います。

山尾　まさに、憲法裁判所も「理屈はわかるが実現は難しい」と言う人がすごく多いのです。日本では新しい試みが肯定的にとらえられず、真摯な議論の俎上に載せることすら忌避されるのはとても残念です。憲法裁判所は、国際的に見ると採用している国は極めて多く、ましてや憲法の機能不全という課題に直面している日本で、議論すらしない理由はない。もちろん、諸外国でも導入時からすべてがうまくいったわけではないので、新しい制度は時間をかけて微調整を重ねながら国民が主体となって育て社会に根付かせていくものだということを承知の上で、腰を据えて真剣に議論すべきです。

†多様な「憲法裁判所」のあり方

井上　二〇〇〇年代初頭の司法制度改革の前、私は何度か経済同友会に招かれたことがありました。オリックスの宮内義彦さんが座長をしていてその中身や具体案が議論されている中で、まさに憲法裁判所の提案も出ていました。財界における議論の焦点は、人権保障というより官僚の統制から自由になりたいという議論が重視されたものでしたが。要するに経済的自由を規制する立法について違憲審査をしてもらいたい、だからそのために憲法裁判所を設けようということが話されていました。

山尾　一九三〇年代の米国で、ルーズベルト大統領のニューディール政策に対し、最高裁は当初違憲判決を連発しました。しかしその後合憲判決へと舵を切り、「憲法革命」が起きたとまで言われた。経済的自由を規制する立法について裁判所がいかなる憲法判断をするかは、その時代背景にもよると思いますが、世論と間接的なキャッチボールをしながらその国の社会が育てていくのでしょう。

また、最初の制度設計における裁判官の人事は、知恵の出しどころだと思います。たとえば、内閣の統制を強める意味では国会の衆参二院と裁判所から例えば五名ずつというように同数ずつのリストを出し、それについて国民の公開の諮問の場を義務的に設ける。その上で国会の特別多数決による同意人事にすることも考えられる。再任は不可だが、国民審査から外すことを考えてもいい。

この裁判官人事に関する検討を進めると、憲法裁判所の裁判官に要求される中立性は、最高裁裁判官にも当然求められるものであり、現在の人事制度には相当問題があることも明確になるでしょう。つまり、現行憲法においては最高裁裁判官の指名・任命は内閣の権限です。ただし、これまでは弁護士会からの推薦リストなどに事実上依拠する不文律があったわけですが、第二次安倍政権でこの不文律を破り官邸が人事に直接口をはさみ始めたという報道も現れています（二〇一七年三月二日付朝日新聞デジタル「最高裁人事、崩れた「慣例」その意味するところは」）。自己都合で人事を直接差配する内閣が姿を現し始めたいま「不文律を尊重する内閣」という性善説的な幻想をいったん捨て、中立性を制度に埋め込む憲法改革が必要なのではないか。安倍内閣はそうした引き金を引かせる性質の政権だと私は思っています。

井上　制度に埋め込むというとき、どういうやり方が適切か。最高裁の裁判官にはいま国民審査制度がある。これは、形の上では民主的なコントロールのはずです。でも国民の関心は低い。どのような判決を下したか新聞には出るが、誰も見ていない。

アメリカの最高裁の裁判官はわずか九人で日本より少なく、しかも極めて強烈な違憲審査権を行使する。民主的コントロールという点では、日本のような国民審査制はないが、事前のチェックがかなりある。最高裁裁判官の候補者は大統領が指名するが、任命されるにはまず上院の司法委員会で承認される必要があり、その後本会議にかける。その上院司法委員会で指名承認を得るために候補者は徹底的に尋問され、ラジオやテレビで放送される。国民はそれを見て候補者について考える。日本の形式的な国民審査より、はるかに司法のあり方について一般の国民が関心を持つし、情報も得られるようになっているのです。

制度というものは、実際にどのように機能しているかが重要です。日本の裁判官のキャリアシステムの問題点として政府追随傾向が指摘されますが、政権交代が頻繁に起きたら、否応なしに自民党寄りだけではだめだ、となる。政権交代を活性化することも司法の独立性を高めていくことになる。

山尾　司法に限らず、官僚の質を一定程度維持するためにも政権交代は絶対に必要ですね。ただ民主党政権の失敗で、この国に政権交代はもう起きないのではというイメージができあがってしまった。それがどれだけ官僚の仕事の質を落としているか。司法をも侵食しかねない懸念もあります。制度に政権交代を内在化させることはとても大事です。

†司法の改革も射程

井上　私は日本の裁判官に対して非常に厳しい見方をしている。裁判官たちが自らの立場を正当化するとき、先ほど触れた民主主義と立憲主義の緊張関係を持ち出す。裁判所があまり積極的に民主的立法についてチェックしてはいけませんと言い出す。この論理が最もひどく現れるのが統治行為論です。重要な統治の根幹にかかわる問題について司法は謙抑《けんよく》的であるべきだという。この論理は実は極めて欺瞞的です。あまりにもひどい。

「統治行為だから憲法判断をしない」と言うことは、要するに合憲判断を下すに等しいからです。統治行為論は実はまったく政治的に中立ではない。しかもその論理がたとえば日米安保が違憲かどうかという判断で使われる。最終的には国民の審判を仰ぐべきだと言うのなら、下手な政治的な考慮をしないで九条二項を文字通りそのまま読んで、これは違憲ですと違憲判決を下せばいい。その上で政治が「自衛隊は必要だ」と思うのであれば、そのとき憲法改正を発議して国民投票にかければいい。そこで国民によるチェックが利く。

民主的政治プロセスの尊重という統治行為論の建前が単なるごまかしであることは別の面からも明らかです。違憲審査という一番重要なものを回避しておきながら、ほかの憲法判断を伴わないケースでは民主的立法に委ねるべきはずのルール形成を裁判所が勝手にやったりする。日本型司法積極主義と言うのですが、例えば男女雇用機会均等法ができる前の「定年における女性差別問題」を民法九〇条（公序良俗違反）の問題として救済した。

いまの例はいい面と思われるかもしれないが悪い面もある。交通事故などで死亡した被害者の逸失利益算定に性別格差をもたらすルールが判例で作られ使われたこともありました。さらに、日照権や景観権など新しい人権が争われる場合、影響を受けるのは単に原告と被告だけではない。いろいろな人に影響を及ぼすのに、裁判所がトップダウンでルール形成してしまうのはまずいのではないか。「民主的なプロセスを尊重する」と言うのであれば、このような日本型司法積極主義はなおさらあり得ないことになる。

民主的プロセスと司法との間に緊張関係があったとしても、断固として違憲審査権を発動しなければいけないのは被差別少数者の人権保障の局面です。民主的プロセスに委ねきれない少数者保護であるからこそ、裁判所は強く出なければいけない。しかしここでは逃げて違憲判決が出ない。

要するに日本の裁判官は、出るべきところで出ず、出るべきではないところで出しゃばっているということ。検察も起訴裁量権が政治家に対して発動されるとき、特定の政治家を狙い撃ちにしてきた。例えば、小沢一郎氏の政治資金問題に関する起訴（二〇一〇年）は、最終的には無罪判決が出ましたが、民主党政権の内部対立と混乱による崩壊を招く要因になった。検察審査会による強制起訴でしたが、検察が裏で工作したという話も耳にしました。特に、アメリカに対して日本の主体性を主張する政治家がやられる傾向にあると感じないこともない。小沢氏は、一九九〇年のイラク＝クェート戦争は国連安保理の承認があったから自衛隊を派遣すべきだと主張したが、二〇〇三年のイラク戦争については米国が勝手にやった戦争で日本は尻拭いをすべきでないと主張し、国連中心主義の筋を通しました。

日本の裁判所と検察のあり方は日本における法の支配、立憲主義をまともなものにする上で手を付けなければいけない大きな課題なのです。

†統治行為論を乗り越える

山尾　統治行為論の話ですが「高度に政治的かどうか」ということは違憲判断を避ける理由には理論的にはならない。裁判所に求められているのは政策判断ではなく、その政策選択に改憲が必要か否かの判断だからです。この統治行為論を乗り越えるためにも裁判所の問題と、いま話のあった検察権の問題はしっかり考えていく必要がある。日米地位協定の問題も基本的には法務、検察を動かさずに正常化できないわけですから。

井上　九条問題を越えますが、憲法や法律の建前と現実とのズレは九条だけではない。このズレを公然と裁判所や検察が認めてしまうというひどい実態がある。日米地位協定も建前はアメリカが管理する施設の内部だけではなく、外部であったとしても公務執行中の米軍行為に限って、日本の司法権は及ばないことになっている。しかし、実際には公務執行外のものについても起訴率は極めて低い。こういうことが公然とまかり通っている。

その他にも「投票価値の不平等」の問題は一番腹が立つ。裁判所は、衆院は二倍まで、参院は三倍までと言っておきながら、かつてはそれに反した場合は違憲だけど事情判決の法理に準ずる法理で救済してきた。公職選挙法には明文で、行政事件訴訟法の事情判決の規定は使ってはいけないと書いてあるにもかかわらず、事情判決そのものじゃなくてそれに準ずる法理だと言って違憲無効判決を避けてきた。これはさすがにひどい。だから最近は「違憲状態」だが「違憲でない」という訳の分からない詭弁《きべん》を弄している。自分たちの勝手な政治的な考慮に基づいて、法の明文の規定を踏みにじっているわけです。極めて政治的なことを司法がやっておきながらその自覚がない。まったく司法の謙抑ではない。

司法の独立への配慮から、裁判官批判はどこかタブーになっていて、メディアも裁判所批判をしたがらない。他方で、青年法律家協会問題のときのように、政権側から「司法の左傾化はけしからん」などと裁判所批判が出るとすーっとなびく。検察、裁判所に対するメディアと世論による監視と批判もやっていかないと、日本の民主主義はまともにならないと思う。

†伊藤詩織さんを誰が救う

山尾 立憲的改憲は、先鋭化する権力を統制する改憲ですから、その統制対象は、自衛権のみならず捜査権あるいは刑罰権も射程に入れるべきだと思います。

また、さきほど井上先生から小沢一郎さんの政治資金問題をめぐる検察権行使についての指摘がありました。最近では、フリージャーナリストの伊藤詩織さんを被害者とする「準強姦《ごうかん》被疑事件」についても、捜査の問題が指摘されていますね。一度発行された逮捕状が恣意的に執行停止されたなら、これは大問題です。しかし、とりわけ具体的事件における裁判権や検察権の公正の問題は、誰がいつチェックすべきか大変難しい問題なのです。

三権の分立と均衡を重視する立場からは、立法府の一員が、現在進行中の個別具体的な事件について国会内の委員会で詳細に追及するということには相当謙抑的であるべきだと思います。

井上 国会で取り上げるのは難しいでしょうね。

山尾　そのことの危うさを感じました。具体的事件について現職の政治家である以上は一定の距離を取らなければならないと思いつつも、いや、では誰が伊藤さんを助けられるのか、誰があのときの小沢さんを実効的に助けられたのか、と思いをめぐらす。そうした制度が日本にはない。その問題をすごく感じます。

井上　先ほど山尾さんが「制度に埋め込む」と言ったが、僕は「制度だけではなく運用の実態も重要だ」と言った。どちらも制度の重要性を認めている。日本の現状は真逆で、運用だけで済ませ、制度なんていらない、となってしまっている。

山尾　日本には残念ながらそうしたメンタリティー（精神性）がありますね。

井上　制度をいくらでも解釈と運用で変えられる、それがちょっと行き過ぎている。

山尾　九条の話をしていてもまずこう言う方が多い。「九条を変える前に運用を変えるべきだ」と。あるいは「政治家が心持ちを変えるべきだ」とか。でも人が人の心持ちを変えることによって規律する社会は、「人の支配」に依拠する社会です。「人の支配」を否定し、「法の支配」を尊重するのであれば、制度を変えることによって多様な人々の営む社会を規律していく労力を厭うべきでない。ここ最近、立憲的改憲の話をしていると、そうした壁にぶち当たることが多いです。私もしっかりと伝えていく努力を続けたいと思います。

（対談日　二〇一八年三月九日）

第 7 章

真の立憲主義と憲法改正の核心

駒村圭吾×山尾志桜里

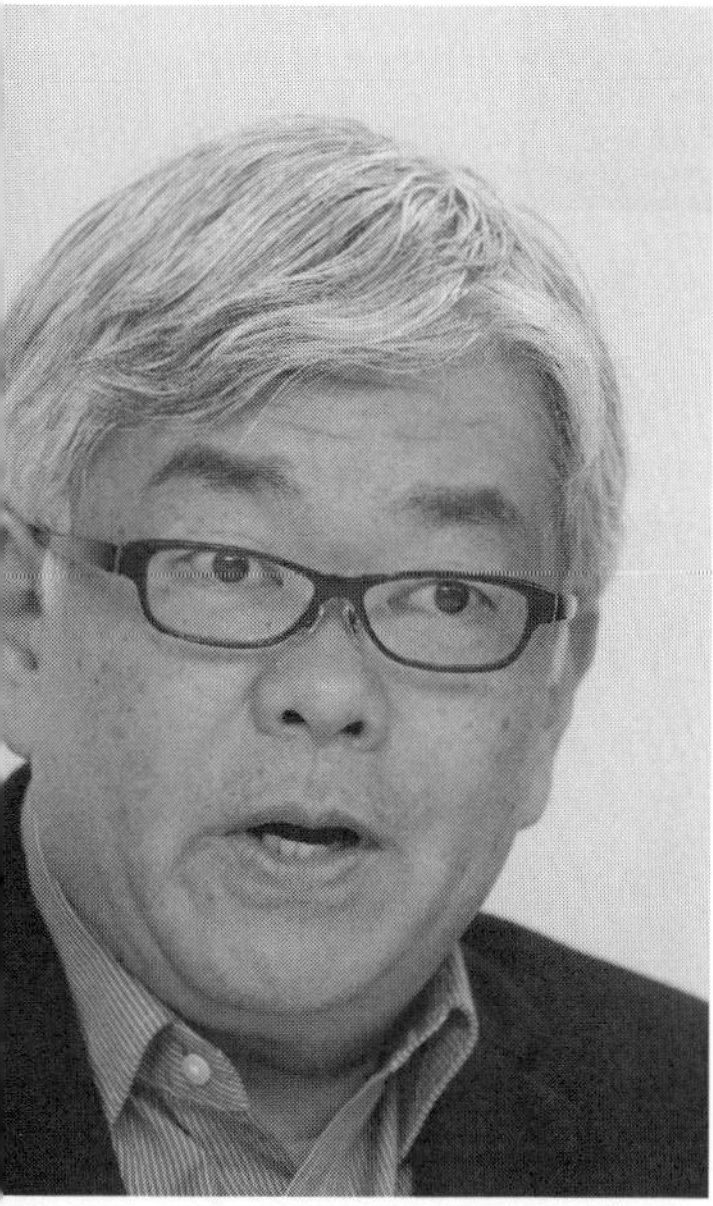

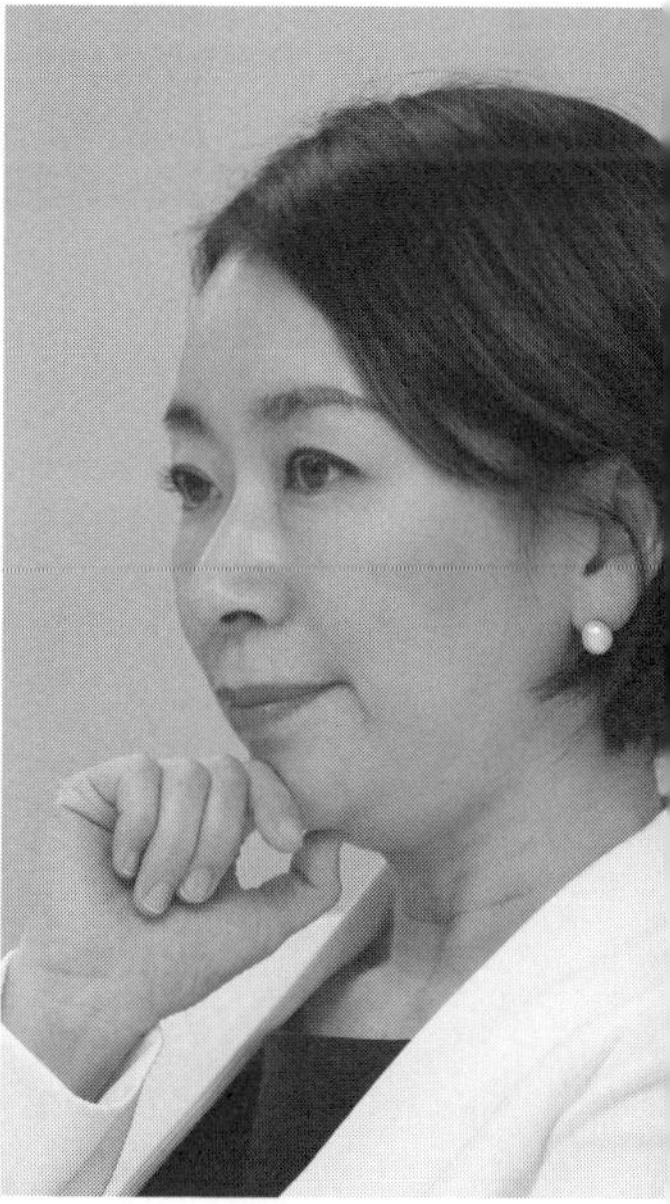

【対談者紹介】

駒村圭吾（こまむら・けいご）

一九六〇年東京生まれ。慶應義塾大学法学部教授。法学博士。憲法学を専攻。ハーヴァード大学ライシャワー研究所・憲法改正研究プロジェクト諮問委員会委員。主な著書に『憲法訴訟の現代的転回』（日本評論社）、編著書に『「憲法改正」の比較政治学』（弘文堂）、『テクストとしての判決』（有斐閣）など。

†改憲への情念

駒村圭吾　この対談が行われている今日（二〇一八年三月一四日）の状況を確認しておきましょう。森友学園問題で決裁文書の書き換えが発覚し、佐川宣寿《さがわのぶひさ》前国税庁長官が辞任しました。そして、例によって国会が空転している。

そうした浮足立った状況の中、安倍晋三首相は改憲発議を見送るかもしれないとも言われていますが、私は確実に改憲提案をしてくると踏んでいます。いやむしろ誰が政権に就いても改憲をぶち上げてくる、そういう時代になったのではないかと思っています。ここ数年の自民党や安倍首相の改憲推進の動向について山尾さんはどう見ていますか。

山尾志桜里　国会で行われている憲法審査会の楕円形の机を囲んで議員の発言を聞いていると、改憲への情念が若手の自民党議員に連綿と受け継がれていることをひしひしと感じます。

一方、本当に提示したい国家像や実現したい政策があり、それを憲法に託そうと真剣に考えている議員の姿はほとんど見えてこない。安倍政権に乗っかっていれば、個々の議員の自己実現、いわば政治家のロマンとしての憲法改正ができるのではないか、という安易な期待感が膨らし粉のようにどんどん膨らんでいる。

駒村先生が指摘された感覚を私も共有しています。安倍政権であれ別の政権であれ、改憲への情念のようなものは今後も止まらないと思う。その方向に進むことを想定した上で、どうすれば野党が情念に根差した改憲を止めるプレーヤーとなり、理念に基づく憲法改正議論の手綱《たづな》を握る資格を持つことができるのか、ここが大事だと思います。

駒村　改憲に突き進もうとしているこの流れは安倍首相あるいは自民党に固有のものではないという考えでしょうか。

山尾　一般市民の感覚も変化していると感じますね。私はいま四〇代ですが私の両親の世代、六〇代・七〇代さらにその上の先輩世代には今もなお改憲に対する反射的な警戒心がある。これまでの日本社会では、憲法改正といえば自民党や保守系メディアから提示される「権力側による、権力の自由度を高める改憲提案」ばかりでしたし、それが先の大戦の記憶と結びつけば、警戒するのが当たり前だと思います。

ところが私たち四〇代を含む若い世代に視点を移すと、改憲自体に対する警戒心やアレルギーのようなものは相当薄れてきている。時代とともに国民が求めるものも国家のビジョンも変化していくのが当然だから、そうした変化に応じて、よりよい社会を作るための憲法改正であればむしろやった方がいいのではという発想がスタンダードになりつつある。知識の蓄積や歴史的経過の認識が不十分なままに、あるいは不十分だからこそ、改憲アレルギーを無意識に乗り越えていると感じる。

私は安倍加憲がよりよい社会を実現するための改憲だとはまったく思いません。けれど、こうした状況で改憲の選択肢が他に出てこなければ、常識的な感覚を持った一般的な人でも「ありがとう自衛隊さん」というコンセプトを纏《まと》った安倍加憲に対して、さほどの警戒感もなく国民投票で自然に賛成に丸を付けるのではないかと、切実な危機感を持っています。

†むき出しの権力が欲する正統性

駒村　確かに世代的な温度差というものが、このところ統計や報道でどうもはっきりしてきたような感じはありますね。ただ他方で、なぜいま政治が改憲論に収斂《しゅうれん》していくか、ということを考えなければならないと思います。もちろん安倍首相の性格や、従来からの彼の政治的モットーがそこにあるとは思いますが、他方で選挙制度や中央と地方の構造的関係といった制度や社会慣行の問題もあるのではないでしょうか。

選挙が議席獲得ゲームになっているという現状で、自民党が大量の議席を獲得し安倍氏が首相の地位にとどまった。そして、小選挙区制のおかげで派閥が機能を失いつつあり、党内批判が出てこない仕組みが確立されていますから、いわば〝自動的に〟一強体制になる。いったんこれが駆動し始めますと、党内のみならず議会、政府、裁判所と雪だるま式に一強体制は肥大化していくのではないか。まるでシステムが自動的に一強を作り出している感があります。もちろん、菅義偉《すがよしひで》官房長官と麻生太郎《あそうたろう》副総理という柱を立てて政権基盤を確固たるものにするという意図を安倍氏は持っていたでしょう。が、他方で、一強化は安倍氏がこれを意図してやったという側面だけでなく、制度や社会慣行が自動的・必然的に膨大な議席数と強大な権力を生み出してしまっているように思う。

本来ならば安定した政権基盤を背景に、国民にアジェンダ（課題項目）を投げ掛け、批判を招き入れつつ時間と労力をかけて説明し、十分に熟慮してもらうことができるはずですが、どうもきちんとやっていない。もっと言えば、議席数だけを振りかざし、熟議自体を喪失している。熟慮を回避してきたからこそ一強を支えるだけの議席を手に入れることができたという側面もありますが。

民主主義の正統性とは何といっても数ではありますが、実は数だけではなく、その数を背景にしながら問題を設定し、批判との意識的対峙を通じて熟議を展開してみせることにむしろその要諦があると言えるでしょう。現政権はそのような正統性を調達できていないがために、むき出しの権力になっている。政権もそのような正統性の欠損を実は自覚していて、どこかで正統性を調達する必要が出てくる。かといって、民主主義の王道に則《のっと》って熟議を尽くすことをするかと言えば、それはしない。ではどうするか。

おそらく、安倍政権は、憲法という正統性の頂点にあるアンタッチャブルな（触れられない）それに手を付け、タッチャブルな（触れられる）ものにすることによって正統性を獲得しようとしているのではないか。スキャンダルや疑惑など、正統性の毀損《きそん》がこれだけ頻発しているにもかかわらず政権が崩壊しないのは、正統性の頂点にある憲法に手を付けようとしているのだから、この大義の前には少々の正統性毀損は目をつぶろうということなのでしょう。

そして、重要なのは、以上のことは安倍政権だけではなく、次に政権に就く人も、また、野党が政権に就いても同じことが起きるのではないか。こう私は懸念しているのですが、この点、山尾さんはどうお考えですか。

山尾　つまり安倍総理あるいは安倍政権が、熟議による民意の基盤を自分の政権は持っていないことを自覚していて、しかしそれを欲し、そこを埋める手段として憲法改正を熱望しているという理解でしょうか。

駒村　そうです。一強体制が制度的にもたらされ続け、民主主義の王道に従った正統性調達にまじめに取り組まないことをメイクアップするには、次に政権に立つ人はみな同じように憲法改正に手を付けようとするのではないかというのが私の見方です。

山尾　例えば具体的に言うと、消費増税を巡る「社会保障と税の一体改革」のようなアジェンダは多くの国民が求めているものだと思いますが、そうした課題にきちっと向き合う政権政党が今後もなかなか出てこないのではないか、むしろ、いかなる政権であれ憲法改正に「逃げ込む」流れが続いていくという悲観的な見方をしているということですね。

†手段としての憲法改正

駒村　政治の真ん中にいる方との対談ですから、あえて悲観的に言っているところもありますが、こうした視点からみると「野党も結局同じではないか」と見えて仕方ない。

山尾　これまで常に憲法議論のメインプレーヤーは与党でした。野党の側からも、必要な憲法議論が提示できる状況になっていくのであれば、むしろ私は喜ばしいことだと思います。ただ駒村先生が指摘された通り、熟議による民主主義の正統性調達を回避するために憲法改正が利用されることへの警戒心は持った方がよいですね。

その上で、ただ安倍加憲なるものに対し反対という一点で野党がまとまるだけでなく、個々の政党が「我が党はこのような社会的課題を、最高法規である憲法の議論を通じて解決をしたいと思っている」といった骨太の課題設定や議論を提示していくべきなのではないでしょうか。その提示は、結局、王道の正統性調達のための厳しい道のりと重なるように思います。

たとえば、日本の外交・安保政策について熟議しようとすれば、九条をめぐる憲法の知識を国民と共有し議論することが必要不可欠になります。自民党政権であろうと立憲民主党政権であろうと、本来はこの議論から逃げることはできませんよね。

むしろ私が思うのは、立憲民主党は野党第一党として、安倍改憲反対の運動論の一つの要《かなめ》になりつつも、この社会をよくするためにどのような改憲があり得るのかを示すことによって、サイレントマジョリティー（物言わぬ多数派）をも引きつけていく使命があると思っています。

駒村　よい社会をつくることには大賛成ですし、憲法改正を進めるにせよ阻止するにせよ、憲法に関する知識が市民に共有されていくことにも賛成です。ただ、よい社会をつくるための憲法問題を考えていくとき、なぜその議論の対象が憲法改正に収斂するのか私にはよく分からない。テキスト（文言）をいじる前にやるべきことが山ほどある。それにもかかわらず、なぜ改憲に議論がいくのか。

もちろんいざ改憲という場面になったときには野党は戦わなければならないでしょう。土俵に載らなければ東西両横綱が相まみえることはない。しかし、今は残念ながら立憲民主党をはじめとする野党はそもそも同じ土俵に載りたくても載れない可能性がある。

憲法を考えること自体はいいことです。でもなぜそうした野党までが文言の改定に収斂していくのか。個々の現実的政策での攻防ではなく、改憲論議という空中戦に正面から参戦しようとするのか。憲法研究者として非常に短絡的に見えてしまう。

山尾　よい社会を目指すことと憲法改正がどのようにつながっていくのか、大変重要な問題提起だと思います。まず確認すべきなのは、よい社会を目指すことが目的であって、憲法改正はその手段の一つであるということです。さらに、このときの憲法改正というのは憲法典の改正だけを意味するわけではなく、憲法の付属関連法、つまり皇室典範や法律、議員規則、場合によっては条約も俎上《そじょう》に載せられるべきだと私は捉えています。

よき社会のハードルとなっている課題があれば、それを解決するための政策を考え、その政策を実現するために法律などの改正で足りるのであればそれで対応する。憲法典の改正が必要であれば憲法典を改正する。こういう思考回路です。その意味で、個々の現実的政策議論が出発点であって、「改憲のための改憲」という空中戦には意味がないという点については、私も賛成です。

その上で、どうしても憲法典改正議論が不可避であろうと思うのは、自衛権をめぐる九条の問題や、いわゆる憲法裁判所の問題などです。

†なぜ「立憲」か

駒村　山尾さんの「立憲的改憲」構想について詳しく聞きたいと思います。〝立憲的〟という形容詞を付けている以上、立憲主義の回復や樹立を意図していると思いますが、現状でどのような点について立憲主義の危機や弱体化を感じていらっしゃいますか。なぜ〝立憲的〟と自らの改憲構想を呼んでいるのか。その心はどのあたりにあるのでしょう。

山尾　統治構造を均衡させ、人権を保障するという、憲法の最大の役割が果たせていないという危機感です。そのために、憲法の規律力と拘束力を高める憲法改正が必要だという立場です。たとえば最大の論点の一つである憲法九条で見ると、明文では「戦力不保持」「交戦権否認」そしてその解釈として「専守防衛」「やられない限りやり返さない」という規範があったにもかかわらず、小泉純一郎政権はイラク戦争での米兵輸送に踏み切りました。野田佳彦政権は、もはや交戦主体としか言いようのないPKOの一環として、南スーダンへ陸上自衛隊を派遣しました。そして安倍政権は、集団的自衛権の行使を一部解禁したわけです。

こうして見ると、自衛隊を九条と一見矛盾する存在として意図的に放置することによる抑止力は徐々にその効力を失い、二〇一五年の安保法制成立でその役割を終えたと考えざるを得ないのではないでしょうか。そもそも「違憲の疑いによる抑止力」というのは非立憲的あるいは超立憲的な手法ですよね。このような手法にはもはや頼れないのだとすれば、戻るべきはやはり立憲主義しかない。憲法の規律力と拘束力を高めることによって権力を統制し、人権保障を担保する。これが「立憲的改憲」たる所以《ゆえん》です。

もう少し具体的に言うと、「規律力」を高めるとは、解釈や不文律で補ってきた核心部分についてては明文化するということです。自衛権の範囲や解散権の制限、臨時国会召集の期限などを明定することが考えられます。

もう一つは、憲法の規律力を高めたとしても、政府が違反をした場合の是正手段がなければ意味をなさない。そこでその「拘束力」を高めるため、憲法裁判所という新しい仕組みを通じて権力による憲法違反を審査し是正するルートを抜本的に設計したい。この両輪が立憲的改憲の本質だと考えています。

✝九六条という指標

駒村　なるほど。九条が国防の実体を解釈によって充塡《じゅうてん》してきたという歴史があるが、それだけでは規範として力が弱いため憲法に明文で規範内容を書き込まなければいけないという問題認識ですね。そして、次に、九条を含め憲法に違反した場合に備えて憲法裁判所を創設すると。

でも、私はいずれも憲法の文言に手を付けなくても実現できるのではないかという気がします。それよりも、憲法に書かないと政策が動かないという日本政治の感覚が非常に心配です。憲法典をいじらないと一歩も先に進めない、あるいは改正すれば物が動くという感覚が透けて見えます。

先ほど山尾さんは「憲法は何も憲法典だけではなく、それを実現する制定法や解釈法を含め総体として考える」という趣旨のことを述べられましたが、まったくその通りで、重要な視点です。国家の基本に関わる課題についても、憲法の制限の下で、通常は立法府や行政府そして裁判所が制定法や解釈法を駆使して解決してゆく、まずはこのフレームワークで対応すべきでしょう。

その中で、どうしても憲法を書き改めなければならないとなれば憲法を変える、というのがあるべき姿であると考えます。しかし、今の日本は課題解決のスタートを切るにしても、まず憲法のレベルでブレークスルーがないと先に進めない、という状況にどんどんなっているような気がします。

山尾　憲法を糸口に政策をブレークスルーさせたいという感覚には私も異議を唱えたい。少なくとも、私にはそうした意図はまったくありません。

とはいえ、憲法典を変えることでよりよい政策実現力が得られる場合にまで、改憲への躊躇《ためらい》があるのはなぜですか。場合によっては、議論することすら憚《はばか》られるというような。憲法学者の方と話していると、そうした躊躇を感じることが多いのです。

駒村　ご指摘の〝よりよい政策実現力〟が本当に得られるかがまず問題になりますが、それは措くとして一般論として申しますと、改憲に対して我々法学者が距離を置こうとする理由の一つは、基本的には法学部で〝解釈論〟の訓練を受けてきたからです。どのような制度を作るか、言い換えればどのような条文を定めるか、どのような条文に変更するのか、こういった議論は〝立法論〟と呼ばれますが、これに対して、解釈論は今ある条文が完璧であるということを前提にしています。欠陥がある条文をまじめに解釈する人はいない。現行憲法一〇三カ条は完璧な法典であるということを前提に解釈するという教育を受けてきたわけです。しかしそうは言っても、憲法自身が九六条で「改憲してもいい」と言っている以上、当の憲法学者が改憲を真正面から受け止めないわけにはいかない。また、本来、それほど臆《おく》する必要もない。

ずいぶん前の話ですが、ある新聞記者が「今の若い人が改憲についてどう思っているのかを知りたい」ということで大学に来られました。記者の質問に、ある法学部の学生が「僕らは改憲する、しないについてどっちでも構わない」と答えました。「どうして？」と問うと、その理由がふるっていて、「僕ら法学部の学生はテキストがどのようなものになっても勝負は解釈だと思っていますから。クライアント（依頼人）の要望に応じた解釈をテキストから導き出す自信があります」と答えたのです。テキストが変わっても確定的な細かいところまで定めていない限り、解釈の場面で法律の専門家は勝負できると思っている。その学生が法学部生を代表するわけではありませんが、彼の回答は法律専門家のエトスないし職能を言い当てているところがある。テキストが変わることをそれほど恐れてはいない。

その上で、ではなぜ改憲に対して〝足踏み〟するのか。現政権が推進する改憲提案に足踏みする理由は多岐にわたりますが、それはしばらく措いて、これも一般論として申しますと、憲法改正を定めた九六条のハードルはやはり高いということがあります。先ほど若干議論しました、国の基本を定めているという意味で〝憲法的な位置づけ〟を与えられた制定法や解釈法はたくさんありますが、その中でも「日本国憲法」という法典がとりわけ重要であることは明らかです。ではどうして、この法典を改正するハードルは高いのか。それは、安易な憲法の改正を阻止する狙いと、もう一つは通常の政策形成をまともにさせるという狙いがあります。

つまり我々が九六条をベンチマーク（指標）として使っているのは、「あなたのやりたい政策は九六条に訴えないとほんとうにできないのですか？　手を抜いていませんか？　だからもう一回考え直して……」と押し返すことによって政策形成をまともにさせるためです。所与の憲法の枠内で、まずは法律制定や行政活動や裁判を工夫する、このような通常政治のダイナミズムをきちんと回すところから努力すべきだろうというのが私たちの考え方です。

†解釈と運動の棲み分け

山尾　憲法の文言より憲法の解釈に優位性を認めるとしても、その憲法解釈に国民が関わることができるルートはほぼありません。憲法学者が論文を書き、内閣法制局が政府解釈として答弁を作り、裁判所が判決を下していく中で、憲法解釈は形成されていく。行き過ぎた解釈優位主義は、国民が憲法から遠ざかっている原因の一つではないですか。この点はどうですか。

駒村　国民が憲法解釈にタッチできないということはない。山尾さんも司法試験を受けて検察官になった。私も博士号を取り大学で研究をしています。解釈に関わりたいと思えばいくらでもチャンスはある。国会議員や裁判官になることもその一つだろう。そういうアクターに市民運動などで働きかけることもできます。決して閉ざされているわけではない。

憲法解釈自体を全面的に大衆的な討議に任せるのは、私はよいことではないと思っています。これは、法と政治は、もともと互いに折り合いが悪いという面があるからです。本質的に仲良くできない。が、そこに意味がある。仲良くできないからこそバランスを取る必要が出てきて、その緊張の中から結果的に均衡が得られる。その作業の一端を担うのが一群の法律家という〝分からず屋〟たちです。

一般市民はむしろ政治の領域で、運動を展開し、政党を結成し、デモをする。あるいは国会議員になる。そのようなダイナミズムと法律家が対峙し、互いに緊張感を持って進んでいくことが、人類が長年育ててきた「法の支配」の伝統であり立憲体制の要《かなめ》になっていると私はみています。

法の解釈を大衆化することは、そのためにも避けた方がいい。確かに、法は一般市民も参加する公共的な政治の場で生み出されるものではあります。しかし、いったん法が制定されたら、その「解釈」は法をつかさどる専門職に任せるという役割分担が大切で、かかる分担があるからこそ、制定された法の恣意的な運用が避けられる。作った人が解釈し直接運用するのは、この役割分担を破壊する恐れがある。

山尾　法解釈と民意との間には距離があった方がいい、と。

駒村　それが政治と法の役割分担です。ですので、「法学者は政治が分かっていない」と批判されるのは当たり前のことと言えるでしょう。むしろそうでなければ困る。法と政治は競り合う仲なんです。国民代表が集まる国会で多数決が法律を生み出す、しかし、それは違憲立法審査を通じて、民意に直接支えられていない裁判官によって吹き飛ばされる。そして、その裁判官も最終的には国民審査を通じて民意によって解職される可能性がある。さらには、裁判官が用いる最大の武器である憲法も国民投票を通じて民意によって改正できる。こうした競り合いの中で、法と政治の攻防の着地点は形作られている。

山尾さんは法律家だからこのことをよく分かっておられると思う。私たちは二人とも広い意味での法律の専門家ですから、誤解を生まないように確認しておきたいと思いますが、この均衡の仕組みについて、裁判官を高みにおき大衆を見下すような響きをもって語るのは間違いです。政治には政治の流儀があり、法に携わる者には果たすべき職責があるということにすぎません。民意というものの本来の役割を知っておく必要があるということです。

山尾　法の専門家集団が解釈を形作るべきだという論に立ったとしても、九条はとても特殊な解釈を積み上げ過ぎていて、一般国民が努力しても理解不能な状況まで辿り着いてしまったと思うのです。法の専門家集団による解釈によって折り合いをつけられる段階はとうに過ぎているのではないか。それなら国民の立法作業、立憲作業を通じてもう一度、国民自身が規範を作り直す必要があるのではないでしょうか。

そのとき、最初のスタートラインは、法律論ではなく政策論。九条について言えば、命を賭《と》して国民の命を守る自衛隊に、私たちは何を求め、何を禁ずるのか。その本質を国民自身が議論し、一定の合意を形成していく、これが第一段階です。

そして、一定の政策的合意形成がなされたら、今度は第二段階として法律論。その合意形成された政策的方向性を規律するために、憲法事項と法律事項を仕分けし「書きぶり」を定めていく、まさにそのときは法学者を含めた専門家の力が必要不可欠です。少なくとも九条については、こうした段階的かつ具体的な議論を必要とする局面にまで来ていると思うのですが、その点はどうですか。

†力点は「立憲」か「改憲」か

駒村　その前にいくつか確認したいことがあります。山尾さんの立憲的改憲構想は、ご自身の立憲主義プロジェクトの中の一コマとして改憲構想があるのか、それとも改憲こそが必要不可欠な最優先事項なのか。聞きたいのはつまり立憲的改憲の「立憲」に重きがあるのか、それとも「改憲」に重きがあるのか。

山尾　そこはもちろん「立憲」です。「改憲」は手段ですから。

駒村　ということは憲法に対する危機がなくなり、憲法の規範に反した場合のサンクション（統制手段）が整備されれば改憲という手段を取る必要は必ずしもないということですか。

山尾　「憲法に対する危機」がなくなるという状況を想定すべきかどうかは一つの論点ですが、仮にそういう状況を想定すれば、憲法典を改正する必要は特にないということになります。

駒村　もう一つ。改憲するならば今だと思っていますか。

山尾　議論を始めるにはもう遅きに失しているくらいだと思っています。でも、この「権力を縛る側から突きつける改憲」というコンセプト自体が日本社会で提起されたばかりですから、この立憲的改憲の本質をしっかり広げ、吟味してもらい、国民的な合意を得て、実現可能な段階まで到達するには、数年以上かかるでしょうし、かけるべきではないでしょうか。

駒村　一般論として申し上げれば、私は改憲に賛成でも反対でもない。憲法九六条が改正を認めている以上、改憲という事態を憲法自身が想定しているわけだから、真に必要であればやればいいと思っています。しかし、やるのであれば本当に意味のある改憲にしなければいけないとも思う。これは後ほど議論させていただきたい点なのですが、今はそうした条件が整っていないと考えております。ですので、改憲には基本的に躊躇せざるを得ないというのが私の立場です。

九条については、原理主義的護憲派から九条削除論まで数多くの立場がありますが、私は現行憲法の下で戦力としての自衛隊は合憲であるという解釈は成り立つと思っています。しかし、この解釈だけが絶対だとも考えておりませんし、支配的学説であるとすら思っていません。いろいろな解釈があり得るし、それを整理するために改憲をしようというのは一つのあり方だと思っている。もっともすべての解釈が等しく正しいわけではありませんので、適格性を有する解釈を選別する必要はあります。先ほどご指摘なさった「複雑化の極致に達した九条解釈は国民の理解の限界を超えているのではないか」との認識は、この適格性のある解釈の選別プロセスに関わる問題です。その選別プロセスを動かせば、多くの誤解や無知に対応することもできるでしょう。

その上で、あるいはそれと同時に、改憲を視野に入れて考えざるを得ないとしても、文言を改正するために九六条が私たちに課している条件だけでなく、それ以上に越えなければならない壁やハードルはたくさんある。この点についても後ほど議論させていただきたいと思いますが、そういった山積する諸課題について国民的な理解や合意を得ることを前提とすると、現在の国民投票法では発議から二カ月〜六カ月で国民投票が行われますので（国民投票法第二条）、あまりにも短すぎる。少なくとも全体で三年くらいは議論する必要があると思っています。

山尾　まったく同感です。その通りだと思います。

†「自衛隊明記」の怪

駒村　山尾さんも私も安倍首相が現時点で構想されている九条改憲論については批判的だという点では一致している。まず私が批判的である理由を二つ指摘したいと思います。

第一に、「憲法に「自衛隊」と書き込むだけでは核心的問題は何も解決しない」ということ。現状は、「今の自衛隊を憲法に明記することで自衛隊へのリスペクト（尊敬）を国民的に示そうではないか」とか、「今ある自衛隊を認めるだけであって、みんなも元々自衛隊のことは認めているでしょう」とか、「何も変わらないので心配しないで、とにかく認知してさしあげようではありませんか」ということであり、つまりこれは「〝We Love 自衛隊〟改憲」ということですね。これではだめです。

もちろん、「We Love 自衛隊」や「ありがとう自衛隊さん」といった愛情表現や謝意表明が悪いわけではない。後者などは、状況次第では私も進んで謝意を表すでしょう。問題なのは、自衛隊を憲法に明記しても何も変わらない、と国会で繰り返し説明されている点です。自明性を追認するだけの改憲だということですが、改憲までして何も変わらないわけがない。

自衛隊を憲法に書き込むということは、「憲法上の自衛隊概念」を立てなければなりません。「自衛隊」という日本語三文字が憲法上いったい何を意味するのかの概念がまず組み立てられないと、どこにどうやって規定するのか、書き込みようがないと思います。その回答が「それは今の自衛隊です」ではお話になりません。今の自衛隊は法律が作り上げたものです。それをそのまま書き込むというのは、憲法上の概念を法律が画定することになり、権力を制限するという役割を憲法は果たせなくなる。憲法である以上、法律制定をはじめとする国家行為が合憲か違憲かを判定することができなければなりませんから、まずは「法律上の自衛隊概念」とは区別された「憲法上の自衛隊概念」が必要になる。

安倍首相の九条加憲論は確かに自衛隊を合憲化することには成功するでしょう。憲法に書き込む以上、自衛隊に対する憲法上の疑義は払拭《ふっしょく》される。が、言うまでもなく、問題は「いかなる自衛隊が憲法に組み込まれたのか」です。もっと有体《ありてい》に言えば、「戦力としての自衛隊」を盛り込むのか、「国際的に通用する標準的な意味での戦争ができる自衛隊」を承認するのかが戦後九条論争の核心であり、また、意外なことに表立って議論されることの少なかった核心です。

個別的自衛権を行使するのか、集団的自衛権までやるのか、海外派兵はどうするのか、こういった点についても「憲法上の自衛隊概念」は回答を用意すべきでしょうが、いずれにしても

「戦力」として自衛隊を承認するのか否かがはっきりしなければ、これらの論点を論じてもほぼ意味はありません。

あるいは、「自衛隊は戦力か否か」をあいまいにしている安倍首相は、自衛隊という名称の国家組織を承認しつつも、それが戦力なのか最小限度の実力なのかという九条論争を実は引き続き維持したいと考えているのではないか。つまり、彼が攻撃しているかに見せている戦後九条論をそのまま憲法に固定化しようとしているのではないか、とすら思えてきます。この点、山尾さんは安倍首相と違って「憲法上の自衛隊概念」を提示しようとされている。それ自体は評価されるべきことだと私は思います。

さて、批判の二つ目は、自衛隊に対する憲法上の疑義の源泉を憲法学者に帰責しようとする姿勢です。安倍首相あるいはその周辺からは、「自衛隊のことを蔑《さげす》むような違憲のレッテルを張り付ける憲法学者がいる、これをどうにかしなければいけない。だから自衛隊を明記しよう」ですとか、「憲法学者の間でも解釈が分かれており、これを整理しないと今や限界である」といった声が聞こえてきます。今の自衛隊の置かれている立場を憲法学者だけに帰責させるかのような言説ですね。しかし、自衛戦力違憲論を受け入れてきたのはまずもって政府ではないか。一九五〇年代からの政府解釈は一貫して自衛隊を「戦力未満の実力組織」と言ってきましたが、これは自衛戦力違憲説をベースにした議論です。九条は個別的自衛権であっても

「戦力」を否定しているとの立場に立つからこそ、「戦力未満の実力組織」と言ってきたわけです。

つまり、どうみても「戦力」としか言いようのない組織と人員と能力を「戦力未満だ」と言い続けてきたのは実は政府です。自衛隊員の名誉や尊厳を毀損してきたのはこの点ではないでしょうか。だとすると、安倍首相がもし自衛隊員の名誉回復を急ぐのであれば、改憲に訴えるより先に、明日にでも閣議を開き一九五〇年代の政府解釈をすべて変更する決定をしたらいい。二〇一四年以来安倍内閣が採ってきた戦法に従えば、これはすぐにでもできることです。

†「自衛隊は戦力である」は、閣議決定で足りる

山尾 そのときの閣議決定というのはどういうものがイメージされるのですか。

駒村 「過去に我々は、自衛隊について戦力ではないと言ってきたが、これはもう世界水準からどうみても、戦力です」と言うことになるでしょうねえ。富士の裾野の総合火力演習では戦車他の火器がすさまじい勢いで攻撃をおこなっている。あれを戦力ではありませんと言い募ることはもはやできない。これまでの解釈は間違いで、これは憲法的にも国際標準でも軍隊だ、ということを宣言することになるでしょう。

山尾 その場合、閣議決定だけで二項の改正は不要でしょうか。

駒村　私自身の九条解釈からは個別的自衛のための戦力は合憲ですから、自衛隊の合憲性という論点に限って言えば改正は必要がないと考えていますが、政府はそうではありません。先ほど申しましたように、自衛戦力違憲論をベースにした政府解釈で「戦力未満の実力組織」と自衛隊を位置づけてきたわけですので、もし安倍首相が自衛隊員の名誉のために改憲すると言うのであれば、実際、集団的自衛権の限定的行使容認のときもそうしたように、それは閣議決定による政府解釈の変更で足りるということです。それはそれで、自衛戦力違憲論からの決別となるし、自衛隊を世界標準の軍隊と認めることになる。

　自衛隊員が日本においてまともに認知されていないとすれば、実質的には戦力であるにもかかわらず歴代の政府が五〇年以上にわたり戦力未満だとずっと言い続け、それが自衛隊員の承認欲求を毀損していることが最も大きな原因ではないか。それを自覚し、かつ早急に対処すべきだというなら、本来なら二項改正で臨むべきだと思いますが、内閣自身の先行事例に照らせばこのような手もあるということです。

山尾　安倍総理の加憲提案の問題点として、「憲法上の自衛隊概念を立てることから逃げている」そして「疑義の源泉を憲法学者に責任転嫁している」という指摘については、その通りだと思います。あわせて、私なりの言葉で問題提起をするなら、安倍加憲では安倍総理の立てた目的を達成できない矛盾を指摘しておきたいと思います。安倍総理は、安倍加憲の目的を「自衛隊について憲法上の疑義を払拭する」ことにおいていますよね。

　しかし、二項を残し自衛隊を明記した場合、戦力不保持・交戦権否認という作用を統制する規範と、自衛隊という組織を根拠づける規範とをいかに整合的に解釈するのでしょうか。「後法は前法を廃するか否か」といった論点が新たに提示され、この点「前法を廃することになるから二項の抑止力はなくなる」と言う方もいる。しかし、二項との関係における自衛隊違憲論を十分承知の上で、提案者があえて二項を修正、削除せずに新条項を置いたとしたら本当に後法は前法を廃すると言い切れるのでしょうか。「憲法上の疑義を払拭する」と総理は言うけれど、むしろ今ある疑義は払拭されるどころか、論点は拡散し混迷を深めるのではないでしょうか。

†提案理由は「現状維持」?!

駒村　「自衛隊」との名称で呼ばれる国家機関の違憲性が払拭されることは確かです。しかし、その名称で呼ばれる国家機関に何ができるのかが問われれば、またぞろ戦力・戦力未満の論争が続く。この点の解決は「憲法上の自衛隊概念」をどう構想するかに懸かっている。それなしに加憲した場合には山尾さんが指摘したような混迷がこの後も続くでしょう。
　ただ、「憲法上の自衛隊概念」をカッコに入れながら、他方で、「違憲の疑義を払拭するために自衛隊を書き込むのだ」と安倍政権がなおも強弁するのであれば、二項の規範としての意味は死滅するというふうに解釈するのが普通だと後から言ってくる可能性はあります。

山尾　それともう一つ、安倍総理の言う「自衛官の誇り」に関して。仮に安倍加憲案が国民投票にかけられ、否決されたら、自衛隊が献身的・抑制的に積み上げてきた国民からの信頼を事実上毀損する事態にならないか。逆に可決されたとしても、一定の反対票の数が明らかになりますよね。しかし、投票用紙には理由の記載欄はありませんから、その反対票の真意を分析する術はないわけです。

否決、可決のどちらに転んでも、安倍総理の言う「誇りを取り戻す」ような状況にはならないのではないかと思います。この点、駒村先生はいかがお考えになりますか。

駒村　昨年（二〇一七年）の総選挙の数カ月前、さる与党議員の勉強会に出席し、安倍加憲の問題点を指摘させていただいたことがあります。私の話が終わった後、政権与党で憲法改正に深く携わっているある議員がこうコメントしていました。「とてもよくできたレジュメだ」と（笑）。

その後、彼はおもむろに手帳を出して、おそらくそこに書き取ったのでしょう、終戦当時、新憲法公布にあたり天皇陛下が貴族院で述べられた勅語を読み上げたのです。その議員は「永遠の平和」「自由と平和とを愛する文化国家」のくだりを強調され、戦争はもうこりごりで日本は平和国家になる、との出発点を確認するようにそれを披露されたわけです。「自分たちはこれから改憲の提案理由書を書かなければいけないが、自分はこの平和国家の願いを書くのが使命だと思っている」とおっしゃった。「永遠の平和」や「平和国家」という言葉はどちらかというとこれまでリベラル勢力が旗印にしてきたのですが、それをこの保守政治家が引用し「これが自分たちの出発点であり、これを九条改憲の提案理由に書き込む」と宣言されました。

私はそのとき、もしかすると与党は本当の意味で「何も変えない」と思っているのではないかと感じました。自衛隊の合憲性に関する疑義論争を放置し続け、それを横目で見ながら、戦力未満の自衛隊を予算と人員の面で増強させていく試みを続けていこう、戦後五〇年以上続けてきたことを丸ごと肯定しよう、と実は考えているのではないか。つまり、「戦力」や「戦争」へのコミットは曖昧なままにしておいて、他方、自衛隊には憲法に名前を書き込むことで相応の名誉を与える、というふうに考えている可能性がある。

駒村　国民投票の結果についてはどうですか。

山尾　自衛隊員は、自分たちに対して決してよく思ってくれていない人も含めて守るのがプロフェッショナルとしての使命ですので、むしろ自分たちの職責と名誉に懸けて、反対者たちの言説も呑み込むと私は思います。

山尾　どのような結論になったとしても、自衛官は微動だにせず任務を全うすることを期待したいし、多くの自衛官はそうあろうとしていると、私も思います。だとすると「〝ありがとう自衛隊〟憲法改正」の試みによって国民意思が賛成と反対に分断されることは、まさにありがた迷惑ともなり得るのではないでしょうか。

自民党の一部の議員の念頭には、「何も変えない」改憲があるのかもしれません。「あいまい戦略」を平和国家であるための抑止力として利用する知恵、というような感覚ですね。

しかしあいまい戦略を抑止力として謙虚に使う人が今後リーダーになったり、リーダーであり続けることはきっとない。少なくとも安倍総理はそういうリーダーではない。実際に今回の原案提出者が「あいまい戦略」を持っていたとしても、加憲案が新憲法となったとき、自衛権の憲法上の統制がすべて外れて法律事項に格落ちしていく可能性がある。後世の政権は別の形で新憲法九条を解釈し活用していくことになるのではありませんか

駒村　それはあり得ますね。

山尾　そこが今回の安倍加憲案の最大の危険だと思います。

†政府解釈「戦力未満」が果たしてきた重み

駒村　こういう質問をしていいかどうか分かりませんが、もし安倍政権が九条改正について山尾構想でいこうと言い出したらどうしますか。自衛隊を個別的自衛権を行使する「戦力」と

して憲法に明記する。集団的自衛権は行使できないことにするが、個別的自衛権と重なる範囲内では米軍との共同作戦は展開する。それ以外はあきらめると言ってきたらどうするか。

山尾　何かすごく引っ掛け質問のような気がしますけど私は素直なので（笑）、もしそうであれば、一つのチャレンジとしてやってみるべきだと思います。

駒村　なるほど。集団的自衛権のことはしばらく措くとして、個別的自衛権を「戦力」として認知するという点だけに限ってみても、考えなければならない論点は山積みです。

これは戦後一貫して続いてきた詐術《さじゅつ》ですが、自衛隊を言霊《ことだま》信仰のように「戦力未満」と言い募ることによって平和国家としての体面を維持してきた歴史がある。私は小学生のころから九条教育を受けてきた東京都立川市砂川町の町民、つまり基地の町の人間でしたから、これはおかしいと皮膚感覚で思ってきたわけです。でも日本国民は大勢が自衛隊は「戦力」であるということは自明だと分かっている。そして、安倍加憲案はこの戦後一貫して存在した自明性を追認するだけの改憲であると言われているわけです。

しかし、私はそう簡単ではないだろうと思っています。戦力として認めることは、戦後社会に打ちこまれたくさびを一気に抜くことになる。自衛隊は「戦力」で、国際標準の軍事力であることを日本が公然と認めるとなると韓国や中国は黙っていないのではないか。沖縄も、今までは何となく戦力未満だった自衛隊がフルスペックの戦力となり、米軍と共同行動をとるとなれば、「いったいどうなってしまうのか」ということになる。

　自明性を追認するだけの「お試し改憲」を九条でやろうということですが、それは「お試し」にならないのではないか。半世紀以上前に自衛隊を戦力未満だと規定した政府解釈が打ち込んだ九条のくさびは、結果的に、隣国や沖縄の問題を熟議するための時間的余裕と精神的余裕をもたらしましたが、せっかくのそれも生かされず論点は置き去りになったままです。そのくさびを抜くことは、論点を一気に俎上に載せることになるのではないでしょうか。

　ですから仮に政権からそういう誘いがあっても、まともな議論ができる政治状況が出現するまでチャレンジは控えておいてもらいたいですね。

†「お試し改憲」が甘いワケ

駒村　それから、隣国や沖縄の反応とは別にもう一つ。私は戦争が終わって一五年たって生まれました。私の父も母も戦中に機銃掃射を受けています。その両親が結婚式を挙げたのは旧軍人会館、今の九段会館です。私がまだ小さかったころは街で傷病兵を見かけることも珍しくなかった。ぎりぎりのところで戦争の臭いを吸って育ってきましたから言えることですが、絶対に戦争はするべきではない。まかり間違っても匹夫《ひっぷ》の勇で飛びつくようなことがあっては絶対にいけないという感覚はあります。

しかし、他方で、自衛隊を戦力として認めようが認めまいが、起きてしまえばそれは戦争になるわけですが、万万が一、戦争になれば戦力未満であろうがなんであろうが勝てるようにしておかなければいけない。戦争になった以上は、負けるかもしれないけれどもやってみるか、で良いわけがない。そのためには日頃から、国際状況の中で日本がどう立ち回ることが自国の生存にとって有利なのか、諜報機関を持つのか持たないのか、軍事衛星をどうするのか、シェルターは、日本海に林立する原子力発電所はどうするのか、等々を総合的に議論し準備しておかなければいけない。

ですから「お試し改憲」では済まない。そのことを根本から議論する時間的余裕と精神的余裕と熟議の条件が整わなければ、九条改憲を実現してもすぐに空洞化するだろうし、空洞化したまま戦争することになりかねない、と思います。

山尾 いま指摘されたことは、「戦力」を持とうが、「実力組織」を持とうが、場合によっては「非武装中立」に立とうが、いずれにしても国家を存立させるという前提に立つ限り議論しなければならない必須の論点だと思います。

†「憲法レベルで認めてこなかった」の意味

山尾 一方、個別的自衛権に限定された「自衛権」を「戦力」と認めることが、本当に国際世論の厳しい噴出を招くことに直結するのでしょうか。二〇一五年の安保法制は、集団的自衛権行使を一部解除しました。「戦力」と名乗ることこそしませんでしたが、日本の自衛権を大きく変質させた。建前以上に中身を変えたわけです。それは「専守防衛」の「自衛隊」という、これまでのアナウンスとは相当食い違う変化であったと思うんですね。しかし周辺諸国の反応はそれほど厳しくありませんでした。安倍政権が、近隣諸国からの無用な非難を受けないだけの下ごしらえをしておいたのだとすれば、その点は評価をしてもいいと思います。日本が集団的自衛権という一線を越えたことは中国や韓国、その他の国々にとって大きな出来事だったはずですが、少なくとも各国の受け止めは冷静です。

こうした状況の中で、自衛権を個別的自衛権の範囲に再度限定するか、現在の安保法制を限度とするかは別論点として、そのいずれかの範囲で許容される「自衛権」を「戦力」として国際法規の適用を受けるものだと表明することが、戦後蓋《ふた》をし続けてきたものを一気に噴出させるという状況になるのでしょうか、私は懐疑的です。たしかに「戦力」としてフルスペックの集団的自衛権にまで一気に拡大するということであれば、国際的にも相当の動揺と懸念が寄せられると思いますが。

国際的な表明の際に大事なのは、「自衛隊」を「戦力」と呼ぶか否かという「名乗り」の問題よりも、日本の外交安全保障政策の方向性を誤解なく示すことだと思うのです。その方向性として、私は、個別的自衛権の強化、集団的自衛権の不行使そして非軍事的な平和構築分野を中心とした国際貢献をパッケージとして打ち出す。基本的に「外国で軍事力を行使しない日本」です。この基本的方向性をきちんと伝えた上で「戦力」との重なり合いを認めるならば、いま駒村先生が指摘したような懸念は少なくとも随分緩和されるのではないでしょうか。

駒村 「自衛隊を戦力と憲法レベルで認めてこなかったことの意味は大きかったんだ」と言いたいわけです。戦力であることは自明であったとしても、戦力未満との詐術を放置し続けた結果作り上げられた堆積物はとても大きい。それを解きほぐすには時間がかかり、また熟議環境の回復が必要だということです。私が提起した論点は九条改憲にかかわりなく議論すべき事項であると正しくもご指摘いただきましたが、「パンドラの箱」を開けてもなお、今まで同様、十全な制度整備の熟議が一向に進まないということになるかもしれません。

日本政府は戦力未満の自衛組織という説明をしてきましたし、世界もそう見てきました。集団的自衛権を導入したときに海外からの反発があまりなかったのも、まず限定的行使容認ですし、そもそもそれは「戦力未満」であるからかもしれません。要するに「大暴れすることはないだろう」「何も変わっていない」と思われている。私はそう踏んでいます。

中には「これは非常に危険なんだ」と言う人もいるにはいる。韓国の若手の研究者に聞くと、慰安婦問題についての日韓合意の問題以上に、集団的自衛権の限定的行使容認の方が日韓関係にとって重要だと警戒していました。しかし、世界が騒がないのは、安保法制では実質的に何も変わっていないからです。

「憲法上の自衛隊概念」を明らかにしないまま、憲法に自衛隊の名前だけ書き込もうとするのは、実は「何も変えない」ことを憲法で固定化し、従前のあいまい路線を行くことが、国際政治においても国内政治においても、基地の提供はあるものの非常に低コストで、日本の生存を維持するために役立ってきたんだ、という認識がどこかにあるのではないか、と思います。むしろ「何かを変える」提案である山尾構想を極相において、「あまりにもドラスティックだ。安倍加憲はもっと穏当でマイルドですよ」と「何も変えない」外装を利用する可能性もあります。

自衛隊を「戦力」にしたときの他国の視点

山尾　あらためてここで、自衛隊の合憲性について、駒村先生ご自身の基本的な考え方を教えていただけますか。

駒村　私は、自衛隊は既に「戦力」であって、現行憲法の下でも合憲であると考えております。九条は個別的自衛権としての戦力の保持を排除していない。したがって、それに見合うような装備や有事の作戦行動、ＰＫＯを含めて国際環境の中でどうそれを活用するのか、そして何よりも、自衛隊が国際法上も憲法上も「戦力」としてふるまう局面があり得ることを前提にしつつ、しっかりとした戦力の統制機構を整備してその有効かつ安全な運用を工夫し、その上でいかに平和で安定した国際秩序を維持し日本の生き残りを図るか、そういった観点からの外交を戦略的に展開する必要がある、また元来そうすべきであった、と考えます。そういう総合的なフレームの中で自衛隊の活用を考えなければいけない。

ところが政府は自衛隊の位置づけをあいまいにし続けてきた。二〇一五年に安保法制を成立させたときも、市民団体からは「戦争法案、反対！」という、決してプロパガンダには還元できない重大な問題提起があったにもかかわらず、自衛隊を「戦力」だとは言わなかった。そこを明確にせずに集団的自衛権を一部行使できると言っても、現実には何もできないのではないかと思います。

山尾　政府の方針は、引き続き九条二項を例外なき「戦力不保持」規範と解釈しつつ、事実上「戦力」である自衛隊を「実力組織」と言い換えながらあいまい戦略を続行する、こう見てらっしゃいますか。

駒村　現状における政府の方向性はそちらを向いているのではないでしょうか。私自身は、二項は「戦力」を否定しているが、一項との関係で考えれば自衛のための戦力は例外として認めている、という構成になると解釈していますが。

山尾　つまり、現状の自衛隊は、憲法の認める例外的「戦力」として合憲というお立場ですね。

駒村　そうです。パリ不戦条約との関係で九条は一項で侵略戦争を排しつつも自衛戦争を認め、二項では芦田《あしだ》修正の真相は措いておくとして、書きぶりから一項との連続において解釈し侵略戦争のための軍備は持てない、と読むべきだろうと考えています。

山尾　それでも、国際的な視点からは日本の自衛隊は「戦力」ではないと思われている現状がある。それは日本の政府がそう言っているから、ということになるわけですね。

駒村　国際的に見てどの国も自衛隊を軍隊だと思っています。けれども、日本国憲法上は自衛隊は戦力ではないわけだから、戦力として使ってもらっては困ります、と日本政府は言っているわけです。これは国際標準から見たらおかしな話だが、日本政府がそう言っているのだから仕方ないということになる。

山尾　私の提案は、憲法上「個別的自衛権」に限定した「自衛権」を「戦力」として認めるというものなのです。駒村先生の解釈は、そもそも憲法九条は「自衛のための戦力」を認めているということでした。質問の仕方が難しいのですが、先生の解釈からすると、私の提案というのはどう評価されることになるのでしょう。そういう提案をすること自体は、成り立ち得るし構わない、ということになるのでしょうか。

駒村　構わないというよりも、それを明らかにするために改憲を行うことは非常に大きな作業になるだろう、ということです。私の九条解釈は、学界の支配的な学説ではありませんし、政府見解とも異なります。ですから、戦後日本で実践されてきたものではありません。

なので私の自説をとり上げると議論が混乱してしまうのですが、それでもあえて申し上げると、個別的自衛のための戦力保持は現行の九条の解釈で正当化できるので、憲法改正は必要がありません。とはいえ、それを明記するための改憲をしたいというのなら、それも一つの手であるとも思っています。が、私が言っているのは、いずれにしても結果的に条文を書き換えるだけでは済まないだろうということです。

従来の堆積したものを解きほぐし、停滞していたものを駆動させなければならないからです。国際的な環境でも日本政府は自衛隊を今まで「軍隊ではない」と言ってきたわけですから、一応変なことはやらないだろうと国際社会は思ってきた。それを改めて憲法で「これは軍隊です。戦争をします」という話になれば近隣諸国も警戒してくるでしょう。

山尾　だからこそ、範囲統制や手続き統制など抑制的なシステムをパッケージとして憲法に盛り込むべきだという議論に進ませたいのです。駒村先生の解釈の延長線上でも、憲法上認められた「自衛のための戦力」の暴走を抑制するために、憲法上の統制条文が必要だ、ということにはなりませんか。

駒村　当然、戦力統制手段のうちのいくつか、たとえば軍法会議などは憲法改正をする必要がありますが、法律でできることも多いと思います。いずれにしても戦力統制手段は、それを法律で制度化する必要が出てきます。私の立場からすれば、九条を改正するか否かにかかわらず、とっくにやっておくべきであったということになります。おそまきながら、それを一気にやってしまおうというのが今般の改憲によるブレークスルー衝動なのでしょう。

それをやるためには、今までごまかしてきたこの詐術を、戦後の自明性として憲法上認めるだけでは済まない。熟議の再活性化が先行して準備されなければならない。本当の軍事的なコミットメントを国際標準でできるとなれば、そういう国だと見なされることになる。にもかかわらず、戦力統制手段も未整備なところがあり、さらにそれ以上に戦力支援機構はもっとお寒い状況なのではないか。だからこそ改憲だと言われるわけですが、民主政の現状からすると、今までずっとやってこなかったことが「お試し改憲」による憲法テキストの外観上の変更だけで一挙に進み出すとはとても思えない。

†自衛のためのオプション

山尾　とすると、憲法上、個別的自衛権の範囲で「戦力」と認め手続的統制を図るというオプションについて、じっくり時間をかけて議論するならよい、ということになりますか。

駒村　時間をかけて国民が真剣に議論するならいいと思います。熟議民主政の現状から見れば、かなり時間がかかることになると思いますが……。

その際、森羅万象を勉強したわけではないので自信をもって主張はできませんが、戦力統制メカニズム云々の前に、自衛のための措置の範囲すなわち集団的自衛権を認めるかどうかが大きな争点になるだろうと思っています。自分で自分の身を守る個別的自衛権は、当たり前の分かりやすい話で、自宅に武装した人間が侵入してきたら手持ちのもので追い出そうとしますよね。これは自然な話であろうかと思います。それと同様に、一人で戦っても勝てそうもない侵入者が想定されるのであれば、強い人と一緒に抵抗するとか近所と一緒になって集団で自衛する、こういった集団的自衛の連携を組むということも、実は自然なことだと思います。

さらに、こうしてハリネズミ的に団結した隣近所同士が相互にいがみ合うのはやめて、もっと広域的に連合を組んでその元締めが腕っこきを集めてきちんとやるから、それに全部任せようではないか等々、いくつかのやり方があるでしょう。現状維持も含め、どのオプションを我々が選択するのか。簡単に結果が出る話ではない。

これまで通り、日本は戦力を持っているにもかかわらず「戦争放棄」と「日米安保」の二枚看板を掲げてだましだましやっていくという選択もあるでしょう。小国主義的な方法でリアルに生存を図ることも立派な選択肢の一つだと思う。そういう議論をした上で、山尾さんの構想は進めなければいけない。最終的な結論はより勉強を進めないと下せませんが、後に述べますように、少なくとも現行憲法の文言を前提として考えれば、私も山尾さんの言う通り集団的自衛権は憲法の取る方向ではないと思います。

†集団的自衛権をどう取り扱うか

駒村　ところで、山尾さんはなぜ集団的自衛権を違憲だと思われますか。

山尾　集団的自衛権の違憲性というのは、憲法違反そのものというよりも、長い年月をかけて法的安定性を獲得した憲法解釈の本質部分を変更したという立憲主義違反の側面が強いと考えています。

駒村　では集団的自衛権の行使解禁も手続きをしっかりやれば認められるということでしょうか。

山尾　憲法改正という手続きを踏めば認められるのでしょうが、政策的な判断として賛成しません。

駒村　山尾構想では集団的自衛権は禁止するわけですよね。それはなぜですか。

山尾　日本の「緩衝《かんしょう》国家」としての地政学的な位置、「唯一の被爆国」としての歴史、戦後進む日米の軍事面における「一体化」、こうした要素を考えたとき、外国の戦争とは一線を画し、個別的自衛権に特化した方が合理的であるという政策的選択です。

駒村　集団的自衛権で同盟を組むということは国際政治をブロック化し分極化した秩序を構築することですから、それ自体が問題だ、という議論がありますが、そうした観点ではないということですね。

山尾　そういう考え方からではありません。

駒村　ということはアメリカの集団的自衛権を利用しながら日本は個別的自衛権で対応する、というこの偏ったコンビネーションが現在の日米同盟ですが、これは認められる、ということになるのでしょうか。

山尾　もちろん今すぐ日米安保を根本的に変えるということではないのです。まずは理路整然と日米地位協定の正常化を進めながら一方で自主防衛力を強化し、漸進的に日米関係の再構成を図っていく、ということです。

駒村　その上でアメリカと組み、大枠では日米安保の構図を維持することを前提とするわけですね。

山尾　現時点で日米安保の構図を大きく組み替えるものではありません。

駒村　我々は集団的自衛権を行使しないけれども、アメリカの集団的自衛権は拝借するということになる。

山尾　そこはそうです。

駒村　日米安全保障条約に基づく駐留米軍の合憲性が問われた一九五九年の砂川判決（最高裁大法廷判決昭和三四年一二月一六日）は、日本国憲法が許容する安全保障政策として、①「必要な自衛のための措置」をとることは「国家固有の権能の行使」であるとの前提に立ち、②広く「わが国の防衛力の不足を、平和を愛好する諸国民の公正と信義に信頼して補な」うために、「わが国がその平和と安全を維持するために他国に安全保障を求めること」を認め、③さらにそれは「国際連合の機関である安全保障理事会等の執る軍事的安全措置等」だけに限定されるわけではない、との判断を示しました。このような枠組みの下に、日米安保および駐留米軍は一見明白に違憲無効のものではないとされたのです。ここには、③で示された国連による国際的な安全保障政策と、②から導き出される日米同盟という、二つの安保オプションがともに憲法九条の下で許容されることが示されております。あたかも憲法九条の解釈の下でも二つのオプションが併存しているかのような解釈を出した。

しかし私は、憲法を改正をするなら話は別ですが、現行憲法の趣旨・方向性は国連に身を委ねよう、ということだったと思います。帝国議会における現行憲法草案の審議過程でも、吉田茂首相（当時）が「日本は丸裸になるんだ」と言ったその論拠は、「今や世界を動かしつつある崇高な理念の下に我々は身を委ねよう」という趣旨から出たもので、それが国際連合を想定したものであることは確かでしょう。当時の平和への高揚感の背後には国連指向があったのは間違いない。だから憲法の前文も九条もそのような理解を前提にあのように書かれている。

しかし最高裁が砂川判決で「他国の集団的自衛権を利用して日本が自らの戦力の欠損を補うことはできる」と示唆したので、今の日米安保条約も、最高裁判決のレベルでみれば〝一見極めて明確に違憲無効ではない〟という限りにおいて承認を受けているわけです。

日本のふるまい方として、今の分極化した同盟ブロックを前提に国際秩序を構想するのか、それとも、国連をもっと真剣に捉えPKO等への協力を促進し、被爆国として核廃絶を強調するなど多面的に国際安全保障機構としてその再建を図る、さらには国連の常任理事国になったあかつきには日米同盟を解消する、等々といった議論をしていかなければいけない。そう簡単ではないと思います。

†日本ならではの「平和の論理」を書き込もう

山尾　例えば駒村先生が憲法学者の立場から離れたとしたら、どの方向が最もしっくりくると思いますか。

駒村　現行憲法の解釈からすれば、やはり今の憲法は国連を前提にしていると思います。当時とは時代状況が変わり国連神話も色褪《あ》せ、元来組織構成的にも安心して国の安全保障を任せられる存在ではなかったかもしれない。しかし曲がりなりにも存在しています。他方、動揺しているのは日米安全保障条約も同じです。日米地位協定をめぐる問題もありますし、アメリカ大統領が駐留米軍を全部引き上げると言い出す可能性もゼロではないどころかリアルになってきたことを踏まえれば、これもまた脆弱《ぜいじゃく》といえば脆弱なのです。そういう中で日本が何を考え、どの選択をするか。現実的な問題として考えていく必要があると思います。

〝憲法学者の立場から離れて〟というご質問でしたが、やはりどうしてもそこに軸足を置いてしまうことをお許しください。長期的な展望になりますけれども、まずはやはり国連をきちんと立ち上げること、これが現行憲法の趣旨だと思います。先ほど集団的自衛権の行使はごく自然なことであると例を挙げて申しましたが、最高裁も我が国のそれを認めてはいない。他国の集団的自衛権を利用することは認められると言っているにすぎません。国連への指向性が背後にあるのではないでしょうか。そして、フルスペックの軍事力は持てないということを砂川判決も示唆しておりますので、その部分は国連にお願いするという仕組みが基本であろうかと思います。そのような観点から国際世論に訴えかけるという方向なのではないでしょうか。

山尾　当面日米安保条約を中心にするとしても、あるいは国連の集団安全保障を志向していくとしても、問題は、自国の安全保障政策の方針が相手との関係で一定の説得性を持つか、ということですよね。相手からの軍事的サポートを受け入れながら、こちらが提供するサポートは非軍事に限るという方向性をどのように説得的に構成するか。

「個別的自衛権は強化するが集団的自衛権は行使しない」「外国の戦争に対して非軍事的・中立的プレゼンスを保つからこそ、戦争後の平和構築分野で中心的役割を果たすことができ、十全に国際貢献することが可能である」というスタンスを打ち出すことは、可能だと思うのです。つまり、国際社会において、豊かな経済力と平和構築分野における実績を持つ日本にしかできない役割を積極的に果たすことで、軍事的支援と非軍事的支援の質的非対称性を説得力をもって乗り越えていく、という試みです。とはいえ、たとえば日本が国連の常任理事国入りを本気で目指すとなれば、そう簡単な道のりではないかもしれませんね。

駒村　その話をぜひ憲法改正とは別にやっていただきたいと思います。改憲しないと議論は進まないということがしばしば言われますが、だからこそ改憲しても進まないのではないかと懸念します。

さて、話の方向は少し変わりますが、山尾さんにお願いしたいのは、憲法改正を構想される際には「戦争の論理」だけではなく、必ず「平和の論理」をパッケージにしてご提案いただきたいという点です。「一人前の国になります」とか「戦力を行使します」とか「戦争もやります」と言うだけではなく、「平和に貢献する」ためにどのような原理をそこに書き込むか。それは「自衛隊」と憲法に書き込めばいいという話ではない。

自衛隊がフルスペックの戦力になって、諸外国から「あれは危ないぞ」と言われたときには「いやそうではなくて、こういう形で国際貢献するし、軍事力だけではなく平和構築でもアジアで日本はこういう関係構築をしたい」という象徴的方向性を憲法に示していただきたいですし、同時に、「きちんとした病院がたくさんありますから困ったときには来てください。公衆衛生や開発も助力しますし、難病も治せますから」といったことを現実的な政策として合わせて示せれば、と思うわけです。

憲法裁判所が登場するのは、ナチズムや社会主義体制が崩壊したとき

駒村 そろそろ他の論点に移りましょうか。憲法裁判所についてはどのように組み立てる構想でしょうか。

山尾 私の構想では、まず憲法裁判所は、例えば安保法制の違憲性を判断すべきなのはもちろん、臨時国会の召集をしないという「不作為」や、憲法の限界を超えて衆議院の解散をするような「作為」なども対象にすべきだと思います。つまり、審査対象は違憲の疑いのある法律や行為です。

ただ、こういう構想を前提とすると必ず、民主主義との緊張関係を指摘されます。つまり、選挙と議院内閣制を通じて民主主義の基盤を持つ国会や内閣のふるまいについて裁判所が積極

的に違憲審査を行うことは、民主主義をないがしろにするものではないか、という指摘です。しかし、審査の対象は政策判断の是非ではなくその政策には改憲が必要か否かですから、民主主義と正面から衝突するものではありません。むしろ民主主義と立憲主義の適切な役割分担と考えるのが正しいと思いますね。

駒村　憲法裁判所は、おおよそ、ナチズムなどの権威主義的体制や極端な社会主義体制が崩壊した後に導入されるのが通例です。要するに、もう立憲主義も何もなくなったところに立ち上がるというのが今までの例です。つまり憲法の規範力が根絶やしになったとき、それを回復するために憲法裁判所が必要だ、というかたちで議論が浮上する。日本はそこまでの状況でしょうか。安倍一強下で非立憲がはびこっているとの認識は同じですが、ナチスと同じかというと、そこまでではない。

また、山尾さんの提案は、規範力を回復させるのか、あるいは逆に規範力の弱体化をさらに悪化させることになるのか。政府や国会の違憲行為に対し、ただただ「合憲だ」というスタンプを押すだけのものになるかもしれない。となると、これは一種の賭けではないか。勝算はどう考えていますか。

山尾　合憲のスタンプを押す機関にならないように、人事権を工夫するなどの制度設計が必要不可欠です。しかし現状を見てください。従来、政府が出してくる法案（閣法）の合憲性を内閣法制局が中立的な立場で審査をするために、少なくとも内閣法制局人事には政治は介入しないという不文律が尊重されていました。ところが今の安倍政権は、安保法制合憲論者に法制局長を挿《す》げ替えるというあからさまな人事介入を実行しましたよね。その結果、集団的自衛権の一部解除について、歴代内閣法制局長官が違憲だとしてきた答弁の積み重ねを一掃して、合憲のスタンプを押させたわけです。閣法の合憲性について、一定の中立性をもって専門的な立場で判断する制度が存在しない、この状況を放置するわけにはいかない。

だからこそ、権力の違憲的ふるまいを是正できる制度を構築することが必要ですし、その制度設計の際には、先生が指摘されたように、権力が合憲のお墨付きを得るために制度を悪用するリスクを回避する工夫が必要不可欠だと思います。

駒村　抽象的規範統制よりもさらに前の段階で違憲な国家行為それ自体をも審査しようという考えですか。

山尾　はい。事前にも審査できるようにしたい。

†裁判でなくともできること

駒村　そうすると「憲法裁判所」と呼んでいる意味はどこにあるのでしょうか。つまり裁判という言葉の持っている中立性や非党派性を借用しながら、やろうとしていることはとても

「裁判」とは思えない。

山尾　たとえば提出された閣法に違憲の疑いが生じているとき、国会審議より先に裁判を先行させるとするなら、いわゆる「法案」以外に判断の土台となるファクトがない状態で何を「裁判」するのか、という疑問は顕著に生じると思うんですね。だからこそ、閣法に違憲の疑いが提起されたとしても、その憲法適合性の判断を含めてまずは国会における議論を先行させる。論点や事実の摘示が積み重なった上で国会で法律として「成立」したなら、国会の議論の土台をも参照しながら、裁判所が「成立後施行前」に判断をくだすことができる。これはあくまで現段階での一つのバランスのとり方ですが、十分検討に値すると思います。

駒村　裁判官あるいは評議員はどういう方がなるべきだと考えていますか。フランスの憲法院でさえも法律的な資格を持った方が多い。「裁判」の古典的概念や憲法争議の伝統を参照するなら話は別ですが、少なくとも現代では「裁判」という言葉は「司法」と強く結びついているので、その観点からもう少し慎重に使った方がいいと私は思います。ドイツ憲法裁判所の抽象的規範統制は我が国で通常イメージされる裁判とは異なります。それからアメリカの州裁判所で行われている「勧告的意見」もそのような意味での裁判とは違う。

裁判という作用、あるいは裁判官の職能は「法の解釈・適用」とその前提たる「事実認定」から成るパッケージであって、裁判が研ぎ澄まされた議論をなし得るのは、具体的な事件争訟、具体的な事実から成る係争事案が前提となっているからです。過去に起きたことを事実として確定し、それに対してどのように法を適用するか、こういった訓練を法律家・法科生たちは受けてきた。山尾さんも私もそうです。

裁判の形式と特性によって憲法統制が持っている非政治性を研ぎ澄ませようとするのであれば、具体的規範統制の可能性を考えるのが穏当ではないでしょうか。山尾構想の中には通例の意味での裁判とは違うものが含まれている。どちらかというと内閣法制局に近い。

山尾　憲法裁判所が、具体的事件を前提とせずに、「この法律は違憲」とか「この国会召集は合憲」とか判断するのであれば、それはもはや「具体的な紛争に対して法を適用し解決する」という意味の裁判とは別物ではないか、というご指摘ですね。

駒村　はい。事実というものの土俵の上で、法の在り方を考える訓練を法律家は受けてきたわけで、具体的事実や係争事案から切り離して、「法解釈」だけをやっているわけではありません。裁判官のやってきた任務の中で重要なものが、公権的に事実を確定するという作用です。その意味で事案や事実を土台としてはじめて法の切っ先を鋭く適用できるわけですから、裁判ないし裁判官を新たな憲法統制の仕組みに取り込むのでしたら、法の規範力の鋭さを担保してきたこのような司法裁判の枠組を活用し、その中で憲法の規範力を高めることを考えるのがいいのではないでしょうか。たとえば最高裁判所の中に「憲法審査部」を置くという方策も十分考えられるだろうし、それなら憲法を改正しなくてもできる。

他方で、裁判・裁判官とはすこし離れて、内閣法制局をもう一度立て直すという方法もあるでしょう。特に閣議決定等の審査を通じて内閣の行為をも統制する仕組みは検討に値するのではないか。閣議決定の事前審査や法制審査の過程で、法制局に憲法審査機能を持たせることを検討して、合わせて人事の独立も考える。内閣の一部局ではありますが、一定の独立性・自律性を維持する仕組みはできると思います。この憲法部局には憲法学者を出向させたり、裁判官・検察官・弁護士がメンバーとなったり、若手法学研究者をクラークのように使って調査や資料収集をさせることもできるのではないか。韓国憲法裁判所に附属する憲法研究院などは参考になるかもしれません。

このように、山尾構想は、憲法改正に訴えなくてもその多くを達することができるのではないでしょうか。憲法改正を実現させるだけの政治的エネルギーを使わなくてもできる可能性はあるし、そういう方向が試みられてもいいと思います。

†立憲主義回復のためのバリエーション

駒村　さらにいくつか付言すれば、国または公共団体における機関相互間での権限争議等を裁定する仕組みは日本ではまだ不十分です。国と地方の係争については国地方係争処理委員会の仕組みがありますが、その活性化や実効性確保のための見直しも構想されてはどうでしょうか。

また、公金の支出に関する憲法争議についても、今のところ地方自治法の住民訴訟しかない。「国民訴訟」という形で国家の予算執行について、憲法的統制ができるような仕組みが今のところない。こういうものの導入も検討課題です。国費の執行で憲法違反があった場合に、それを是正することができるとなれば相当大きなインパクトがある。

山尾さんの憲法裁判所構想が立憲主義の回復戦略の一部だとすれば、考えてみるといろいろなバリエーションがあり得る。ぜひ視野に入れてもらえたらと思います。

山尾 なるほど。たとえば内閣法制局の再構築についてですが、先ほど申し上げたように、これまで内閣法制局人事は政治任用ではなく行政任用の不文律が守られてきた。しかし安倍政権がこの不文律を破ったことによって、内閣法制局の事実上の中立性・独立性はもはや担保されていません。駒村先生であれば、この問題をどう解決されますか。

駒村 法律でできる。憲法七三条四号に書いてあります。「法律の定める基準に従ひ、官吏に関する事務を掌理《しょうり》すること」が内閣の職務として挙げられております。ですので、法律で基準をつくればいい。しかし、「これは行政部門の自律権の問題であり、内閣の内部問題であるから、国会の口出しは許さない」と政府が言い張るのであれば憲法を改正するしかない。でもまあ、それも権力分立の再解釈で足りると思うけれど。

山尾　あわせて、臨時国会の召集要請に内閣が応じないというような不作為の場合、憲法を変えずに、法律で強制力を持たせることも可能でしょうか。

駒村　具体的にどのように制度構築するかは難しい問題です。執政作用に関わる問題ですから、裁判官に任せるにせよ、内閣法制局の憲法審査部に任せるにせよ、論点によっては憲法的に回答が出てこない問題もあると思う。その点は割り切りが必要です。また、憲法的に「それはまずい」と言えても、それに対する強制手段をどう確保するかはさらに難しい。幸いご指摘の臨時国会召集問題は明確に憲法の要請に背《そむ》くものですから、その点ははっきりしているでしょう。召集に応じないのは憲法上重大な疑義があるとして、内閣法制局は臨時国会が召集されるまで閣議決定を一切通さないという形で抵抗できるかもしれません。さらに、召集をしないまま首相が外遊に出たとなれば、その予算執行を国民訴訟で争うこともできるかもしれません。

山尾　内閣法制局の独立性・中立性を高めるために、改憲ではなく法改正でぎりぎりまでトライするべきだと駒村先生は指摘していますが、閣議決定を通さないという内閣法制局の抵抗も、人事に手を付け長官まで挿げ替えられるのであれば、期待できないのではないでしょうか。

駒村　今はそうですね。

山尾　そうすると人事権を実質的に内閣から取り上げる法改正をするべきということでしょ

うか。

駒村 人事権を取り上げるか、職権行使上の独立性を担保するか。やり方はいろいろあると思います。国会が関与するという形でもいい。独立行政委員会という方法もないではない。

†憲法審査をする場合のリスクもある

山尾 それともう一つ、先ほど駒村先生は、「憲法裁判所」を新設するより、既存の最高裁判所に「憲法審査部」という一部局を置くという方法もあると示唆されました。ただ最高裁の一部局が行っていくとしても、現行憲法上、最高裁裁判官の指名・任命権は内閣にありますから、憲法を変えない限り、内閣からの人事の中立性・独立性の担保は難しくないでしょうか。つまり、憲法裁判所の新設にしても、最高裁の一部局に憲法審査を委ねるにしても、結局憲法改正が必要になるのではないか、ということです。

また、判決の効力をどこまで認めるかという問題もあります。たとえば「臨時国会の不召集は違憲」という判断になったときに、単に「違憲だ」という判決になるのか、「何日以内に召集せよ」という判決になるのか。あるいは「何日後に召集される」という判決になるのか。いくつかパターンが想定されますよね。後ろのパターンほど裁判所が前に出てくることになるわけですが、この点も民主主義との緊張関係があり得ます。役割分担のバランスをどこに置くのかという問題です。

駒村　ちょっと待ってください。「判決」という形で具体的命令のようなものを出すところまでいきなり行けるかどうか……。改憲によらずとも今ある立法という手段を有効活用するべきです。内閣の追い込み方もいろいろある。強制力はないが憲法審査機関が違憲という判断を出した場合に、内閣声明を出すことを義務づけるという手もあります。声明に対して民主的批判が沸き起こり、統制が働くことが期待できます。内閣声明は現行法令の中にも例があります（議院における証人の宣誓及び証言等に関する法律第五条）。

それから、憲法争議のすべてを憲法審査機関が裁いてくれると思うのはかえって危険だということも指摘しておきたいと思います。最後は国民が立ち上がり、「ふざけるな」と太鼓をたたき幟旗《のぼりばた》を立ててがんがん騒ぐ。「次の選挙まで忘れないぞ、このやろう」と騒ぐという局面に至ることの重要性を考えておきたい。つまり立憲主義のコストであり希望でもあり得る民衆の力による抑制とそれを可能にする基盤の涵養《かんよう》も考えなければいけない。最後は国民の力だということ。

憲法裁判所や憲法院などの憲法統制機関が全部判断してくれて、違憲となれば一定の強制力を伴って何か懲らしめてくれる、となってしまってはやはり期待が過大なのではないでしょうか。国民の力を萎《な》えさせる可能性がある。

安倍政権の特殊性だけを思い浮かべて考えてはいけない。憲法審査は諸刃の剣だと思います。非立憲的な政府に対しては徹底した統制が望ましいですが、他方でなんでもどこまでも徹底的に面倒見ると、国民の立憲主義的情熱が弱体化しかねない。憲法審査機関が反動化するリスクもあるし、また政府の単なる追認機関になってしまうこともあり得る。

山尾　とはいえ、立憲的な統治の仕組みを考えるときには、立憲主義に鈍感な政権を想定した方がいいと私は思います。むしろ、非立憲的な政権をこそ統制するために、立憲主義とそれに根差した統治構造を準備するのではないですか。今の安倍政権は間違いなく非立憲的な政権であるし、安倍政権なるものをイメージしながら統治の制度設計をすること自体は悪いことではないはずです。

性善説に立たず、不文律や慣例、解釈というものを尊重しない政権に対してどこまで制度設計で立ち向かえるのか。ここを考えたいのです。それでもなお、すべてのリスクを回避できる百点満点の統治構造は作れない、というのもその通りだと思う。最後は太鼓や幟旗、そして選挙、つまり国民の底力が試されるわけですが、そこに至るまでの制度的な複数のルートを増やしてもいいのではないか、増やすべきではないかと思います。

駒村　最後は、群民蜂起に暴動、革命、天変地異まで含めていろいろあるとは思う。そこに至る前に通常の統治の仕組みをぜひ考案しておきたいですね。ただ、究極のところで執政と憲法が衝突した場合に、憲法だけではすべてを守りきれないということを、念頭に置いておくことが重要です。

たとえば最高裁や内閣法制局や憲法審査機関が抵抗したり、国会が抵抗したりしたとしても、権力が一切無視をするという事態に立ち至ったとき、最後の段階ではやはり主権者が本気になって乗り出さなければいけない。憲法はそこに至る前にいろいろとがんばりますが、高次元の政治問題や執政課題について何を語るかは主権者に委ねることになるでしょう。そこに、憲法審査機関がはっきりと合憲・違憲を言うことはおそらくしない方がいい。はっきり違憲とダメ出ししても意外にすんなり受け入れられることもあるでしょうが、憲法を否定ないし無視する可能性の方が高い。法の支配が根こそぎ権力によって拒絶される危険があります。法は権力と一緒に心中するつもりはないので、その次元の政治問題には黙っておこうという話になる。それが統治行為論の一つの確信犯的な存在意義です。

†憲法vs主権者

山尾 何人もの憲法学者の方々と意見交換してきて感じるのは、憲法学者の多くは憲法の力を信じていないのではないか、ということです。もちろん憲法の力を一二〇パーセント引き出しても、一二〇パーセント物事を解決できるわけではないことは分かっているし、最後は国民の健全な批判能力なんだ、というのもその通りだと思います。

しかし、日本で戦後憲法が施行されてから七〇余年。憲法の力を強化し、持っている力を引き出そうとする制度設計の試みがあまりにもされてこなかった。じゃあこれから始めようと問いかければ、「憲法は全能ではないんだよ」というゴールに飛んでしまう。始めてみなければ分からない。全能ではない憲法だからこそ、それを強化する試みに、「憲法学者」の皆さんの力を貸してもらえませんか、という気持ちになる。駒村先生はこの点はどうお考えですか。

駒村　少なくとも私は信じているつもりです。また、憲法の力の限界を指摘する前にいろいろな法的手立てをお示ししてきたつもりです。そもそも憲法の力とは何か、ということも考えなければいけませんが、みんな現状に対してややペシミスティック（厭世的）になっている点は同感です。ただ、それは憲法の力を信じないというよりも、むしろ主権者を信じてないということではないでしょうか。

山尾　そうです。憲法を信じないということは、その国の国民も信じないということと重なります。

駒村　究極的には主権者が憲法をどう設計するかという権限を持っていることになっている。憲法は、最後は国民の知性と普遍的原理に対する信念に期待するしかない。しかし、究極的な力は主権者が握っており、土壇場で法と全面的に袂《たもと》を分かつかもしれない。この根源的な不安定さを憲法学者はよく知っているわけです。主権者は時としてろくでもない判断をするし、実は憲法のことなど何も分かってないんじゃないかというあきらめがあるのではないでしょうか。実は私もそれを半分共有している。だから、憲法の力を万能視しないように心掛ける。どこかで憲法の力など信じていないフリをして、主権者を安心させておかなければならないと考えてしまう。

私は、究極的には民主主義は賭けでしかないと思っています。勝負に勝てる自信がないのに賭けをする人はいない。しかし、民主主義のゲームは端《はな》から降りることのできない賭けです。しかも、結局は民主主義の本質とは、やはり「衆愚」なのだと思う。独裁よりも衆愚の方がましだという理由でかろうじて支持されている。要するに、民主主義とは衆愚に賭けるということなのではないか。衆愚は下手をするととんでもない判断をする。しかし、同時に、衆愚の力こそが社会を改革してきたし、革命的な変化をもたらすこともある。悪政を打破する最後のブレークスルーであり、我々は衆愚を畏《おそ》れながらも信じる、というのが法学者の民主主義に対する見方ではないでしょうか。

とは言え、「しょせん我々は愚民であり阿呆であり烏合の衆ですから、何を判断するか分かりませんよ」と開き直ったらオシマイになってしまうのも民主主義というゲームの特徴です。わかっていてもそう言わずに、一所懸命、公共的問題に関心を持ち憲法を勉強して、一人前の

「市民」になろうとがんばる。憲法学者というのは法の立場から民主主義を叱咤激励《しったげきれい》しつつ、最後の最後は衆愚に賭ける瞬間が来ることを覚悟し、祈るような思いで畏れているのではないでしょうか。

†ブレークスルーが起きる土壌

駒村 ただそうは言っても現状は憲法改正をやるべきではないと思います。今の状況では、熟議は起きないだろうし、衆愚に賭けようにも賭ける前提が空洞化していると私は考えています。いま日本は世界標準から見れば報道の自由度がものすごく低い状態にあります。真理と知性の観点から権力に対して批判的な構えを取るべき大学も追い込まれている。そもそも知性的に構えること自体がナンセンスだというシニカルなムードが蔓延しつつある。

メディアと大学という戦後の知性をリードしてきた二つの仕組みが底抜けになりつつある。NHKや内閣法制局など立憲主義的装置が次々と問題にさらされ、文科省、国税庁、防衛省・自衛隊、厚生労働省ではスキャンダルやデータ調査と文書管理の問題で大揺れに揺れています。財務省でも決裁文書が改竄《かいざん》されていた。ベスト・アンド・ブライテスト（最優秀人材）が集まり、日本の知性を代表し、文書主義と法文統治の牙城であった官僚機構はがたがたになっている。忖度《そんたく》で動くようになってしまった。

こういう状況下でまともに根本法に関する議論が起きるとは思えない。むしろ、批判的熟議の環境を意図的にないがしろにしてきたのかもしれない。野党が改憲提案をするのはもちろん自由ですが、一つ一つの立憲主義的な装置、メディア、大学、在野の弁護士、官僚機構、権力を批判的に統制する役割を負っているこうした立憲主義の諸前提が、いま空洞化している。これもまた憲法学者が国民の底力についてバカにしている、と言われるかもしれませんが、私はそこが非常に心配です。

もっとも、それでも希望があると思えるのは、安保法制をめぐる議論過程で憲法論議についてほぼみんなが諦めかかったときに、憲法学者の長谷部《はせべ》恭男《やすお》教授が一言発したことで、空気はがらりと変わった(二〇一五年〔平成二七年〕六月四日、第一八九回国会、衆議院憲法審査会における参考人の発言として)。

山尾　たしかに、あの瞬間、憲法学者の一言が、憲法議論の風向きを大きく変えました。

駒村　それによって死に体であった報道メディアもよみがえり、デモも活性化した。そういうブレークスルーが起きる土壌もある。主権者に対して懐疑の目を向けている一方で、憲法学者と主権者国民がタッグを組んで前に進むという瞬間があった。安保法制は通ってしまったが、この現象は希望の瞬間だと思ってもいいのではないでしょうか。

先ほど述べましたように私は極めて悲観的でありますが、このような経験からすると安倍改憲提案に対して非常にどでかい国民の反発が瞬時に沸騰する可能性は絶無とは言えません。実は、そのような主権者の力を最高裁も信じていると思う。先に触れました砂川判決で最高裁は、高度の政治性を有する憲法的問題は、第一義的には内閣と国会で判断し、終局的には「主権を有する国民の政治的批判」に委ねると明言しております。つまり最高裁は、高次の政治問題に関わる憲法上の疑義については、どこかで主権者が太鼓をたたき、ムシロ旗を立てて大規模な示威行動に出ると信じているのだと思う。

だから私はそれを大切にしたい。最高裁が思い描いているように民主主義が駆動するかどうか分からない惨憺《さんたん》たる状況ですので、まずはそれを立て直すことを、改憲に飛びつく前に考えてもらいたいというのが正直なところです。

山尾　立憲的改憲は、憲法典の条文改正を目的とするものではありません。いわゆる「改憲」が目的ではないのです。いま駒村先生が指摘された通り、国民一人ひとりが、自身こそ国家権力を統制する主体であるとの意識を持つことが大事なんです。そして、国民一人ひとりが、三権分立の不具合や人権保障の不十分さに問題意識をもち、それを解決するための制度設計を熟議することが一番重要なのです。立憲的改憲の真の狙いはそこにあります。

この思考の過程を社会が共有できれば、「改憲のための改憲」の愚かしさ、「安倍加憲」の幼稚性は自然と明らかになる。大事なのは「安倍加憲」を阻止したその後です。はからずも安倍総理の憲法改正への情念が、憲法議論のパンドラの箱を開けたのだとすれば、それを力ずくでもう一度閉じ込めることはできないし、すべきでもない。

憲法という普遍的な土台の上で、どうすれば三権分立の歪《ゆが》みをなおせるか、多数者には分からない少数者の「息苦しさ」を治癒する手段たりうるか、日本は何を旗印に国際社会を生き抜き貢献していくのか、こうした課題について、国家ではなく国民が主体になって議論していく土台が「立憲的改憲」なのです。

†どこまでが幻想で、どこからがリアルな議論なのか

駒村　昔は憲法学と政治学、行政法学は兄弟姉妹みたいなもので互いに仲が良かった。実際、私もマイケル・サンデルのような政治哲学をベースに議論をします。また、憲法学者が頻繁に参照する法哲学者のカール・シュミットも半分は政治学者のようなところがある。ロバート・ダールやセオドア・ローウィといった政治学者・行政学者もよく参照されます。一九四五年の終戦前後における新憲法の正統性についての学説「八月革命説」も政治学者の丸山眞男が考案したものだとする報告もある。

そこに徐々に専門分化が始まりそれぞれのディシプリン（規律）が固まっていった。それでも、政治学と憲法学は、基本、研究対象が同じだから今も仲がいいと言えるでしょう。しかし、

法と政治は仲が悪い。法と政治は分かり合えない。でも、それでいい。憲法学者は法の側に立っている以上、民主主義を疑い、主権者を疑い、政治とは妥協しないスタンスを取り続ける〝分からず屋〟でいるべきだと私は思います。

それは我々の職業的な規律がそうさせているわけです。最近は、歴史学に傾倒する憲法学者が多く、また私自身も実際政治学者とコラボレーションすることがあるわけですが、他方で憲法学者が固有に取り組むべき問題は規範論であって、普遍的な規範を語るという学問的なスタンスは堅持しなければいけないと思っています。

この対談では国家や憲法について十分語ったわけですが、おそらく山尾さんが政治家として現場に戻り、私が研究室に戻れば、これは折り合えない、相いれない関係に立つ。だからといってけんかする必要はない。悪口を言い合う必要もない。互いにその職務に奉じ、職務に忠実な好敵手としてその緊張の中で妥協点を見つけ出すことが絶対に重要だと思います。

よく憲法学者は理念ばかりだと言われ、他方で、政治学者は現実主義的だとの対比で語られます。あるいは憲法学者は神学者であって、政治学は実証主義者であるという二分類もある。リアリズムの時代においては憲法学者はもう少し現実を勉強し直した方がいいのではないかという声も出ています。が、我々は理念の立場にあり、神学的な立ち位置にあるということは、法と政治の本質的関係から言っても当然のことなんです。

私自身としましては、政治学、あるいは政治家はぜひリアルでいていただきたい。それを強く望みます。こういう時代にあってリアルとか真実などに軸足を置き、実際はこうなんだと冷静な計算をきちんとすることを政治家に望みたい。憲法学を攻撃している方たちは、憲法学者は九条をお題目のように信仰している信者であるが、自分たちは実証と現実の上に立っているとおっしゃる場合があると思いますが、ではあなたたちの掲げる「国益」という概念は、どれほどリアルなものなのかをぜひ考えてもらいたいものです。それは憲法九条と同様に信仰の対象であり、憲法学以上に神学的なものかもしれません。

安保を巡る壮大な議論も、安手の国益論ではなく、国際社会の中で日本がどう生存していくのか、リアルな議論を政治学者が提示し、憲法学者はそれに対して駄目出しをし続ける、まずはそういう議論の環境ができてくるというのが望ましいのではないかと思います。

山尾 まさに今日のこの議論が、そのような対論であったと実感しています。

（対談日　二〇一八年三月一四日）

おわりに――今、ひろがるパノラマ

〔panorama〕遮蔽物のない見晴らしのよい風景。

「はじめに」でこの対論集を「7つの小旅行」と表現したものの、実は一つひとつの対談が重量級の大遠征となり、旅先の7賢人の先生方の寛容さあってこそ、この旅程をひとまず完走することができました。

7名の先生との対談を終えたのちの、二〇一八年六月一九日。

私は、ある法案の小さな文言に対して、衆議院本会議場で反対の討論に立っていました。共謀罪の反対討論以来、約一年ぶりの登壇でした。この法案は、法律上の相続人でなくても、献身的に介護や看病をした「親族」は実質的な遺産分割を受けられるようにする新制度を創設するもの。一見悪くない提案です。

しかし、よく見ると、その対象は法律上の「親族」に限られ、最もこの制度で救済されるべき事実婚パートナーや同性パートナーが排除されていました。法務委員として繰り返し質問に立ちましたが、どれだけ虚心坦懐に政府答弁を聞いても、こうしたパートナーを排除すべき理由はどこにも見当たりませんでした。

「親族」という小さな言葉による大きな差別を容認できないと、反対した政党は立憲民主党だけ。新制度からマイノリティが排除されているという事実は、メディアでもほとんど取り上げられませんでした。民法、相続法、家族法など関係専門分野のプロフェッショナルからも、問題点を指摘する力強い声はほとんど上がりませんでした。そして、大変残念なことに、「憲法」議論のプレーヤーからもこの差別は見過ごされたままです。

　この国には、日本国憲法があり、その憲法は一三条で個人の尊厳と幸福追求権を、一四条で平等権を保障しています。この法案は、合理的理由なく制度からマイノリティを排除するもので憲法の趣旨に反しています。

　しかし、アカデミアからも世論からも関心を払われないまま、この法案は多数決で成立するでしょう。この法案に限らず、差別を細部に宿《やど》した制度や共謀罪のように行き過ぎた監視社会を合法化する制度が安倍政権のもとで量産されているし、これからもその傾向は続くでしょう。

　それでもなお私は、少数者の人権や主張が多数決により黙殺され人格の本質的な対等性が傷つけられることに、これ以上鈍感な社会になってほしくないのです。だからこそ、人権の実質的保障のために憲法に何ができるのか、現行憲法をよりよく機能させるために何ができるのか、こだわり続け、社会に問いかけ続けたいと思うのです。

人権保障の脆弱化《ぜいじゃくか》は、統治機構の歪みに由来しています。その統治機構の歪みの最たるものが、安倍晋三総理による「自衛隊明記」加憲案です。

本書でも詳しく検討しましたが、この提案の本質は、歯止めなき自衛権の根拠規定を憲法に新設することにあります。まさに自衛隊の最高指揮権者が、自衛権の歯止めを自ら外し、憲法による自衛権統制規範力をゼロにするものです。憲法による統制がゼロになり、民意による統制基盤が脆弱化したとき、自衛隊の行動について他国の意思に影響される範囲がますます広がることを、私は危惧します。

憲法と国民の距離が離れれば離れるほど、この国の主権は弱体化します。

憲法九条の難解な解釈には功罪ともにあったのでしょう。「罪」は、その難解さが、国民と憲法の距離を引き離し、国民が主権者として外交安全保障を本気で考える機会を奪ってきたこと。「功」は、専門家による難解ながらも安定した解釈が個別的自衛権の一線を守り続けてきたことだと思います。

そして、いよいよ「功」の部分が消え去り、「罪」と向き合う時代がきました。「罪」と向き合うといっても、決して暗い気持ちになる必要はないと思うのです。

専門家しか読み解けない憲法から国民の理解に基づく国民の憲法へと議論の場を広げれば、憲法議論に新しいプレーヤーが加わり、新しい「憲法の力」を発見してくれることもあるでしょう。一方で、憲法改正を声高に唱える総理大臣が憲法の「基本のキ」を知らないのは論外ですが、国民の多くは「専門外」ですし、「基本のキ」から学ぼうとすればよいだけのことです。「基本のキ」にもいろいろあるし、中には専門家による「基本のキ」であっても実は正確性を欠くものもあるようです。

憲法の議論には「正確性」のグラデーションはあっても、「正解」「不正解」はありません。専門家からできるだけ「正確性」の高い知見を学びとりつつ自分なりの憲法論を組み立てていく作業は、実はとても自由で楽しい作業です。本書の対談を通じて私が味わったその醍醐味の一端を、読者の皆さんと共有できれば幸いです。そして、「専門外」だけど「主権者」である国民が臆せずに憲法を語るための一冊になればと願っています。

†立憲的改憲論　第九条改正試案

最後に、現時点において私の考える「立憲的改憲」の一部、自衛権統制規範としての憲法九条案を示すことで、次なる議論の機会へとつなげていきたいと思います。本書に登場くださった7名の先生方はもちろんのこと、たくさんの方々の知見に支えられた上での提案となりますが、あくまで試案であり私案です。

【日本国憲法　第九条】
一項　日本国民は、正義と秩序を基調とする国際平和を誠実に希求し、国権の発動たる戦争と、武力による威嚇又は武力の行使は、国際紛争を解決する手段としては、永久にこれを放棄する。
二項　前項の目的を達するため、陸海空軍その他の戦力は、これを保持しない。国の交戦権は、これを認めない。

【追加する条項】第九条の二
一項　前条の規定は、我が国に対する急迫不正の侵害が発生し、これを排除するために他の適当な手段がない場合において、必要最小限度の範囲内で武力を行使することを妨げない。
二項　前条第二項後段の規定にかかわらず、前項の武力行使として、その行使に必要な限度に制約された交戦権の一部にあたる措置をとることができる。
三項　前条第二項前段の規定にかかわらず、第一項の武力行使のための必要最小限度の戦力を保持することができる。
四項　内閣総理大臣は、内閣を代表して、前項の戦力を保持する組織を指揮監督する。
五項　第一項の武力行使に当たっては、事前に、又はとくに緊急を要する場合には事後直ちに、国会の承認を得なければならない。
六項　我が国は、世界的な軍縮と核廃絶に向け、あらゆる努力を惜しまない。

この九条案は、序章で示したいくつかの課題（二四頁参照）に対し、以下のような基本的考え方に基づいて起案されています。

①——国民と国際社会の納得に支えられる観点から、九条一項二項は存置する。その上で、追加条項において、旧三要件を明記して自衛権の範囲を統制する。

この点、国際的にみれば、自衛権の範囲を憲法上統制することは一般的でない。しかし、我が国ではこれまで、少なくとも憲法解釈上の統制がかかっていることについて、深い国民的納得と一定の国際的理解を得てきた。安全保障環境が激動し、ともすれば他国の戦争に巻き込まれるリスクが高まっているからこそ、むしろ日本の自立した主権者意思として、憲法で「他国の戦争には参加しない」というルールを明確にするべきだと考える。

その上で、そのルールの書きぶりについては、国民的納得と政策的妥当性の観点から、全く新しい要件を新設することは適切ではなく、旧三要件がふさわしい。ただし、現行安保法制のように集団的自衛権の一部を解除する解釈を厳に禁ずるため、「我が国に対する急迫不正の侵害」と明記する。

なお、この旧三要件の下の自衛権行使は、国際法上個別的自衛権の一部として合法とされるものである。主権者意思として憲法で自国の自衛権を自制する範囲を明記するには、旧三要件を明示すれば足り、あえて国際法上の評価概念としての「個別的自衛権」という言葉を用いる必要はないと考えた。

②――九条一項二項を維持した上で、憲法が否定する「戦力」「交戦権」と憲法が許容する「自衛権」との整合性をいかにとるか、本書でも議論となったし、大変悩ましい論点となった。しかし、「実力組織ではあるが戦力ではない自衛隊」「交戦権は認めないが交戦権の一部にあたる措置は認められる」というように、これまで文言上の矛盾を放置してきたことが、その矛盾を埋めるための難解な解釈を生みだし続けてきた。その難解さが国民を憲法から遠ざけ、国民の無関心に乗じて政府が恣意的に解釈を捻じ曲げるという悪循環を断ち切るべきだと考える。また、そもそも憲法上無理筋の解釈を継続したことが、「戦力とさえ言わなければ合憲」「交戦権とさえ認めなければ合憲」というような不合理な政府答弁を許容することにもつながっている。むしろ「自衛権」と「戦力」「交戦権」の重なり合いを認めることで、憲法上のラインが明確になった方が、政府に対してはライン内にとどまっていることを明確に説明せよと要求でき、違憲審査においてはその判断基準を示すことができるため、統制に資すると考える。そこで、維持する九条二項および新設九条の二第一項から第三項によって、憲法上旧三要件の範囲に自衛権を統制し、その範囲のみにおいて「戦力」「交戦権」との重なりを持つことを認める一方、範囲外の「戦力」「交戦権」は原則どおり一切認められないことを明らかにす

る条文案とする。
なお、この条文案における「交戦権」とは、戦いを交える権利という意味ではなく、交戦国が国際法上有する様々な権利の総称を意味するものである。そして、我が国における自衛権発動は旧三要件の範囲に自制する以上、かかる自制の帰結として、認められる交戦権はおのずから「自衛権からくる制約のある交戦権」となり、このことはこれまでの政府解釈のおいても一定程度認められている解釈である。（たとえば、

「自衛のための交戦権というものをもしお考えくださるなら、つまり限界のある交戦権というふうにお考えくださるなら、それを交戦権と申して一向にかまいません。私は、その本質が違うものは、中身が違うものは、自衛行動権というような名前で唱えるべきものであって、その憲法の禁止している交戦権とは違うというふうに思っておるものですから、そう申し上げたわけですが、自衛権からくる制約のある交戦権だというふうにお考えいただいても、それはけっこうでございます」

第六一回国会参議院予算委員会〔昭和四四年三月三一日〕高辻正巳内閣法制局長官答弁を参照）

③——旧三要件下での個別的自衛権行使のための必要最小限度の戦力保持を憲法上明文で許容することで、組織としての「自衛隊」の根拠規定とする。しかし、その時々における「自衛隊」が「旧三要件下での個別的自衛権行使のための必要最小限度の戦力」として合憲であるかどうかは、不断の検証にさらされるべきであるという立場に立つ。「自衛隊」と書けば合憲で自衛官の誇りが蘇るという、偽りのポピュリズムとは一線を画す。

④——「自衛隊」を記載するより、「自衛権」の統制が本質であり、その手続き的統制については、

現時点では最低限「国会の原則事前承認を要し」かつ「内閣を代表する内閣総理大臣による指揮命令権に服する」ことを明記する。国会承認の更新を要求する制度や防衛刑法・防衛裁判手続法の検討、財政面からの統制などについては、極めて重要な今後の課題とする。

⑤――①～④に示した自衛権の範囲と手続きを統制した上で、それらは究極的には前文および憲法九条の非戦平和の理想に近づくための手段であることを確認し、唯一の被爆国として核廃絶と国際平和を呼びかける平和国家としての精神は戦後一貫して変わらないことを宣言するため、「軍縮」と「非核」の精神を書き込む。

本書における私の主張から読み取って頂けたと思いますが、憲法九条を改正し現行九条二項の戦力及び交戦権を一部解除した場合、国家権力がもっとも先鋭化する自衛権を統制するためには、九条のみの改正では到底不十分です。むしろ、戦力及び交戦権の一部解除は、事実上存在する「戦力」及び「交戦権」を憲法上可視化することによって、その権力行使を最大限統制することに主眼があるわけですから、統治の規定を総動員してその発動を〝縛る〟必要があります。ここでは九条だけの条文案にとどめますが、これに加えて国会の権能、内閣の権能、財政からの統制、そして同案九条で示した自衛権行使の一線を守らせるための憲法裁判所など、フルパッケージでの改正提案がなされるべきであり、現在これらについても条文案含めて研究を進めています。

あわせて、憲法九条自体に関しても、同条一項との関係で重要な論点であり続けている「後方支援」とその武力行使との〝一体化〟論（いわゆる「重要影響事態」）や武器等防護などの論点に憲法上どのような規律が可能なのか検討を深めます。これらの論点は、政府が解釈のみで個別的自衛権という一線を超え集団的自衛権に足を踏み入れたことと同様に、あるいはそれ以上に、戦後日本が守ってきた九条の解釈をゆがめるものであり、また、実際に現場で使用されるおそれの高いものです（二〇一七年五月の米艦防護はまさに武器等防護によるものでした）。政府はこれまで、紛争近接地域における弾薬等の補給などの兵站《へいたん》活動や他国艦艇等の防護活動まででも、武力行使にはあたらないとして、なし崩し的に認めてきました。しかし、こうした行為は、実質的には武力行使またはそれに密接関連した行為であることが明らかであり、明確に禁じる必要があります。つまり、旧三要件に該当する自国防衛のための必要最小限の武力行使に含まれない実質的な武力行使は、それをどのように呼称するかに拠らず認められないことを明確化しなければならないはずなのです。これらをも憲法上の規律に服させることで、九条と我が国の平和哲学が堅持すべきラインを示すことは、立憲的改憲の核心をなすものと考えています。

これで、7つの小旅行はいったんおしまい。

この旅を完走する基礎的体力を作ることができたのは、本書には出てこないたくさんの方々による鍛錬のおかげです。

大学の一室で貴重な時間を割いてくださった学者の先生方。

集会で真摯な質問を投げかけてくれた市井の人々。

「立憲的改憲」をともに探求し、発信し、批判をも笑顔で力に変えてくれる同志。

そして、人のために生きろと、風圧に負けない精神力を育んでくれた両親。

本書は、無私の立場で惜しみない助力をくれる「政治家ではない」人々に支えられて完成しました。そのうちの幾人かは、本来、著者・編者として名前が出るべき方々です。

この本は、リスクをおそれず支えてくれる多くの人の善意に応えられているでしょうか。

彼らが、そして彼女たちが立憲的改憲議論を通じてより善い社会を構築できると信じ、支えてくれるかぎり、政治家もそれに応えなければと自らに言い聞かせ、襟を正して筆を擱きます。

二〇一八年七月

山尾志桜里

ちくま新書
1346

立憲的改憲《りっけんてきかいけん》——憲法《けんぽう》をリベラルに考《かんが》える7つの対論《たいろん》

二〇一八年八月一〇日　第一刷発行

編著者　山尾志桜里（やまお・しおり）
発行者　喜入冬子
発行所　株式会社　筑摩書房
東京都台東区蔵前二-五-三　郵便番号一一一-八七五五
振替〇〇一六〇-八-四一二三
装幀者　間村俊一
印刷・製本　三松堂印刷　株式会社

〒三三一-八五〇七　さいたま市北区櫛引町二-六〇四
筑摩書房サービスセンター　電話〇四八-六五一-〇〇五三

ISBN978-4-480-07164-4 C0232

ちくま新書

465 憲法と平和を問いなおす　長谷部恭男

情緒論に陥りがちな改憲論議と冷静に向きあうには、そもそも何のための憲法かを問う視点が欠かせない。この国のかたちを決する大問題を考え抜く手がかりを示す。

1122 平和憲法の深層　古関彰一

日本国憲法制定の知られざる内幕。そもそも平和憲法は押し付けだったのか。天皇制、沖縄、安全保障……その背後の政治的思惑、軍事戦略、憲法学者の主導権争い。

1152 自衛隊史――防衛政策の七〇年　佐道明広

世界にも類を見ない軍事組織・自衛隊はどのようにできたのか。国際情勢の変動と平和主義の間で揺れ動いてきた防衛政策の全貌を描き出す、はじめての自衛隊全史。

1199 安保論争　細谷雄一

平和はいかにして実現可能なのか。安保関連法をめぐる激しい論戦のもと、この重要な問いが忘却されてきた。外交史の観点から、現代のあるべき安全保障を考える。

1267 ほんとうの憲法――戦後日本憲法学批判　篠田英朗

憲法九条や集団的自衛権をめぐる日本の憲法学者の議論はなぜガラパゴス化したのか。歴史的経緯を踏まえ、政治学の立場から国際協調主義による平和構築を訴える。

1250 憲法サバイバル――「憲法・戦争・天皇」をめぐる四つの対談　ちくま新書編集部編

施行から70年が経とうとしている日本国憲法。改憲論議も巻き起こり、改めてそのあり方が問われている。問題の本質はどこにあるのか？　憲法をめぐる白熱の対談集。

1299 平成デモクラシー史　清水真人

90年代の統治改革が政治の風景をがらりと変えた。「小泉劇場」から民主党政権を経て「安倍一強」へ。激動の30年を俯瞰し、「平成デモクラシー」の航跡を描く。